DICTIONNAIRE

DES NOMS DE LIEUX HABITÉS

DU DÉPARTEMENT DE L'ALLIER.

DICTIONNAIRE

DES

NOMS DE LIEUX HABITÉS

DU DÉPARTEMENT DE L'ALLIER

Par M. CHAZAUD

ARCHIVISTE DU DÉPARTEMENT DE L'ALLIER.

MOULINS,
IMPRIMERIE DE C. DESROSIERS

1881.

INTRODUCTION

Le Dictionnaire que nous présentons au public est la dernière œuvre à laquelle s'est consacré M. Chazaud. Comme pour tous les travaux qu'il avait entrepris, l'archiviste regretté de l'Allier avait apporté à la confection de ce livre la conscience et l'érudition que tout le monde lui connaît.

Depuis qu'il travaillait à son histoire du Bourbonnais, qui malheureusement n'a pas vu le jour, il avait recueilli de nombreuses notes sur la topographie du département dans les terriers, dans les cartulaires et dans les chartes, c'est ce qui lui donna l'idée de publier le présent Dictionnaire.

M. Montaut venait de faire paraître la carte du département, dont chacun connaît l'importance, et un dictionnaire de noms de lieux parut à M. Chazaud en être le complément nécessaire.

Il tint à le faire avec la plus grande exactitude, depuis plusieurs années il s'occupait uniquement de ce travail. Parmi les cartes qu'il avait à sa disposition, il tira surtout parti de celle de M. Montaut. « Le beau travail de M. Montaut m'aura été d'un grand secours pour le mien. J'avais établi ma nomenclature des noms de lieux, cours d'eau, forêts, etc., d'après les cartes de Cassini et de l'Etat-Major, les recensements quinquennaux de la population et les renseignements statistiques demandés aux maires des communes en 1804. Notre collègue, en mettant à ma disposition les calques des tableaux d'assemblage du cadastre, m'a permis de remonter à la source des erreurs commises dans la manière d'écrire certains noms de lieux. (1) »

M. Chazaud ne se contenta point de cela, il écrivit lui-même à tous les maires du département pour avoir d'eux les renseignements les plus précis sur la topographie de leur commune, en sorte qu'il put compléter et corriger sur quelques points le travail de M. Montaut.

Le but principal de M. Chazaud a été de rétablir la véritable orthographe des noms de lieux du département. En passant à travers les siècles, les appellations ont bien souvent perdu leur forme primitive, on pourrait citer pendant plusieurs pages des noms dont on a oublié le premier sens et qu'on a défigurés parce qu'on ne les comprend plus. Il semble par exemple bien difficile de donner l'étymologie de Saint-Yorre. Cette difficulté ne provient que de la mauvaise orthographe actuelle. « Le patron de l'église de Saint-Yorre qui est aujourd'hui saint Ferréol, était jadis saint Thierry, *sanctus Theodericus*, et j'ai trouvé ce nom successivement écrit, du XIIIe au XVe siècle, Saint-Thierre, Saint-Thioire et Saint-Tiorre, d'où enfin Saint-Yorre. Il y a dans la nomenclature des noms de lieux habités de l'Allier, bien d'autres mots qui pourraient également donner lieu à des explications inattendues et parfois intéressantes (2) »

(1) Voy. un article de M. Chazaud dans le *Bulletin de la Société d'Emulation*, t. XIV, p. 369.
(2) Ibid.

M. Chazaud a voulu faire disparaître ces leçons défectueuses, et c'est en cela que consiste l'originalité de son livre. Pour rétablir la bonne leçon, il parcourut de nombreux textes du Moyen-Age, mais pour ne rien avancer dont il ne fût sûr, il poussa le scrupule jusqu'à soumettre ses idées à l'approbation du Ministre de l'Intérieur. En sorte que l'orthographe employée dans ce Dictionnaire peut être considérée comme officielle.

Les principales modifications ont été d'écrire par un *i* au lieu d'un *y* les noms de lieux venant d'une forme latine en *iacus*, comme *Souvigni, Aubigni, Commentri*, etc., de remplacer la lettre *z* par la lettre *s* : *Chasemais* au lieu de *Chazemais, Couson* au lieu de *Couzon*, etc.

Du reste, M. Chazaud a eu l'excellente idée de placer à côté du nom actuel l'appellation latine du Moyen-Age, qui indique presque toujours la véritable étymologie et ruine toutes les hypothèses fantaisistes sur l'origine de certains noms de lieux. Souvigni, par exemple, vient fort bien de *Silviniacus* la forme du xe siècle, il n'est pas nécessaire d'aller chercher l'étymologie *Sub Vineis*, comme l'ont fait des gens, sérieux d'ailleurs.

Cette orthographe nouvelle, ce Dictionnaire, fait dans un but essentiellement pratique, contribuera à la fixer. Il sera, en effet, le manuel de l'instituteur, du notaire, etc. La disposition même du livre, que M. Chazaud explique dans la préface qui est en tête de ce livre, y rend les recherches très-faciles.

A côté de l'utilité pratique, ce Dictionnaire est intéressant à d'autres points de vue. Cette liste de noms de lieux, toute sèche qu'elle paraisse, fournit des renseignements pleins d'intérêt pour l'histoire même du département. Il est curieux, par exemple, de constater par le nombre de pays ayant le même vocable, la vogue d'un saint dans une région, ou les idées religieuses des habitants : ainsi la dévotion à Jésus-Christ était très-grande dans le pays qui a formé le département de l'Allier : 153 endroits portent le nom de la Croix (1). Si l'on veut connaître la situation économique du département au Moyen-Age, il est intéressant de constater que 50 pays s'appellent les Vignauds, la Vigne, les Vignes (2), 200. les Bois ou le Bois (3). Nous ne faisons que mentionner ce côté curieux de ce Dictionnaire

Ces quelques indications montrent toute l'importance de ce livre. Le Dictionnaire des noms de lieux du département de l'Allier, ne fera que consolider la réputation de l'auteur de la *Chronologie des sires de Bourbon* Il fera regretter plus vivement l'ouvrage qu'il avait préparé avec tant de soins sur l'histoire du Bourbonnais, et dont la mort inopinée de M. Chazaud a privé non seulement les savants de cette province, mais ceux de toute la France.

(1) Pag. 72 et suiv.
(2) Pag. 202.
(3) Pag. 23 et suiv.

G. GRASSOREILLE.

Moulins, 25 février 1881.

PRÉFACE

Ce petit volume ne contient pas autre chose que la liste alphabétique des noms des lieux habités pour chacune des communes du département. Malgré tous les soins apportés à en réunir les éléments, je ne puis fermer les yeux sur tout ce qu'il laisse encore à désirer. Je prierai seulement les personnes qui en feront usage de vouloir bien noter sur leur exemplaire les fautes qu'elles auront relevées, et me communiquer ensuite leurs corrections, dont je serai heureux de tenir exactement compte.

L'utilité d'un répertoire de ce genre est trop incontestable pour ne pas avoir depuis longtemps frappé tous les yeux. Dès le commencement de ce siècle, en 1803, le gouvernement consulaire avait demandé à tous les maires un travail à peu près semblable : On peut voir encore aux Archives de l'Allier les réponses que fournirent alors au préfet les administrations municipales. Toutefois, l'opération en resta là.

Le Ministère de l'Instruction publique en 1859, s'est enfin chargé de reprendre à son tour, pour toute la France, l'opération tentée en 1803, et pour la conduire à bonne fin, on a jugé qu'il n'y avait rien de mieux à faire que de publier d'abord, pour chaque département, un dictionnaire topographique. Ayant accepté la tâche de rédiger celui de l'Allier, j'ai dû naturellement commencer par essayer de dresser une nomenclature aussi complète que possible des lieux habités aujourd'hui. Les particuliers, le commerce et les diverses administrations pourront, je crois, l'utiliser en plus d'une occasion. Pour diminuer la grosseur du volume, et en réduire le prix dans la mesure du possible, j'ai remplacé par un numéro d'ordre le nom de la commune, et placé à la fin, sous le titre de *Table*, une liste des communes où je donne pour chacune d'elles : 1° ce même numéro d'ordre ; 2° les noms du canton et de l'arrondissement dont elle dépend actuellement ; 3° celui du canton et du district dont elle a dépendu depuis la création des départements jusqu'à l'institution des préfectures (1790-1800) ; 4° sauf de rares exceptions, le nom ancien qu'elle a porté au Moyen-Age, et d'où dérive presque toujours celui sous lequel on la désigne encore aujourd'hui ; enfin 5° les numéros de chacun des lieux dits compris dans la commune. De sorte qu'on peut, au moyen de cette table, trouver assez facilement pour chacun des lieux dits le nom de la commune et celui des canton, arrondissement et district dont elle a dépendu, et, pour chaque commune, le nom de chacun des lieux dits qui la composent.

Le volume se termine par un appendice où j'ai réuni les corrections et additions qui m'ont semblé le plus indispensables ; peut-être sera-t-il nécessaire plus tard de publier un autre supplément : le public en décidera.

ABREVIATIONS

ch.	CHATEAU.
d.	DOMAINE.
cc.	ECART.
f.	FERME.
f.-à-ch.	FOUR-A-CHAUX.
h.	HAMEAU.
l. ou *loc.*	LOCATERIE.
mét.	MÉTAIRIE.
m.	MOULIN.
s.	SCIERIE.
t.	TUILERIE.
u.	USINE.
vge.	VILLAGE.
vig.	VIGNOBLE.

A

#	Entry	Page
1	Aage (l'), h.	243
2	Abbaye (l'), d.	57
3	Abbaye (l'), ec.	122
4	Abbaye (l'), ec.	165
5	Abbaye (l'), h.	170
6	Abbaye (l'), f.	204
7	Abbesse (l'), l.	29
8	Abeille (le champ de l') v.	200
9	Abime (le pont de l').	260
10	Abion (l'), d.	131
11	ABREST, vge.	1
12	Abreuvoirs (les), loc.	197
13	Abreuvoirs (les), h.	205
14	Acarins (les), d.	93
15	Achez, l.	6
16	Adieu (l'), h.	236
17	Affaure, d.	40
18	Afflats (les), d.	32
19	Affouard, m.	207
20	Afrique (l'), d.	174
21	Agauds (les), d.	43
22	Age (l'), d.	285
23	Age d'en bas (l'), d.	223
24	Age d'en haut (l'), d.	223
25	Age-Goyard (l'), vig.	167
26	Age-Môlat (l'), f.	256
27	Ages (les), d.	5
28	Ages (les), d.	276
29	Agland (l'), d.	280
30	Aglant (le bois d'), l.	145
31	Agneau (l'), l.	167
32	AGONGES, vge.	2
33	Agonges (le champ d'), l.	2
34	Aguses (les), d.	117
35	Aigriers (les), d. et loc.	265
36	Aigrepont, d.	38
37	Aiguillon (l'), l. et m.	113
38	Aiguillons (les), l.	112
39	Aiguillons (les), d.	204
40	Ail (le bois de l'), l.	14
41	AINAI-LE-CHATEAU, ville.	3
42	Ainnaut, d.	129
43	Airain (l'), d.	90
44	Aire (l'), d.	93
45	Aire (l'), vge.	210
46	Aireaux (les), d.	170
47	Aireaux ronds (les), d.	214
48	Aires (les), l.	277
49	Aisement (l'), h.	113
50	Aix (les), d.	153
51	Aix (les), f.	164
52	Ajat (l'), l.	236
53	Alains (les), d.	237
54	Alais (les), d.	69
55	Alais (four à chaux des).	271
56	Alaisons (les), d.	17
57	Alberte (l'), s.	113
58	Albris (les), d.	85
59	Aleu (l'), f.	68
60	Aleuf (l'), u.	35
61	Aleuf (l'), d.	35
62	Aleuf (l'), d.	131

63	Aleuf (l'), h.	107	
64	Aleuf (l'), d.	217	
65	Alfred-ferme, d.	121	
66	Ali (l'), ch.	178	
67	Ali (l'), d.	212	
68	Alisier (l') l.	169	
69	Alissans (les), h.	51	
70	Alissans (les), h.	166	
71	Allandre (la grande). h.	76	
72	Allandre (la petite). d.	76	
73	Allée (l'), d.	111	
74	Allée (l'). h.	161	
75	Allemagnes (les), h.	245	
76	Allemandière, f.	27	
77	Alliault (l'), d.	283	
78	Allier, d.	213	
79	Allier (les), d.	288	
80	Alliés (les), vge.	163	
81	Allots (les) d.	170	
82	Allots (les),	250	
83	Allue (l'), d.	283	
84	Alot (l'), d.	30	
85	Alouette (l'), h.	26	
86	Alouette (l'), l.	220	
87	Alouette (l'), l.	270	
88	Alouettes (les), d. et l.	13	
89	Alouettes (les),.	98	
90	Alue (l'), d.	2	
91	Alue (l'), d.	170	
92	Alue (pont de l'). l.	179	
93	Alutats (les), d.	120	
	Amais (les), d.	186	
	roy. Zamet (les)		
94	Amanons (les), loc.	29	

95	Amaron (l') d.	26	
96	Amazi !	166	
97	Ambon, vge.	143	
98	Ambon, h.	224	
99	Ambourg, ch.	272	
100	Aménevis (les), d.	272	
1	Amérique (l'), l.	173	
2	Ames (les), d,	291	
3	Amidon (l').	142	
4	Amiel (les), d.	15	
5	Amiots (les), h.	102	
6	Amiraud (l'), d.	82	
7	Amis (les) d.	124	
8	Amoincaux (les), d.	100	
9	Amonnins (les), d.	207	
10	Amorins (les), vig.	12	
11	Amour (l'), d.	3	
12	Amouroux (les), vig.	31	
	Ancien (l'), d.	288	
	royez Lanciens.		
13	Ancinal, d.	102	
14	ANDE LA ROCHE, vge.	4	
15	Andelot, d.	221	
16	Andelot, m.	252	
17	Andras (les), h.	14	
18	Andrauds (les), vge.	26	
19	Andrauds (les), d.	121	
20	Andrauds (les), d.	200	
21	Andraux (les), f.	261	
22	Andrés (les), h.	43	
23	Andrés (les), d,	272	
24	Andrienne (l'), d.	272	
25	Andrivaux (les), h.	89	
26	Andrivaux (les), d.	295	

27 Angeron (l').	85	59 Arbres (les), h.	20
28 Anglais (les), d.	231	60 Arbres (les), m.	18
29 Anglard (l'), vge.	41	61 Arbres (les), l.	220
30 Anglard (l'), v. et ch.	161	62 Arbres (les grands), d.	220
31 Anglards (les) d.	142	63 Arbres (les petits), d.	220
32 Angles (les), d.	136	64 Arbre de la Treille (l'), h.	46
33 Anguilli (l'), d.	210	65 Arbrieux (l'), t.	236
34 Aniers (les) d.	130	66 Arbusset, l.	93
35 Annas (les), f.	38	67 Arce (l'), m.	37
36 Anneau (l').	279	68 Archembauds (les), d.	236
37 Anon (l'), f.	237	69 Archers (les), d.	6
38 Ante (l'), vge.	281	70 ARCHIGNAT, vge.	5
39 Anses (les), d.	294	71 Archimbauds (les), d.	114
40 Apenderie (l'), h.	6	72 Archimbauds (les), d.	289
41 Apenderie (l'), vge.	137	73 Arcin, m.	93
42 Apenderie (l'), l.	166	74 Arclans (les), f.	96
43 Apis (les), loc.	250	75 Arçon, vge.	309
44 Aplats (les), h.	43	76 Ardaillons (les), d.	31
45 Aprats (les), vig.	283	77 Ardelles (les).	90
46 Apprêts (les), d.	30	78 Ardenais (les), d.	266
47 Aragons (les), d.	226	79 Ardenets (les), d.	311
48 Aragons (les), d., ch., m.	232	80 Ardenne, d.	12
49 Aramberts (les), d°.	31	81 Ardennes, d.	203
50 Aramberts (les), l.	227	82 Ardillat (l').	104
51 Arban, d.	176	83 Ardillat (l'), d.	173
52 Arbanniers (les).	128	84 Ardillat (l'), l.	109
53 Arbauds (les), h.	160	85 Ardillat (l'), d.	201
54 Arbonnière (l'), d.	284	86 Ardillat (l'), l.	231
55 Arboret (l'), h.	283	87 Ardillat (l'), l.	286
56 Arbouin, d.	196	88 Ardillier (l'), l.	242
Arboulaire (l').	234	89 Ardilliers (les), ch.	133
voy. Reboulaire (la).		90 Ardillons (les), f.	10
57 Arbouze, vge.	20	91 Ardoisière (l'), éc.	93
58 Arbre sec (l'), d.	117	92 Ardouins (les), d.	115

193	Ardoulaires (les), h.	103	227	Arondière (l'), d.	122
94	Arfelises (les), d.	228	28	Aronne, vge.	8
95	Arfeuille, vge.	6	29	Arpaillat, d.	263
96	Arfeuille (l'), h.	318	30	Arpaude (l').	63
97	Arfouétou, l.	103		Arpentin (l'), d.	150
98	Argeat, d.	172		*voy.* Repentin.	
99	Argence, h,	156	31	Arpents (les), l.	14
200	Argenti, vge.	276	32	Arpents (les, h.	317
1	Argentière, h.	299	33	Arpheuille-St.-Priest.	7
2	Argini, h.	29	34	Arpin (ham. d').	263
3	Argolat, l.	138	35	Arrault (l') d.	150
4	Arguins (les), d.	200	36	Arterre, d.	223
5	Ariau (l'), vig.	37	37	Artange, ch.	57
6	Ariau (l'), vge.	47	38	Artichaut (l'), h.	100
7	Ariau (l'), d.	122	39	Artige, vge.	276
8	Ariau d'en-bas (l'), d.	186	40	Artillat (l'), d.	100
9	Ariau d'en haut (l'), d.	186	41	Artivière, h.	263
10	Ariau (l'), d.	224		Artousat (l'). 36,	144
11	Ariau (l'), d.	314		*voy.* Rue Tousat (la).	
12	Arisolle (petit), d.	11	42	Arvaillon, h.	41
13	Arisolle (grand), d.	11	43	Arvaron (l'), d.	258
14	Arloings (les), vge.	92	44	Arvarons (les), d.	146
15	Armel, h.	316	45	Ascendant (l'), loc.	77
16	Armoing, d.	223	46	Assassières (les), loc.	270
17	Armure (l'), d.	231	47	Assem (l').	115
18	Arnauds (les), d.	231	48	Assences (les).	46
19	Arnauds (les), d.	297	49	Assiette (l'), h.	7
20	Arnefaux (les), h.	234	50	Assise (l'), m. f.	209
21	Arnon (l'), l.	316	51	Aspic (l'), f.	46
22	Arnoulets (les), h.	73	52	Ates, vge.	31
23	Arnoux (les), h.	200		Atelier (l'), d.	115
24	Arnoux (les), h.	227		*voy.* Theillaie (la).	
25	Arobes (les), f.	270	53	Aubais (les), d.	19
26	Aronde (l'), d.	56	54	Aubepierre, d.	93

255	Aubépin de France (l'), d.	56	
56	Auberie (l'), d.	19	
57	Aubeterre, h.	41	
58	Aubeterre, d.	250	
59	Aubeterre (l'abbaye d').	99	
60	Aubiers (les), loc.	18	
61	Aubioxi, vge.	0	
62	Aubois, l.	214	
63	Aubris (les), h.	308	
64	Auclair (chez), h.	103	
65	Auclair, m.	106	
66	Aucrochet (l'), d.	18	
67	Aude, vge.	10	
68	Aude (l'), l.	166	
69	Au-devant (les).	184	
70	Audins (les), l.	15	
71	Audins (les), d.	204	
72	Audins (les), d.	158	
73	Audinets (les), d.	302	
74	Auditoire (l'), loc.	270	
75	Audonés (les), d.	291	
76	Auge (l'), d.	20	
77	Auge (l'), d.	34	
78	Auge (l'), d.	160	
79	Auge (l'), l.	216	
80	Auge (l'), f.	217	
81	Augeards (les).	155	
82	Auger, h.	6	
83	Augère (l'), ch. et m.	2	
84	Augère (le champ de l'), d.	2	
85	Augère (la petite), d.	15	
86	Augère (l'), h.	44	
87	Augère (l'), d.	56	
288	Augère (l'), d.	61	
89	Augère (l'), d.	63	
90	Augère (l'), m. et d.	82	
91	Augère (l'), d.	100	
92	Augère (l'), loc.	131	
93	Augère (l'), d.	153	
94	Augère (l'), d.	179	
95	Augère (l'), d.	204	
96	Augère (l'), d.	243	
97	Augère (l'), h.	316	
98	Augères (les), d.	138	
99	Augères (les), h.	181	
300	Augères (les), d.	241	
1	Augère (la croix d'), l.	318	
2	Augerolles (les).	225	
3	Auges (les), d.	102	
4	Auges (les), h.	253	
5	Auges (les petites), l.	253	
6	Augi, vge.	238	
7	Au levant, l.	97	
8	Aume (l'), l.	34	
9	Aume (l'), d.	216	
10	Aume (l'), loc.	244	
11	Aume (l'), d.	266	
12	Aume (l'), f.	279	
13	Aume (l'), h.	312	
14	Aume d'en bas (l'), l.	244	
15	Aume (le bois de l'), l.	120	
16	Aumelais (les), d.	223	
17	Aumes (les), f.	301	
18	Aumes (les), d.	317	
19	Aumoucheron (l'), d.	18	
20	Auniers (les), f.	144	
21	Au pain au vin, d.	150	

22 Auray, loc.	169	45 Avenelles (les), l.	283
23 Aures (les), h.	231	46 Avenériaux (les), d.	238
24 Aurière, (d. et m. d').	41	47 Avenière (l'), d.	279
25 Aurine (l'), l.	22	48 Aveniers (les), d.	283
26 Auron (l'), m.	293	49 Avenots (les).	127
27 AUROUER, h	11	50 Avenue (l').	85
28 Aurouer, h.	48	51 Avenue (l'), d.	307
29 Autais (les), d.	39	52 AVERME, vge.	13
30 Autri, ch.	238	53 Avertis, h.	22
31 AUTRI-ISSARD, vge.	12	54 Avignon (l'), l.	3
32 Auvergnat (l'), l.	8	55 Avignons (les).	150
33 Auvergnat (l'), l.	36	56 Avisards (les), d.	166
34 Auvergnat (l'), m.	91	57 Avoine, vge.	113
35 Auvergnat (chez l'), d.	202	58 Avoulards (les), l.	242
36 Auvergne, d.	238	59 Avreuil, ch. et d.	117
37 Auverjat (l'), d.	18	60 Avril (la justice d'), d.	85
38 Auvernai (l'), d.	315	61 AVRILLI, vge.	14
39 Auzanne (l'), d.	210	62 Avrilli, ch. et d.	287
40 Auze (l'étang de l'), l.	218	63 Avrillons (les), d.	173
41 Avare (l'), l.	91	64 Ayat (l').	288
42 Avares (les), h.	206	65 Ayau (l'), d.	130
43 Aveneau (l').	209	66 Ayes (les), h.	222
44 Avenées (les), vge.	318	67 Azel, h.	231

B

368 Babillarde (la), l.	236	374 Bachasse (la), l.	63
69 Babot, d.	103	75 Bachasses (les), l.	69
70 Baboulots (les), d.	297	76 Bâche (la). l.	80
71 Babuts (les), d.	172	77 Bachelots (les), d.	10
72 Babuts (les), h.	262	78 Bâches (les), l.	166
73 Bachardé (la), cc.	120	79 Bachins (les), d.	179

380 Bachins (les), vig.	193	
81 Baconnette, d.	268	
82 Bacot, m.	93	
83 Badats (les), l.	293	
84 Badet, d.	77	
85 Badets (les), d.	124	
86 Badets (les), d.	239	
87 Badivière, l.	34	
88 Baffetière, f.	117	
89 Bagages (les), d.	224	
90 Bagatelle, l.	101	
91 Bagnard, d.	93	
92 Bagnard, d.	314	
93 Bagnaux, l.	221	
94 BAGNEUX, vge.	15	
95 Bagneux, d.	130	
96 Bagnolais, d.	67	
97 Bagnolet (champ) l. et t.	318	
98 Bagnolets (les), d.	278	
99 Baguetier, d. et m.	4	
400 Bai, l.	33	
1 Bai (le), l.	82	
2 Bai (le), d.	260	
3 Baignereau, h.	35	
4 Baignereau (grand), h.	219	
5 Baignereau (petit), h.	219	
6 Baigneuse (la), l.	130	
7 Baillard (loge), l.	262	
8 Bailles (les), d.	284	
9 Baillets (les), d.	119	
10 Baillie (la), d.	231	
11 Baillie (la), h.	201	
12 Baillons (les), l.	98	
13 Baillons (les) d.	101	
414 Baillons (les), h.	304
15 Baillots (les), d.	130
16 Baillots (les), h.	136
17 Bainat, h.	128
18 Bains (les), vge.	100
19 Bairat (le), d.	22
20 Bais (le), l.	14
21 Bais (les).	160
22 Bais (les), d.	221
23 Baisses (les), h.	303
24 Bajaudière (la), l.	44
25 Baladier (le), h.	128
26 Baladis, h.	22
27 Balais (les).	82
28 Balais (champ de), l.	83
29 Balais (petit champ de), l.	83
30 Balais (les), l.	138
31 Balais (les), l.	199
32 Balanger, h.	282
33 Balans (les), d.	176
34 Balant, l.	296
35 Balards (les), d.	36
36 Balée (la), l.	158
37 Baleine, d.	71
38 Baleine, ch. et d.	315
39 Baleines (les), l.	156
40 Baleme, l.	31
41 Balerie (la), d.	140
42 Balet, d.	227
43 Balletière (la), d.	130
44 Balfaux (les), d.	133
45 Balichard, h.	8
46 Baliveau, f.	83
47 Ballants (les) h.	23

448	Ballards (les), h.	36	
49	Ballets (les), d.	101	
50	Balette (la), d.	102	
51	Ballore, h.	310	
52	Baloterie, l.	210	
53	Balottier (le), h.	170	
54	Balutière, d.	301	
55	Bamboche, l.	288	
56	Banassat-la-ville, d.	75	
57	Banassat-le-château, h.	75	
58	Banassat, l.	183	
59	Banchereaux (les), vge.	42	
60	Banchereaux (les), f.	52	
61	Banchereaux (les), h.	298	
62	Banelle (la), loc.	50	
63	Baniset, l.	69	
64	Bannelle, f.	78	
65	Bannelle, h.	107	
66	Bannette (la), h.	46	
67	Banoire, d.	97	
68	Bans (les), h.	156	
69	Bans (les), moul.	214	
70	Bans (la vigne des), l.	308	
71	Baptier, vge.	160	
72	Baptiste, m.	139	
73	Bar, d.	15	
74	Barachi, l.	311	
75	Baragoin, l.	22	
76	Baragots (les), d.	230	
77	Barailloux (les), d.	214	
78	Barands (les), d.	123	
79	Barantan, vge et d.	301	
80	Baraque (la), h.	45	
81	Baraque (la), d.	48	
482	Baraque (la), l.	112	
83	Baraque (la), l.	140	
84	Baraque (la), l.	212	
85	Baraques (les), h.	93	
86	Baraques (les), h. et four à chaux.	310	
87	Barathons (les), h.	255	
88	Baratiers (les), d.	121	
89	Baratins (les), h.	196	
90	Baratons (les), d.	150	
91	Baratons de Béguin (les), d.	150	
92	Baratons (les petits), d.	85	
93	Baraude (la), l.	72	
94	Baraude (la), h.	151	
95	Baraudines (les grandes), d.	118	
96	Baraudines (les petites), d.	118	
97	Baraudoux (les) h.	61	
98	Barauds (les), d.	121	
99	Barbans (les), d.	61	
500	Barbarans (les), l.	25	
1	Barbarates (les), d.	49	
2	Barbarèche, d.	200	
3	Barbarèche, d.	253	
4	Barbarins (les), d.	40	
5	Barbarins (les), l.	260	
6	Barbarins (les), d.	296	
7	Barbasan, d.	241	
8	Barbaste, d.	186	
9	Barbe, loc.	32	
10	Barbeau, l.	113	
11	Barbeaux (les).	101	

512	Barbaudière, f.	311	
13	Barbeland, d.	209	
14	Barbelat, l.	85	
15	Barberanges, d.	316	
16	BARBERIER, vge.	16	
17	Barberi (le grand), vge.	36	
18	Barberi (le petit), h.	36	
19	Barbes (les), h.	255	
20	Barbes (les), l.	296	
21	Barbe-sèche, d.	270	
22	Barbier (la place), l.	213	
23	Barbier (loge), l.	262	
24	Barbiers (les grands), d.	225	
25	Barbiers (les petits), l.	225	
26	Barbine, l.	121	
27	Barbignat, h.	170	
28	Barbotte, (la), vgne.	195	
29	Barbottière, f.	195	
30	Barbottière (la grande), d.	33	
31	Barbottière (la petite), d.	33	
32	Barbottière (la), h.	173	
33	Barboulots (les), d.	120	
34	Barchauds (les), h.	127	
35	Barchère, d.	32	
36	Bardais, h.	131	
37	Bardanières (les).	33	
38	Bardau (place), l.	192	
39	Bardets (les), d.	17	
40	Bardets (les), d.	93	
41	Bardets de Champagnat (les), l.	93	
42	Bardets (les), d.	110	
513	Bardets (les), d.	121	
44	Bardets (les), d.	237	
45	Bardet (loge), l.	262	
46	Bardettes (les), d.	175	
47	Bardiaux (les), d.	280	
48	Bardin (le pertuis), d.	280	
49	Bardinerie (la), d.	85	
50	Bardinière (la), h.	137	
51	Bardinière (la), h.	202	
52	Bardines (les). d.	33	
53	Bardins (les), d.	65	
54	Bardins (les), d.	97	
55	Bardins (les), d.	114	
56	Bardins (les) d.	262	
57	Bardon, h.	130	
58	Bardonnet, p. et m.	64	
59	Bardonnet, d.	80	
60	Bardonnets (les), h., m.	245	
61	Bardonnière, d.	117	
62	Bardonnière, d.	270	
63	Bardoux (les), d.	308	
64	Bardoux (les), vig.	38	
65	Baréchards (les), d.	25	
66	Barge (la), m.	93	
67	Bargeon, l.	54	
68	Bargeon, h.	196	
69	Bargeon (les étangs), l.	196	
70	Barges (les), d.	307	
71	Bargnoux, d.	169	
72	Bariaux (les), d.	115	
73	Bariaux (les), h.	187	
74	Bariaux, d.	209	
75	Barigni, l.	250	
76	Barille, l.	332	

577	Barillet (le bois), l.	216	
78	Barillière, d.	85	
79	Barillière, f.	266	
80	Barilloux (les), h.	256	
81	Barisière, h.	17	
82	Bariteaux (les), ch. et d.	207	
83	Barjaude (la), l.	31	
84	Barlaud, d.	209	
85	Barlets (les), h.	8	
86	Barlets (les), d.	149	
87	Barli, m.	287	
88	Barmette (la), l.	107	
89	Barnaset, d.	136	
90	Barnérat, d.	69	
91	Barnichon, h.	54	
92	Barnier, d.	213	
93	Barniers (les), d.	174	
94	Barnodière, d.	8	
95	Barnons (les), d.	86	
96	Barnoulin, d.	307	
97	Barode (la), d.	151	
98	Barodière, l.	34	
99	Baron, l.	27	
600	Baron, m.	50	
1	Baronie (la), d.	206	
2	Baronie (la), d.	211	
3	Baronnerie (la), d.	126	
4	Baronnerie (la), d.	280	
5	Barons (les), d.	12	
6	Baronnets (les), d.	236	
7	Barons (les), vge et d.	71	
8	Barons (les), d.	88	
9	Barons (les), f.	117	
10	Barons (les), d.	204	
611	Barons (les), d.	260	
12	Barons (les loges), l.	260	
13	Barot, h. et m.	177	
14	Barotière, f.	264	
15	Barots (les), d.	51	
16	Barrais, vge.	17	
17	Barras (les), vge.	127	
18	Barras, m.	308	
19	Barrassier, h.	250	
20	Barrats (les), l.	281	
21	Barraud, h.	113	
22	Barraudière (la), h.	222	
23	Barraux (les), d.	117	
24	Barraux (les loges), h.	178	
25	Barre (la), h.	7	
26	Barre (la), m. et f,	49	
27	Barre (la), ch.	62	
28	Barre (la), d.	69	
29	Barre (la), l.	74	
30	Barre (la), f.	93	
31	Barre (la), h.	156	
32	Barre (la), d.	203	
33	Barre (la), l.	248	
34	Barre (la), l.	309	
35	Barre (la), moul.	314	
36	Barre (la grande), d.	62	
37	Barre (la grande), d.	163	
38	Barre (la petite), d.	62	
39	Barre (la petite), d.	163	
40	Barré, l.	34	
41	Barreau (le), d.	77	
42	Barreaux (les), d.	46	
43	Barreau (le), l.	142	
44	Barreaux (les), h.	309	

645	Barres (les), l.	18	
46	Barres (les), d.	102	
47	Barres (les), d.	131	
48	Barres (les), l.	162	
49	Barres (les), d.	165	
50	Barres (les), h.	256	
51	Barres (les), l.	270	
52	Barret, h.	6	
53	Barret, f.	247	
54	Barrets (les petits), l.	272	
55	Barrets (les grands), d.	272	
56	Barrichoux (les), d.	259	
57	Barrie (la), h.	107	
58	Barrie (la) d.	218	
59	Barrière (la), l.	31	
60	Barrière (la), h.	205	
61	Barrière, l.	263	
62	Barrière (la).	275	
63	Barrière de Messarge (la), ec.	165	
64	Barrières (les), h.	89	
65	Barroin, d.	40	
66	Barrots (les), d.	65	
67	Barrots (les), d.	102	
68	Barrots (les), d.	272	
69	Barri (le haut de), d.	262	
70	Bartassière (la), d.	266	
71	Barteaux (les), h.	234	
72	Bartelats (les), l.	103	
73	Barthelats (les), d.	221	
74	Barthelot, l.	1	
75	Barthelot, l.	6	
76	Bartillat, vge et m.	243	
77	Bartillière, vge.	268	
678	Bartins (les), l.	93	
79	Bartins (les), h.	310	
80	Barutet, vge. et m.	230	
81	Bas (le), l.	230	
82	Bas de Chouvigni (le), vge.	76	
83	Bas de Diou (les), h.	98	
84	Bas de la Côte (le), m.	190	
85	Bas de la rivière (le), h.	36	
86	Bas des Champs (le), l.	102	
87	Bas du Four (le), h.	20	
88	Bas du Ris (le), h.	14	
89	Basergue, h.	80	
90	Bas quartiers (les), vge.	265	
91	Bas Salles, h.	233	
92	Basse, l.	179	
93	Basse-cour (la), d.	120	
94	Basse-cour (la), d.	160	
95	Basse-cour (la), l.	212	
96	Basset, d.	18	
97	Bassets (les), vig.	38	
98	Bassignat, h.	59	
99	Bassigni, d.	18	
700	Bassinet (le), d.	64	
1	Bassinets (les), h.	115	
2	Bassots (les), d.	237	
3	Bassots (les), d.	251	
4	Bastien, h.	85	
5	Bataille (la), l.	75	
6	Bataille (la), l.	314	
7	Bataillots (les), vge.	130	
8	Bataillots (les), d.	221	
9	Batarde (la), l.	44	
10	Bateau (le), l.	76	
11	Bateau du Mas (le), m.	276	

712	Bateaux (les), d.	231	
13	Batereau. f.	214	
14	Batet, d.	160	
15	Batian, l.	281	
16	Batisse (la), h.	118	
17	Batisses (les), l.	8	
18	Batisses (les), h.	102	
19	Batisson, d.	206	
20	Batonnière, d.	274	
21	Batrons (les), h.	236	
22	Battai, d.	227	
23	Battais (les). d.	00	
24	Battériaux (les), d.	238	
25	Batterie (la). d.	140	
26	Battet, l.	113	
27	Baubé, l.	232	
28	Bauche (la), d.	51	
29	Baudats (les), d.	12	
30	Baudats (les). d.	207	
31	Baudière, d.	31	
32	Baudiers (les), h.	61	
33	Baudiments (les), h.	43	
34	Baudinière, d.	93	
35	Baudons (les), d,	105	
36	Baudre (la), d. et m.	5	
37	Baufait, l.	166	
38	Baugé, l.	303	
39	Baugerand, d.	72	
40	Bauges (les), d.	285	
41	Baugi, d.	315	
42	Baujaude, l.	121	
43	BAULON, vge.	18	
44	Baume (la), h.	61	
45	Baume (la), d. et ch.	88	
746	Baume (la), d.	159	
47	Baume (la), l.	219	
48	Baume (la), ch.	303	
49	Baumière, d.	46	
50	Baumiers (les). d.	14	
51	Baupi (le), l.	110	
52	Baupillon, l.	225	
53	Bauri, l.	237	
54	Baurie (la), d.	302	
55	Bauris (les), h.	105	
56	Bausson, ch.	162	
57	Bausson, f.	277	
58	Bauvais, f.	233	
59	Bauzet, d.	288	
60	Bavard (le), m.	69	
61	Bavins (les), h.	22	
62	Bayards (les), d.	225	
63	BAYET, vge.	19	
64	Bayet, d.	217	
65	Bayets (les), d.	20	
66	Bayons (les), m.	105	
67	Bayons (les) d.	251	
68	Bazin, d.	62	
69	Bazin, h.	63	
70	Bazin (l'étang), h.	171	
71	Bazins (les), d.	68	
72	Bazins (les), d.	186	
73	Bazolle (la), l.	225	
74	Beaucaire, d.	98	
75	Beau-Cerisier (le), l.	11	
76	Beau-Châtel, d.	232	
77	Beaux-Chênes (les), l.	222	
78	Beaufils, f.	182	
79	Beaufort, f.	65	

780 Beaufort, d.	267	814 Beaupui, h.	295
81 Beaujardin (le). d.	155	15 Beauregard, h.	22
82 Beaujeu, d.	62	16 Beauregard, d.	35
83 Beaulieu, l.	6	17 Beauregard, f.	38
84 Beaulieu, h.	28	18 Beauregard, h.	40
85 Beaulieu, d.	60	19 Beauregard, d.	127
86 Beaulieu, f.	84	20 Beauregard, l.	129
87 Beaulieu, h.	93	21 Beauregard, h.	130
88 Beaulieu, d.	94	22 Beauregard, f.	140
89 Beaulieu, d.	127	23 Beauregard, d. et h.	146
90 Beaulieu, d.	180	24 Beauregard, l.	172
91 Beaulieu, d.	190	25 Beauregard, ch.	179
92 Beaulieu, h.	213	26 Beauregard, d.	281
93 Beaulieu, h.	237	27 Beauregard, d.	283
94 Beaulieu, vge.	254	28 Beauregard, l.	296
95 Beaumanoir, l.	133	29 Beauregard, h.	307
96 Beaumont, ch. et d.	2	30 Beauregard, d.	308
97 Beaumont, d.	31	31 Beauregard, vge.	313
98 Beaumont, vge.	38	32 Beauregards (les), d.	101
99 Beaumont, m.	110	33 Beauregards (les), d.	223
800 Beaumont, vge.	127	34 Beaurepaire, h.	174
1 Beaumont, d.	128	35 Beaurevoir, moul.	26
2 Beaumont, d.	138	36 Beau-Rosier, f.	63
3 Beaumont, d.	238	37 Beau-Rosier, d.	283
4 Beaumont, d.	257	38 Beau-Séjour, l.	12
5 Beaumont. d. et m.	262	39 Beau-Séjour, l.	85
6 Beaumont, d. et ch.	200	40 Beau Séjour, d.	310
7 Beaumont, l.	296	41 Beau Soleil, l.	11
8 Beaumont, cc.	318	42 Beautemps (le), h.	39
9 Beaune, vge.	20	43 Beauvais, d.	62
10 Beaupied, d.	151	44 Beauvais, d.	121
11 Beauplaisir, d.	232	45 Beauvais, d.	197
12 Beaupoirier, chât.	40	46 Beauvais, c.	264
13 Beaupoirier, f.	229	47 Beau Vallon, f.	39

848	Beauvanne, h.	262	832 Becheron, l.	61
49	Beauvert, f.	247	83 Becouse, h.	113
50	Beauvoir, vge.	17	84 Becoux, moul.	6
51	Beauvoir, l.	31	85 Bedets (les), d.	109
52	Beauvoir, vge.	79	86 Bédillons (les), h.	250
53	Beauvoir, ch. et d.	106	87 Bedors (les), d.	287
54	Beauvoir, d. et l.	121	88 Bedun, h.	20
55	Beauvoir, d.	148	89 Bedun, d.	82
56	Beauvoir, l.	168	90 Bedun, h.	303
57	Beauvoir, vig.	195	91 Beduns (les grands), d.	82
58	Beauvoir, d.	251	92 Béduns (les petits), d.	82
59	Beauvoir, vge.	318	93 Bégards (les), d.	117
60	Beauvoir (grand), d.	122	94 Bégauds (les), h.	181
61	Beauvoir (petit), d.	122	95 Bégauds (les), d.	217
62	Beaux-Merles (les), l.	12	96 Béget (le), d.	318
63	Beaux-yeux (les), d.	203	97 Bégon, l.	182
64	Bébots (les), d.	297	98 Bègue (le), d.	11
65	Bec (le), l.	113	99 Bègue (le), d.	113
66	Becaine, h.	40	900 Bègue (la goutte du), l.	113
67	Bécaud (le), l.	222	1 Bègues, b.	21
68	Bécauds (les), l.	18	2 Béguet (le), loc.	71
69	Bécauds (les), h.	40	3 Béguets (les), f.	214
70	Bécauds (les), d. et l.	61	4 Béguin, ch. et d.	150
71	Bécauds (les), d.	191	5 Bel-Acquit, l.	65
72	Bec de Lodde (le), l.	201	6 Bel-Air, d.	6
73	Bèche (la), chât. et f.	23	7 Bel-Air, d.	25
74	Bèche (la), m.	169	8 Bel-Air, l.	31
75	Bèche (la), d.	286	9 Bel-Air, m. et l.	50
76	Bèche (la), d.	293	10 Bel-Air, l.	51
77	Béchemore, h.	113	11 Bel-Air, l.	62
78	Bèches (les), l.	132	12 Bel-Air, vig.	63
79	Bèches (les), d.	227	13 Bel-Air, l.	65
80	Béchets (les), d.	51	14 Bel-Air, d.	72
81	Béchets (les), d.	126	15 Bel-Air, l.	85

916 Bel-Air, h.	90	950 Bel-Air, l.	271
17 Bel-Air, l.	98	51 Bel-Air, vig.	272
18 Bel-Air, l.	100	52 Bel-Air, d.	232
19 Bel-Air, d.	102	53 Bel-Air, f.	283
20 Bel-Air, l.	103	54 Bel-Air, h.	296
21 Bel-Air, d.	112	55 Bel-Air, l.	311
22 Bel-Air, d. et l.	113	56 Bel-Air, d.	312
23 Bel-Air, l.	121	57 Bel-Air, l.	315
24 Bel-Air, vig.	126	58 Bel-Aire, d.	201
25 Bel-Air, vig.	130	59 Bel-Aire, d.	297
26 Bel-Air (petit), vig.	130	60 Bel-Air-sous-Ballant, h.	23
27 Bel-Air, l.	133	61 Bèle, d.	209
28 Bel-Air, d.	136	62 Belotte (la), l.	211
29 Bel-Air, d.	140	63 Belerin, d.	131
30 Bel-Air, d.	149	64 Belfain, d.	281
31 Bel-Air, d.	150	65 Belfait, d. et ch.	231
32 Bel-Air, l.	164	66 Bélian, l.	27
33 Bel-Air, l.	166	67 Belière, h.	160
34 Bel-Air, h.	171	68 Belin, l.	177
35 Bel-Air, d.	172	69 Belin, l.	251
36 Bel-Air, vig.	179	70 Belin (loge), l.	262
37 Bel-Air, d.	186	71 Beline (la), l.	38
38 Bel-Air, d.	188	72 Beline (la), vig.	103
39 Bel-Air, f.	195	73 Belins (les), l.	38
40 Bel-Air, d.	199	74 Belins (les), h.	171
41 Bel-Air, l.	209	75 Belins (les), d.	175
42 Bel-Air, l.	227	76 Bellaire, l.	100
43 Bel-Air, d.	231	77 Belleau, f.-éc.	286
44 Bel-Air, e.	238	78 Belle-Chassaigne, vge.	49
45 Bel-Air, d.	244	79 Belle Chaume, d.	57
46 Bel-Air, m. et l.	246	80 Belle-Cour, d.	55
47 Bel-Air, d.	247	81 Belle-Cour, ch.	270
48 Bel-Air, l.	248	82 Belle-Croix, d.	180
49 Bel-Air, d.	260	83 Belle-Étoile, l.	77

984	Belle-Etoile (la), l.	202	
85	Bellefont, d.	48	
86	BELLENAVE, b.	22	
87	Belle-Pierre, d.	51	
88	Belle-Perche, d.	15	
89	Belleret, d.	122	
90	Belles (les), d.	269	
91	Bellet, l.	122	
92	Bellevue, l.	13	
93	Bellevue, chât.	24	
94	Bellevue, vig.	25	
95	Bellevue, d.	65	
96	Bellevue, l.	70	
97	Bellevue, l.	80	
98	Bellevue, l.	84	
99	Bellevue, l.	90	
1000	Bellevue, l.	93	
1	Bellevue, l.	98	
2	Bellevue, l.	121	
3	Bellevue, l.	121	
4	Bellevue, d	126	
5	Bellevue, cc.	129	
6	Bellevue, vgne.	130	
7	Bellevue, d.	131	
8	Bellevue, h.	136	
9	Bellevue, chât.	163	
10	Bellevue, d.	179	
11	Bellevue, h.	195	
12	Bellevue, h.	199	
13	Bellevue, l.	214	
14	Bellevue, l.	296	
15	Bellevue, é.	300	
16	Bellevue, l.	311	
17	Bellevue (montée de), d.	193	

1018	Bel-Œil, l.	136	
19	Bélon (le), d.	75	
20	Bélons (les), d.	151	
21	Bélots (les), h.	33	
22	Bélots (les), d.	114	
23	Bélots (les), d.	151	
24	Bélots (les), h.	251	
25	Bélots (les), vge.	271	
26	Beluseaux (les), f.	18	
27	Belusses (les), l.	174	
28	Belvau (le grand), f.	218	
29	Belvau (le petit), l.	218	
30	Belvau (Bruyères de).	218	
31	Belvert, d.	221	
32	Benaï, ch., d. et vgn.	272	
33	Benaï, h.	278	
34	Benaï (le ris), h.	318	
35	Bénais (les), l.	4	
36	Beneton, l.	100	
37	Benets (les), d.	12	
38	Benoit, d.	60	
39	Benon, d.	160	
40	Benot (le), l.	218	
41	Bérat (le), ch.	22	
42	Bérat (la), d.	203	
43	Berathel, d.	217	
44	Béraüds (les), f.	289	
45	Berbignat, d.	97	
46	Berche (le), h.	79	
47	Berchères (les), vge.	261	
48	Berdacaux (les), l.	47	
49	Bergeons (les), h.	47	
50	Berger, d.	77	
51	Berger (le creux), l.	239	

1052	Bergerats (les), d.	37	
53	Bergerats (les), d.	153	
54	Bergerats (les), d.	237	
55	Bergereau (le), d.	170	
56	Bergères (les), d.	126	
57	Bergerie (la), l.	3	
58	Bergerie (la).	34	
59	Bergerie (la), d.	36	
60	Bergerie (la), d.	81	
61	Bergerie (la), d.	86	
62	Bergerie (la), ch. et d.	100	
63	Bergerie (la), f. et ch.	226	
64	Bergerie (la), d.	315	
65	Bergeries (les), d.	188	
66	Bergeries (les), d.	219	
67	Bergerot, d.	248	
68	Bergeroux, d.	70	
69	Bergers (les), d.	166	
70	Bergers (les), d.	199	
71	Bergers (les), d.	201	
72	Berjoux (les), l.	70	
73	Berjoux (les), h.	239	
74	Berlande (la), l.	40	
75	Berlande (la), l.	290	
76	Berlande (la prairie), l.	40	
77	Berlière (la), d.	297	
78	Berliers (les), d.	18	
79	Berlus (les), h.	100	
80	Bernachez (les), d.	283	
81	Bernadet, moul.	214	
82	Bernadière (la), l.	68	
83	Bernadins (les), l.	150	
84	Bernard, d.	74	
85	Bernard, m.	107	
1086	Bernard, l.	160	
87	Bernard (le), d.	203	
88	Bernard (la maison), é.	166	
89	Bernardin, l.	8	
90	Bernardins (les), d.	26	
91	Bernardins (les), vge.	191	
92	Bernardons (les), d.	57	
93	Bernards (les), h.	43	
94	Bernards (les sapins des), d.	43	
95	Bernards (les), d.	51	
96	Bernards (les), d.	65	
97	Bernards (les), d.	69	
98	Bernards (les petits), d.	69	
99	Bernards (les), d. et m.	71	
1100	Bernards (les), vge.	73	
1	Bernards (les), h.	101	
2	Bernards (les champs), trois l.	122	
3	Bernards (les), d.	137	
4	Bernards (les), d.	146	
5	Bernards (les), d.	166	
6	Bernards (les), vge.	265	
7	Bernards (les), f.	299	
8	Bernards (les), d.	307	
9	Bernards (les), f.	314	
10	Bernue (la), d.	39	
11	Bernuis (le grand), d.	129	
12	Bernuis (le petit), d.	129	
13	Berri, h.	46	
14	Berriers (les) l.	271	
15	Berrot (le champ), l.	302	
16	Berroyers (les), d.	200	
17	Berrurat, loc.	318	

1118	Bear, vge.	23	
19	Bert, d.	306	
20	Bertaud, m.	109	
21	Berteaux (les), d.	88	
22	Bertelet, l.	232	
23	Berteliers (les), f.	23	
24	Bertelins (les), l.	12	
25	Bertenoue (la), l.	76	
26	Berthaux (les), d.	191	
27	Berthe (la font de la), l.	205	
28	Bertheliers (les), d.	191	
29	Berthelots (les), d.	176	
30	Berthelots (les), f.	235	
31	Berthets (les), l.	12	
32	Berthets (les), d.	43	
33	Berthière (la), d.	238	
34	Berthomiers (les), d.	102	
35	Berthomiers (les), d.	181	
36	Berthomiers (les), d.	192	
37	Berthomiers (les), l.	253	
38	Berthon, m. et l.	306	
39	Bertier, vig.	74	
40	Bertille (la), l.	270	
41	Bertrand, d.	74	
42	Bertrand, d.	132	
43	Bertrand (lieu), l.	150	
44	Bertrands-du-Bas (les), loc.	146	
45	Bertrands-du-Haut, d.	146	
46	Bertranne (la), h.	30	
47	Berts (les grands), d.	260	
48	Bertucats (les), d.	146	
49	Bertucat, vge.	160	
50	Bertuel, d.	160	
51	Besacière, d.	212	
52	Bésillat, h.	232	
53	Bessai, vge.	24	
54	Bessai, d. et t.	216	
55	Bessai (la), d.	18	
56	Bessai (la), h.	120	
57	Bessai (la petite), d.	120	
58	Bessai (le grand), d.	179	
59	Bessai (le petit), d.	179	
60	Bessai, d.	195	
61	Bessai (la), m.	216	
62	Bessais (les), l.	14	
63	Bessais (l'écluse des), é.	18	
64	Bessat (le mas de), f.	250	
65	Besse, moul.	314	
66	Besseigeat, l.	156	
67	Bessemoulin, d.	186	
68	Besses (les), d.	303	
69	Bessies (les), d.	113	
70	Besson, b.	25	
71	Besson, d.	77	
72	Besson, d.	160	
73	Besson, m.	206	
74	Bessonnats (les), d.	24	
75	Bessons (les), d.	23	
76	Bessons (les), h.	89	
77	Bessons (les), h.	263	
78	Bessut, l.	202	
79	Bête (la), l.	3	
80	Béton, l.	9	
81	Betrats (les), d.	306	
82	Beugnai, ch. et h.	61	
83	Beugnans (les petits) d.	117	
84	Beugnants (les), h.	248	

1185	Beugnerie (la), d.	61	1319	Bigotier, h.	227
86	Beugues (les), d.	23	20	Bigontier, d.	8
87	Beuillat (la place), h.	173	21	Biguet (chez), d.	91
88	Beurge, loc.	77	22	Biguet, moul.	197
89	Beurre (la), d.	297	23	Bigut (grand), d.	12
90	Beurriers (les), l.	225	24	Bigut (petit), d.	12
91	Beurriers (les), d.	261	25	Bilaudière, d.	312
92	Beuyés (les), f.	59	26	Bilaudière, h.	314
93	Beylot, m.	79	27	Bilhaud, m.	150
94	Bézenet, b.	181	28	Billard, l.	49
95	Biarnais (les), h.	1	29	Billard, l.	89
96	Biat, f.	279	30	Billards (les), d.	124
97	Biaule (la), vge.	101	31	Billards (les), d.	151
98	Biaules (les), d.	190	32	Billaud, vge.	77
99	Bicards (les), vge.	42	33	Billaud, m.	127
1200	Biche (la), d.	286	34	Billauds (les), f.	38
1	Bichons (les), d.	34	35	Billauds (les), f.	111
2	Bichons (les), d.	88	36	Billaut, m. et l.	156
3	Bicoque (la), t.	2	37	Billé, d.	229
4	Bidauts (les), d.	147	38	Billet (chez), d.	17
5	Bideux (les), d.	52	39	Billets (les), d.	201
6	Bideux, l.	280	40	Billets (les), d.	239
7	Bief (le), l.	65	41	Billets d'en bas (les), d.	205
8	Bief (le), m.	162	42	Billets d'en-haut (les), d.	235
9	Bienassis, d. et ch.	180			
10	Bien-nés (les), h. et m.	101	43	Billesois, m.	26
11	Bierge (la), loc.	277	44	Billesois, vge.	26
12	Bigai, m.	113	45	Billi, b.	27
13	Bigarat, d.	217	46	Billis (les), vge.	205
14	Bigarne (la), h.	279	47	Billon (lieu), l.	15
15	Bignards (les), h.	21	48	Billonnière (la), vge.	81
16	Bignat (le), h.	240	49	Billons (les), f.	42
17	Bigni (le grand), d.	148	50	Billons (les), d.	284
18	Bigni (le petit), d.	148	51	Billordons (les), d.	220

1252 Billot, d.	01	1286 Blanchard, d. et l.	255
53 Billots (les), mét.	270	87 Blanchards (les), d.	74
54 Billoux, d.	190	88 Blanchards (les), d.	173
55 Biondes (les), d.	231	89 Blanche (rue), h.	286
56 Biosai, h.	279	90 Blanches raies (les), l.	83
57 Biosat, vge.	28	91 Blanchet, h.	169
58 Biot, d.	103	92 Blanchet, loc.	95
59 Biotière, d.	41	93 Blanchet (le ris), d.	212
60 Bique (la), m.	258	94 Blanchetière, d.	216
61 Birat, d.	61	95 Blanchetière, d.	237
62 Biron, d.	237	96 Blanchets (les), d.	85
63 Bisais (les). vge.	43	97 Blanchirière, d.	169
64 Biscoterie (la), l.	165	98 Blanchisserie (la), d.	182
65 Bise (la), l.	11	99 Blanchisserie (la) m.	
66 Bisets (les), d.	299	et h.	310
67 Bisoles (les), d.	200	1300 Blanchons (les), h.	153
68 Bisseret (le mas de), h.	298	1 Blanchons (les), d.	166
69 Bisseret. chât.	298	2 Blanchot, h.	6
70 Bitauds (les), vig.	303	3 Blanchot, l.	6
71 BIZENEUILLE, v.	20	4 Blanchot, d.	222
72 Rizets (les), d.	52	5 Blancs (les), h.	61
73 Bizets (les), h.	172	6 Blancs-Fossés, f.	85
74 Bizets (les), d.	280	7 Blande, h.	95
75 Bizot, d.	72	8 Blanzat, vge.	87
76 Blains (les), d.	83	9 Blanzat, vge et ch.	180
77 Blains (les petits), l.	126	10 Blasson, d.	130
78 Blains (les), f.	115	11 Blatière, d.	237
79 Blais, d.	0	12 Blattes (les), h.	111
80 Blaisons, (les) f.	84	13 Blaudière, d.	279
81 Blaivons (les), h.	26	14 Blavets (les), d.	74
82 Blanc (chez), d.	0	15 Blé (le), l.	0
83 Blanc, l.	61	16 Blégni, moul. et l.	12
84 Blanc, l.	100	17 Blénets (les), d.	116
85 Blanchard (le), h.	203	18 Bléniére, d.	23

1319	Blénière, d.	36	
20	Blénière, h.	136	
21	Bletterie (la), d.	209	
22	Bletteries (les), d.	245	
23	Blettière (la), d.	150	
24	Blettières (les), f.	43	
25	Blévonat, l.	174	
26	Bligaudière, l.	289	
27	Bline (la), f.	38	
28	Blinière, l.	216	
29	Blins (les), l.	38	
30	BLOXARD, vge.	30	
31	Blonde (la), loc.	151	
32	Blondeau, d.	84	
33	Blondeau (le), d.	161	
34	Blondeaux (les), h.	16	
35	Blondet, d.	85	
36	Blonds (les), d.	151	
37	Blots (les), f.	114	
38	Blots (les), f.	151	
39	Blots (les), h.	272	
40	Blots (les), d.	283	
41	Bloux, vge.	150	
42	Bloux (les loges de), l.	150	
43	Bloux (les), h.	190	
44	Boblat, l.	218	
45	Bobille (la), l.	69	
46	Bobin (la rue), l.	14	
47	Bobins (les), d.	4	
48	Bodet, moul.	179	
49	Bodéterie (la), h.	46	
50	Bodin (la loge), l.	70	
51	Bodin, d.	85	
52	Bodin, d.	130	

1353	Bodinots (les), d.	174	
54	Bodins (les), h.	123	
55	Boënat, vge.	111	
56	Bœuf (le), vge.	45	
57	Bœuf d'en-bas (le), m. et l.	306	
58	Bœuf d'en-haut (le), h.	306	
59	Boffet (la font de), h.	245	
60	Boffetie, d.	113	
61	Bohat, d.	152	
62	Bohêmes (les), h.	67	
63	Boichatte (la), l.	312	
64	Boillard, h.	287	
65	Boillards (les), d.	236	
66	Boilets (les), d.	129	
67	Boirat, l.	229	
68	Boirattes (les), l.	32	
69	Boire (la), d.	1	
70	Boire (la), l.	256	
71	Boire (la), d.	307	
72	Boireaux (les), d.	235	
73	Boire-Biquet, l.	155	
74	Boires (les), l.	9	
75	Boires (les), d.	155	
76	Boirets (les), d.	81	
77	Boirot, l.	280	
78	Boirots (les), d.	39	
79	Boirots (les), d.	173	
80	Boirots du bas (les), d.	137	
81	Boirots du haut (les), d.	137	
82	Bois (le), l.	3	
83	Bois (le), d.	19	
84	Bois (le), d.	33	
85	Bois (le), loc.	69	

1386	Bois (le), h.	79	
87	Bois (le), f.	90	
88	Bois (le), vge.	95	
89	Bois (le), h.	102	
90	Bois (le), d.	175	
91	Bois (le), d.	183	
92	Bois (le), h.	186	
93	Bois (le), l.	191	
94	Bois (le), d.	197	
95	Bois (le), d.	202	
96	Bois (le), d.	221	
97	Bois (le), f.	223	
98	Bois (le), l.	224	
99	Bois (le), m.	251	
1400	Bois (le), l.	271	
1	Bois (le), m.	281	
2	Bois (chez), h.	150	
3	Bois (la loge du), d.	192	
4	Bois (l'étang des), l.	18	
5	Bois (les).	221	
6	Bois (les), l.	225	
7	Bois (les grands), l.	83	
8	Bois (les grands), l.	90	
9	Bois (les grands), h.	103	
10	Bois (les grands), d.	220	
11	Bois (les grands), l.	263	
12	Bois (grand), d.	316	
13	Bois (petit), ch. et d.	82	
14	Bois (petit), l.	113	
15	Bois (les petits), l.	220	
16	Bois (les petits), h.	261	
17	Bois (les petits), d.	293	
18	Bois (maison des), l.	32	
19	Bois Aubain (le), h.	219	

1420	Bois au midi (le), l.	217	
21	Bois au nord (le), h.	217	
22	Bois Basset (le), l.	279	
23	Bois Beget (le), h.	216	
24	Bois Béret (le), l.	81	
25	Bois Bergeot (le), l.	262	
26	Bois Bert (le), l.	272	
27	Bois Beugnet (le), d.	168	
28	Bois Blanc, h.	113	
29	Bois Blanc, h.	272	
30	Bois Blanc, d.	219	
31	Bois Bonnot (le), l.	81	
32	Bois Brochet (le), l.	90	
33	Bois Brûlé (le), d.	18	
34	Bois Brûlé (le), l.	232	
35	Bois Carrat (le), l.	150	
36	Bois Chaumeil (le), l.	88	
37	Bois Chevreau (le), h.	256	
38	Bois Chotin (les), l.	42	
39	Bois Choux (le), d.	83	
40	Bois Clair (le), l.	81	
41	Bois Clair (le), h.	131	
42	Bois Clair (le), l.	200	
43	Bois Clair (le), l.	236	
44	Bois Cloyer (le), d.	149	
45	Bois Colon (le), l.	43	
46	Bois Comtau (le), d.	125	
47	Bois Comtau (le), d.	307	
48	Bois Cornier (le), l.	103	
49	Bois Corsin (le), d.	29	
50	Bois Coupé (le), l.	222	
51	Bois Croisé (le), l.	216	
52	Bois curé (le), l.	147	
53	Bois Curé (le), l.	150	

N°	Nom	Page
1151	Bois Curé (le), vge et f.	270
55	Bois d'Arzal (le), h.	77
56	Bois d'eau (le), d.	3
57	Bois de Breux (le), d.	77
58	Bois de But (le), d.	112
59	Bois de Chambérat (le).	197
60	Bois de Champeau, (le), d. et l.	214
61	Bois de Forêt (le), h.	8
62	Bois de la Chaume (le), l.	150
63	Bois de la Chèvre (le), f.	28
64	Bois de la Cure (le), d.	223
65	Bois de la Cure (le), l.	260
66	Bois de la Dame (le), l.	286
67	Bois de la Molle (le), d.	6
68	Bois de Lante (le), l.	231
69	Bois de la Raje (le), l.	297
70	Bois de la Vaure (les), f.	43
71	Bois de l'eau (le), d.	103
72	Bois de Lépaud (le), l.	214
73	Bois de l'Epine (le), d.	120
74	Bois d'Embrun (le), h.	46
75	Bois de Nau (le), l.	221
76	Bois Denis (le), h.	293
77	Bois de Paillière (le), d.	107
78	Bois de Plan (le), l.	221
79	Bois derrière (le), d.	103
80	Bois de St-Jean (les), l.	215
81	Bois de Venas (le).	301
82	Bois de Yesvres (le), l.	34
83	Bois de Vial (le), h.	113
84	Bois de Vougon (le), l.	3
85	Bois des Couts (le), h.	261
1186	Bois des Crones (le), h.	8
87	Bois des Dames (le), l.	63
88	Bois des Fossés (le), l.	34
89	Bois des Jaillots (le), l.	173
90	Bois des Meuniers (le), l.	247
91	Bois des Noyers (le), l.	33
92	Bois des Ranches (le), l.	296
93	Bois de Saulzais (le), l.	102
94	Bois Dezard (le), h.	65
95	Bois d'Huriel (les), d.	299
96	Bois Didon (le), d. et l.	163
97	Bois-Dieu (le), vge	132
98	Bois-Dieu (le), vge.	137
99	Bois Dieu (le), h.	286
1500	Bois Dieu (le), d.	307
1	Bois Dijoux (le), d.	210
2	Bois Dins (les), h.	42
3	Bois Drigeard (le), l.	64
4	Bois droit (le), f.	247
5	Bois Droyer (le), l.	18
6	Bois du Croc (le), l.	272
7	Bois du Four (le), d.	113
8	Bois du Mas (le), l.	203
9	Bois du Mas (le), d.	216
10	Bois du Prieur (le), l.	273
11	Bois du Roi (le), h.	307
12	Bois du Soc (le), l.	117
13	Bois du Village (le), d.	173
14	Boise (la), d.	61
15	Boise (la), l.	93
16	Boisets (les), d.	205
17	Bois-Farnoux (le), d.	3
18	Bois Fayet (le), h.	65

1519 Bois-Payet (le), l.　247
20 Bois-Peu, d.　121
21 Bois Forêt (le), d.　271
22 Bois Fort (le), d.　69
23 Bois Fort (le), loc.　281
24 Bois Fort (le), d.　308
25 Bois Fournier (le), l.　119
26 Bois Garot (le), h.　28
27 Bois Girard (le), d.　48
28 Bois Girard (le), l.　247
29 Bois Giraud (le), l.　40
30 Bois Giraud (le), l.　113
31 Bois Grand-Jean (le), l. 318
32 Boisières (les), d.　202
33 Bois Jacquots (les), ec. 225
34 Bois Jaumal, m.　22
35 Bois Jolais (le), d.　198
36 Bois Labesu, h.　26
37 Bois Lafont (le), l.　137
38 Bois Lhuilier (le), l.　281
39 Bois Longeot (le), l.　201
40 Bois Malivin, l.　174
41 Bois Marteau, d.　167
42 Bois Martin, d.　224
43 Bois Maugenest, l.　132
44 Bois Menins (le), l.　205
45 Bois Menus (le), d.　70
46 Bois Menus (les), d.　223
47 Bois Mirau (le), l.　213
48 Bois Murcin (le), l.　6
49 Bois Noailli (le), l.　152
50 Bois Paret (le), d.　42
51 Bois Parrot (le), l.　113
52 Bois Pelé (le), l.　248

1553 Bois Pioux (le), h.　5
54 Bois Pioux (le), d.　200
55 Bois Plan, loc.　75
56 Bois Plan, l.　221
57 Bois Plan, loc.　272
58 Bois Prêtre (le), l.　262
59 Bois Raimond (le), l.　34
60 Bois Raimond (le), h.　134
61 Bois Rambaud (le), l.　112
62 Bois Randenai (le), v.　42
63 Bois Remondins (les), loc.　296
64 Bois Renard (le), l.　34
65 Bois-Rigault (le), d.　208
66 Bois-Rond (le), l.　6
67 Bois-Rond, l.　138
68 Bois-Rosier, vgne.　65
69 Bois-Rouge (le), l.　132
70 Bois Rousseau (le), d.　85
71 Bois St-Léger (le), l.　236
72 Bois Sapin (le), d.　250
73 Boissard, d.　48
74 Boissard, sc.　113
75 Boissats (les), d.　305
76 Boisse (chez), d.　230
77 Boisseau (lieu), loc.　150
78 Boisseaux (les), h.　201
79 Boissellerie (la), d.　122
80 Bois-Semés (les), d.　296
81 Boissonnets (les), h.　115
82 Bois-Tains (les), vge.　25
83 Bois-Vellaut (le), d.　288
84 Bois-Verts (les), d.　205
85 Bois-Vieux (le), d.　258

1586	Bois-Vignaud (le), h.	64		1620	Bonnefont d'en-bas, d.	201
87	Bois-Vignaud (le), d.	125		21	Bonnefont d'en-haut, d.	201
88	Bois-Vignaud (le), h.	222		22	Bonnefont, d.	223
89	Bois Virolle (le), l.	233		23	Bonnet (le), l.	5
90	Boitel (le), d.	208		24	Bonnet, d.	64
91	Boizets (les), d.	168		25	Bonnet, d.	173
92	Bolières (les), h.	274		26	Bonnet (le four), d.	2
93	Bolard, l.	6		27	Bonneteaux (les), d.	51
94	Bomplain, vge.	88		28	Bonnetière (la), d.	46
95	Bompré, ch.	16		29	Bonnets (les), l.	17
96	Bomprix, l.	289		30	Bonnets (les), d.	23
97	Bonachats (les), l.	50		31	Bonnets (les), d.	138
98	Bonand, h.	149		32	Bonnets (les), d.	173
99	Bon-Boulanger, d.	213		33	Bonnets (les), h.	191
1600	Bonchamp (le), m. et f.	317		34	Bonnets (les), d.	295
1	Bon-Claude (le), l.	277		35	Bonnets (les), l.	296
2	Bondat, d.	31		36	Bonnette (le), l.	33
3	Bondes (les), d.	209		37	Bonnichons (les), d.	113
4	Bon-faix, d.	145		38	Bonnichons (les), d.	272
5	Bonins (les), d.	110		39	Bonnière (la), d.	209
6	Bonivaux (les), l.	296		40	Bonnière (la), d.	222
7	Bonjean (chez), l.	150		41	Bonnin, d.	169
8	Bonnai, d.	283		42	Bonnin, m.	303
9	Bonnai, d.	290		43	Bonnots (les), f.	91
10	Bonnardière, d.	294		44	Bonprix, l.	272
11	Bonnaventure, ch.	113		45	Bons-Cœurs (les), d.	138
12	Bonneaux, l.	234		46	Bontemps, h.	6
13	Bonneaux (les), d.	279		47	Bontemps, d.	74
14	Bonneblond, d.	223		48	Bon-Vivier, d.	269
15	Bonnefont, d.	5		49	Bord, d.	46
16	Bonnefont, l.	6		50	Bord, ch. et d.	47
17	Bonnefont, d.	11		51	Bord, h. et m.	102
18	Bonnefont, h.	44		52	Bord, d.	130
19	Bonnefont, l.	113		53	Bord, d.	145

1651	Bord, d.	180	1687 Bordes (les), d.	278
53	Bord, d.	227	88 Bordes (les), vge.	312
56	Bord (grand), h.	20	89 Borde (la grande), d.	279
57	Bord (petit), f.	20	90 Bordessoulle, h.	190
58	Bord (le champ de), d.	118	91 Bordière (la), d.	62
59	Bord (le pont de), l.	103	92 Bordureau, m.	21
60	Bord (le vieux), vig.	283	93 Bore, d.	232
61	Borde (la), d.	41	94 Boret (le), d.	153
62	Borde (la), d.	73	95 Borie (la), d.	28
63	Borde (la), d.	101	96 Bornais (les), d.	53
64	Borde (la), f.	116	97 Bornat, d.	236
65	Borde (la), d.	119	98 Bornat, d.	262
66	Borde (la), d.	198	99 Bornats (les), h.	205
67	Borde (la), d.	230	1700 Borne (la grande), d.	132
68	Borde (la), d.	311	1 Bornet, d.	99
69	Borde (grande et petite), ds.	279	2 Bornière, l.	235
70	Bordeliers (les), d.	308	3 Borniers (les), l.	119
71	Borderie (la), d.	156	4 Bosse (la), l.	43
72	Bordes (les), h.	20	5 Bosse (la), m. d. g.	106
73	Bordes (les), h.	45	6 Bossus (les), d.	263
74	Bordes (les), d.	82	7 Bost, d.	22
75	Bordes (les), ch. et d.	88	8 Bost, vge.	31
76	Bordes (les), d.	90	9 Bost, h.	44
77	Bordes (les), d.	91	10 Bost, l. et m.	54
78	Bordes (les), d.	112	11 Bost, m.	170
79	Bordes (les), d.	121	12 Bost (le), d.	205
80	Bordes (les), l.	129	13 Bost, vge.	216
81	Bordes (les), l.	146	14 Bost, d.	253
82	Bordes (les), l.	156	15 Bost (le), d.	279
83	Bordes (les), d.	161	16 Bost, ch. et d.	307
84	Bordes (les), l.	181	17 Bost, d.	311
85	Bordes (les), d.	214	18 Bost-berat, h.	170
86	Bordes (les), h.	214	19 Bostbier (les), d.	126
			20 Bost-bignat, vge.	276

1721	Bostbins (les), d.	90	1755	Bottines, h.	205
22	Bost-Bourdet, d.	112	56	Bouan, h.	41
23	Bost-Bresson, d.	236	57	Bouare, d.	231
24	Bost-Catier, l.	213	58	Boube, d.	72
25	Bost-Chaland, d.	31	59	Boubes (les grandes), d.	82
26	Bost-Chassin, d.	235	60	Boules (les petites), d.	82
27	Bost-Chevrier (le), mét.	226	61	Boubrack, loc.	151
28	Bost-Cluse, loc.	77	62	Boucardière (la), l.	225
29	Bost-Cotrai, d.	212	63	Boucats (les), d.	179
30	Bost-d'Achi, loc.	22	64	Boucaumerie (la), d.	3
31	Bost-de-Chez, d.	301	65	Boucaumiers (les), d.	39
32	Bost-de-croux, h.	8	66	Boucaumont, d.	272
33	Bost-diment, l.	113	67	Borcé, vge.	32
34	Bost-Francon, ch. et d.	154	68	Bouchamp (le).	317
35	Bost-Prénai, d.	55	69	Bouchand, d.	40
36	Bost-Galand, d.	30	70	Bouchants (les), f.	163
37	Bost-Goulard, d.	281	71	Boucharderie (la), d.	46
38	Bost-Jay (les), d.	271	72	Bouchardière, h.	101
39	Bost-Jean (les), d.	175	73	Bouchardière, l.	191
40	Bost-Menu, d.	250	74	Bouchards (les), d.	16
41	Bost-Merle, f.	266	75	Bouchat (le), d.	81
42	Bost-Plan, ch. et d.	132	76	Bouchat (le), h.	91
43	Bost-Thibaud (le), d.	272	77	Bouchat (le), ch. et d.	112
44	Bost-Retin, d.	160	78	Bouchat (le), d.	138
45	Bost-Rond, vge.	318	79	Bouchat (le), d.	172
46	Bost-Saint-Menoux, d.	34	80	Bouchat (le), d.	215
47	Bosts (les), ch. et d.	25	81	Bouchat (le), l.	303
48	Bosts (les), d.	56	82	Bouchats (les), d.	272
49	Bosts (les), d.	61	83	Bouchatte (la), d. et ch.	70
50	Bosts (les), l.	91	84	BOUCHAUD (LE), vge.	33
51	Bosts (les), h.	186	85	Bouchaud (le), f.	249
52	Bosts (les), d.	224	86	Bouchaud (le), f.	235
53	Bosts (les grands), l.	33	87	Bouchaux (les), loc.	214
54	Bostsain (le), d.	20	88	Boucherat, l.	147

1789 Boucheraud (le), d.	255
90 Boucheraud (le), d.	302
91 Bouchère (la), loc.	46
92 Bouchereux (les), d.	2
93 Bouchereux (les), vig.	130
94 Boucherolles (les), f.	261
95 Boucherolles (les), f.	284
96 Boucheron, d.	8
97 Boucheron, ch., l. et m.	12
98 Boucheron, d.	115
99 Boucheron, d.	267
1800 Boucherons (les), d.	25
1 Boucherons (les), d.	272
2 Boucheroux (le), h,	256
3 Bouchet (le), d.	44
4 Bouchet (le), d.	46
5 Bouchet (le), d.	72
6 Bouchet (le), h.	97
7 Bouchet (le), d.	113
8. Bouchet (le), h.	316
9 Bouchet (grand), d.	117
10 Bouchet (petit), d.	117
11 Bouchiroux, d.	214
12 Bouchon (le), d.	122
13 Bouchon (le), d.	176
14 Bouchon (le), d.	289
15 Bouchonnière, d.	31
16 Bouchonnière, d.	212
17 Bouchons (les), l.	170
18 Bouchouer, d.	312
19 Boudants (les), d.	200
20 Boudards (les), d.	63
21 Boudeaux (les), f.	239
22 Boudeaux (les), f.	284
1823 Boudelle (la), h.	193
24 Boudemange, f.	111
25 Boudet, d.	131
26 Boudet, d.	221
27 Boudet, h.	231
28 Boudets (les), d.	301
29 Boudillats (les), d.	106
30 Boudin (la font), d.	91
31 Boudin, h.	222
32 Boudinaux (les), d.	181
33 Boudot (les loges), l.	203
34 Boudots (les), d.	203
35 Boudrier, l.	186
36 Boue (la), d.	299
37 Boue (la), f.	305
38 Boueix (les), h.	127
39 Boueix (les), l,	165
40 Bouesse (la), d.	162
41 Bouesse d'en bas (la), h.	107
42 Bouesse d'en haut (la), h.	197
43 Bouesse (la), h.	258
44 Bouesses (les), h.	257
45 Bouets (les), d.	23
46 Bouet (le), d.	188
47 Bouet (le), h.	235
48 Bouet (le), d.	291
49 Bouets (les), h.	5
50 Bouets (les), d.	288
51 Bouets (les), f.	297
52 Bouffaret, d.	58
53 Bouffets (les), d.	283
54 Bouffevent. h.	255
55 Bougalerie (la), d.	115

1856	Bougerolles (les), h.	156	1889	Bouis (le), h.	162
57	Bougimont (le grand), d.	131	90	Bouis (le), h.	210
58	Bougimont (le petit), d.	131	91	Bouis (le), ch. et d.	279
59	Bougneux (les), d.	72	92	Bouis (la croix de), f.	131
60	Bougneux (les), l.	212	93	Bouis (les),	44
61	Bougnolats (les), d.	102	94	Bouis (les), h.	156
62	Bougriot, l.	15	95	Bouis (les), h.	181
63	Bouguins (les), d.	138	96	Bouis (les), f.	233
64	Bouillasse (la), loc.	17	97	Bouis (les), loc.	274
65	Bouillat (le). l.	281	98	Bouis (les), d.	277
66	Bouille, l.	227	99	Boulades (les), f.	190
67	Bouillé, d.	97	1900	Boulai (le), c. m.	261
68	Bouillerand, h.	40	1	Boulaires (les), d.	93
69	Bouilles (les), d.	26	2	Boulais (les), d.	194
70	Bouilles (les), l.	76	3	Boulaise (la), l.	293
71	Bouillet, h.	153	4	Boulaise de Rigni (la), l.	174
72	Bouillet (petit), l.	229	5	Boulangerie (la), d.	114
73	Bouillets (les), d.	11	6	Boulard, d.	221
74	Bouillets (les), d.	188	7	Boulardot, d.	168
75	Bouillets (les), h.	203	8	Boulas (le), h.	293
76	Bouillolle (la), d.	212	9	Boulats (les), l.	205
77	Bouillonnes (les), h.	217	10	Boulats, l.	231
78	Bouillots (les), d.	19	11	Boulats (les), d.	262
79	Bouillots (les), d.	93	12	Boulaud (le), vg.	293
80	Bouillotte (la), d.	169	13	Boulaude (la), l.	111
81	Bouillotte (la), d.	279	14	Boulauds (les), h.	223
82	Bouingts (les), d.	30	15	Boule (la), d.	275
83	Bouis (le), d.	75	16	Boule (la), l.	54
84	Bouis (le), d.	46	17	Boule (le), l.	312
85	Bouis (le), f.	59	18	Bouléo (la), l.	317
86	Bouis (le), d.	67	19	Boulenne, l.	237
87	Bouis (le), d.	97	20	Boulères (les), l.	217
88	Bouis (le), h.	131	21	Boules (les), l.	82

1922	Boulet (loge), l.	262	
23	Bouletier (le), h.	102	
24	Boulotières, d.	269	
25	Boulets (les), vgne.	25	
26	Boulets (les), h.	63	
27	Boulette (la), d.	18	
28	Boulevert (le), d.	86	
29	Bouliaud, d.	262	
30	Boulignière, d.	44	
31	Boulignons (les), h.	45	
32	Boulion, d.	262	
33	Boulivier, h. et f. 3 et	219	
34	Bouloise (la), tuil.	110	
35	Boulogne (la), loc.	237	
36	Boulosserie (la), d.	117	
37	Bouniauts, d.	163	
38	Bouquelas, l.	175	
39	Bouquerot, d.	175	
40	Bouquessier, l.	18	
41	Bouquet, moul.	55	
42	Bouquet, l.	263	
43	Bouquetraud (grand), d.	117	
44	Bouquetraud (petit), l.	117	
45	Bouquetterie (la), d.	272	
46	Bouquets (les), d.	149	
47	Bouquier, d.	6	
48	Bouquier (chez), d. et moul.	17	
49	Bouquillons (les), d.	101	
50	Bouquinatte (la), l.	119	
51	Bourachots (les), ch. et d.	23	
52	Bourassat, h.	162	
53	Bourassière, d.	120	
1954	Bourbe (la), d.	102	
55	Bourbe (la), d.	138	
56	Bourbe (la), d.	142	
57	Bourbes (les), d.	100	
58	Bourbiers (les), l.	84	
59	Bourbis (les), h.	199	
60	BOURBON-L'AR-CHEMBAUD, ville.	34	
61	Bourbonnais (les), d.	43	
62	Bourbonnais (le), d.	250	
63	Bourbonnat, d.	118	
64	Bourbons (les), d.	61	
65	Bourbots (les), d.	137	
66	Bourchon, d.	78	
67	Bourdais (le), d.	157	
68	Bourdaise (la), f.	144	
69	Bourderie (la), l.	45	
70	Bourdessoule, d.	146	
71	Bourdiaux (les), d.	231	
72	Bourdière (la), d.	12	
73	Bourdiers (les), d.	24	
74	Bourdiers (les), d.	114	
75	Bourdiers (les), d.	273	
76	Bourdignats (les), f.	102	
77	Bourdignats (les), f. et l.	184	
78	Bourdinière, f.	163	
79	Bourdins (les) d.	262	
80	Bourdoiseau, d.	34	
81	Bourdoiseau, l.	284	
82	Bourdoiseau, f.	301	
83	Bourdon, d.	248	
84	Bourdons (les), d.	220	
85	Bourdonnes, l.	293	

1986	Bourets (les) d.	223	2019	Bournet, h.	156
87	Bourg (le) d.	232	20	Bournet, h.	282
88	Bourg d'en bas. d.	31	21	Bournicat, d.	282
89	Bourg d'en haut, d.	31	22	Bourniers (les), l.	28
90	Bourg, f.	129	23	Bournis (les), l.	126
91	Bourg (le domaine du) l.	269	24	Bourrats (les), d.	250
92	Bourg (grand), d.	272	25	Bourre (la), d.	32
93	Bourg (petit), d.	272	26	Bourrique (la), h.	202
94	Bourgeat (la) d.	51	27	Bourrique (la), loc.	91
95	Bourgeaterie (la), l.	129	28	Bourrus (les), h.	151
96	Bourgeois, l.	31	29	Boursades (les), d.	186
97	Bourgeois, d.	256	30	Boursauts (les), h.	225
98	Bourgeonnière (la), d.	85	31	Bourse (la), d.	103
99	Bourgeons (les) f.	24	32	Bourse (la), h.	73
2000	Bourgeons (les) d.	314	33	Bourse (la), h.	106
1	Bourgneuf, vge.	50	34	Bourse (la), d.	113
2	Bourgognerie (la), d.	3	35	Bourse (la), d.	126
3	Bourgougnons (les), d.	192	36	Bourse (la), d.	153
4	Bourgougnons (les), d.	202	37	Bourse (la), d.	157
5	Bourguignon (l'étang), loc.	236	38	Bourse (la), d.	168
6	Bourguignons (les),	262	39	Bourse (la), d.	197
7	Bourianne, h.	275	40	Bourse (la), d.	268
8	Bourilles (les), d.	155	41	Bourse, h.	295
9	Bourins (les), d.	310	42	Bourse (la), l.	296
10	Bourimont, moul.	219	43	Bourse (la), l.	309
11	Bourine, l.	31	44	Bourses (les), d.	270
12	Bourlot, d.	65	45	Bourses, l.	233
13	Bournai, h.	309	46	Bourses (les), d.	239
14	Bournais (les), h.	76	47	Bourses (les), l.	31
15	Bournat, d.	41	48	Bourses (les), h.	45
16	Bournat, l.	182	49	Bourses (les).	53
17	Bournats (les), d.	143	50	Bourses (les), h.	93
18	Bournet, h.	39	51	Bourses (le revers des), loc.	93

2052	Bourses (les); d. et l.	121	2085	Bout du monde (le), l.	51
53	Bourses (les), l.	169	86	Bout du monde (le), l.	133
54	Bourses (les), h.	231	87	Bout du monde (le), d.	231
55	Bourses (les), ch.	275	88	Bout du monde (le), l.	236
56	Bourses (les), loc.	318	89	Bout du monde (le), l.	296
57	Boursillats (les), d.	170	90	Bout du moulin, d.	268
58	Boursot (le), d.	81	91	Boutefeu, l.	211
59	Boursy-Sud, l.	213	92	Boutelier, h.	40
60	Bourzat, vge.	92	93	Boutelière (la), d.	81
61	Bourzat, vge.	231	94	Boutelière (la), h.	80
62	Bourzau, vge.	197	95	Boutelière (la), d.	223
63	Bourzet (le), l.	69	96	Bouteille (la), h.	39
64	Bousegré, d.	131	97	Bouteresse (la), ch. et l.	101
65	Boussac, ch. et h.	274	98	Bouteresse (la), vig.	264
66	Boussards (les), vge.	79	99	Bouteron (le grand), d.	2
67	Boussal, vge.	22	2100	Bouteron, d.	15
68	Boussedet, l.	69	1	Boutet, m.	313
69	Bousserolles (les), h.	156	2	Boutevin, moul. et h.	117
70	Bousserols les, d.	260	3	Bouthiaud, d.	262
71	Boussés (les), d.	121	4	Bouthiaude (la), d.	173
72	Bousset (grand), h.	117	5	Bouthiers (les loges), d.	236
73	Bousset (petit), l.	117	6	Boutiaud (la tuilerie de), f.	262
74	Bousset, d.	232	7	Boutillan, l.	24
75	Boussicots (les), d.	131	8	Boutin, f.	217
76	Boust (le champ du), d.	292	9	Boutins (les), h.	188
77	Boussier, d.	26	10	Boutis (les), d.	151
78	Boussier, vge.	104	11	Boutonnat, d.	269
79	Bout (les champs du), 3 loc.	122	12	Boutonnet, d.	112
80	Bout (le), d.	122	13	Bouton rouge (le), tuil.	101
81	Bout (le), d.	151	14	Boutons (les), d.	153
82	Bout (le grand), f.	90	15	Bouvard, d.	332
83	Bout (le petit), d.	90	16	Bouvard, f.	229
84	Boutais, h.	291	17	Bouvine, l.	31

2118 Bouyolle, d.	218	2149 Brandes (les), h.	148
19 Bouyolle, d.	282	50 Brandes (les), vge.	184
20 Bouyolles (les), h.	146	51 Brandes (les), d.	215
21 Bouyon, d.	197	52 Brandes (les), h.	273
22 Bouyot, d	23	53 Brandes (les), l.	313
23 Bouyots (les), d.	63	54 Brandes d'Argentière	
24 Boyard, l.	92	(les), h.	299.
25 Braconnoux, vge.	156	55 Brandes d'Argigni ou	
26 Bradière, h.	270	de Mallet (les), l.	27
27 Brai (le), vge.	22	56 Brandes de Saulzais	
28 Brais (les), h.	23	(les), h.	102
29 Brais (les), h.	46	57 Brandes des Goirands	
30 BRAISE, vge.	35	(les), h.	101
31 Braises (les), h.	176	58 Brandine, d.	122
32 Bramefaim, d.	182	59 Brandonnets (les), vig.	99
33 Bramefaim, d.	203	60 Brandons (les), l.	162
34 Bramefaim, d.	313	61 Brandons (les), f.	284
35 Branches (les), d.	278	62 Branle (la), l.	68
36 Branches (les), d.	289	63 Branle (le), d.	166
37 Brandats (les), f.	212	64 Branle-Casaque, l.	205
38 Brande (la), d.	99	65 Branle-Casaque, l.	230
39 Brande d'Arnon (la), l.	316	66 Branle-Culotte, l.	205
40 Brande de la Nation		67 BRANSAT, vge.	36
(la), l.	316	68 Brasserie (la), u.	93
41 Brande de l'Assiette		69 Brasserie (la), u.	230
(la), l.	114	70 Brau, d.	42
42 Brande de Valencier		71 Brau (chez), d.	85
(la), l.	107	72 Brault, d., moul. et l.	46
43 Brandes (les), d.	29	73 Bravets (les), h.	92
44 Brandes (les), h.	49	74 Bréant, l.	113
45 Brandes (les), d.	70	75 Brechettes, vge.	52
46 Brandes (les), d.	80	76 Brechotte. l.	213
47 Brandes (les), vge.	91	77 Bredat (la goutte). l.	222
48 Brandes (les), d.	123	78 Bredards (les), l.	269

2179	Bregauds (les), d.	172	
80	Bregcassoux (les), h.	313	
81	Bregeras, l.	197	
82	Bregère (la), vge.	101	
83	Bregères (les), d.	43	
84	Bregères (les), h.	156	
85	Bregères (les), l.	203	
86	Bregères (les), h.	298	
87	Bregères (les), f.	303	
88	Bregères (les), d.	316	
89	Bregière, l.	151	
90	Bregnats (les), h.	299	
91	Bregnon (le), vig.	126	
92	Breland, d.	32	
93	Breland, moul.	250	
94	Brelandière (le grand), d.	31	
95	Brelandière (le petit), l.	31	
96	Brelands (les), d.	218	
97	Brelants (les), d.	272	
98	Brelet, vgne.	21	
99	Brelingots (les), h.	131	
2200	Breliquin (le), h.	82	
1	Brémonts (les), d. et l.	295	
2	BRÉNAI, vil.	36	
3	Brenat, h.	306	
4	Brenazet, d.	300	
5	Brène, h.	22	
6	Brènes (les), d.	126	
7	Brenières, d.	309	
8	Brenons (les), l.	46	
9	Brésil (le), l.	46	
10	Brésil (le), d.	279	
11	Bresle (la), d.	202	

2212	Bresne (la basse), h.	164	
13	Bresne (la haute), h.	164	
14	Bressolle (le petit), h.	171	
15	Bressolle (la), l.	165	
16	Bressolles (les), d.	143	
17	BRESSOLLES, vil.	38	
18	Brests (les), f. et h.	314	
19	Bretagne, d.	192	
20	Bretaudière (la), l.	85	
21	Brète (la), d.	205	
22	Brelets (les), f.	124	
23	Brethomiers (les), d.	11	
24	Bretins (les), d.	185	
25	Bretiaux (les), l.	237	
26	Bretoire, f.	46	
27	Bretolle, l.	251	
28	BRETON (LE), vil.	39	
29	Bretonnasse (la), d.	11	
30	Bretonnerie (la), l.	129	
31	Bretons (les), h.	61	
32	Breton-Villiers, l.	31	
33	Brette (la), d.	36	
34	Bretteloup, l.	88	
35	Breu (le), d.	118	
36	Breugnons (les), f.	166	
37	Breugnons (les), d. et moul.	283	
38	Breugnus, l.	166	
39	Breuil (le), ch.	2	
40	BREUIL (LE), vil.	40	
41	Breuil (le), h.	76	
42	Breuil (le), vge	108	
43	Breuil (le), ch. et d.	122	
44	Breuil (le), vge.	139	

2245	Breuil (le), d.	151	
46	Breuil (le grand), d.	155	
47	Breuil (le petit), h.	155	
48	Breuil (le), d.	160	
49	Breuil (le), h.	201	
50	Breuil (le), d.	235	
51	Breuil (le), h.	256	
52	Breuil (le), h.	277	
53	Breuil (le), d.	278	
54	Breuil-au-Cerf (le), f.	123	
55	Breuillat (le), d.	51	
56	Breuillat (le), loc.	174	
57	Breuilles (les), vge.	158	
58	Breuilli, vge.	47	
59	Breuilli (le grand), d.	317	
60	Breuilli (le petit), d.	317	
61	Breurat, l.	218	
62	Breure (la), ch. et d.	153	
63	Breure (la), d.	211	
64	Breure (la grande), l.	127	
65	Breure (la petite), l.	117	
66	Breure (la petite), l.	120	
67	Breure-au-Loup (la), d.	117	
68	Breure-Noire (la), l.	117	
69	Breures (les), d.	117	
70	Breures (les), l.	120	
71	Breures (les), l.	220	
72	Breures-plates (les), l.	120	
73	Breuron, d.	2	
74	Breusons (les grands), d.	289	
75	Breusons (les petits), f.	90	
76	Breux (le), d.	72	
77	Breux (le), d.	82	
2278	Breux (le), h.	86	
79	Breux (le), moul.	99	
80	Breux (le), h.	104	
81	Breux (le), f.	150	
82	Breux (le), h. et l.	216	
83	Breux (le), d.	244	
84	Breux, vge.	250	
85	Breux (le), h.	253	
86	Breyats (les), h.	80	
87	Briaille, vge et ch.	250	
88	Briançon, l.	97	
89	Briandet, d.	139	
90	Briards (les), l.	83	
91	Briare (le petit), l.	34	
92	Briats (les), h.	221	
93	Bricadet, h.	143	
94	Bridon, d.	270	
95	Brie, d.	183	
96	Brie, d.	318	
97	Brière (la), h.	14	
98	Brière (la), d.	17	
99	Brière (la), d.	25	
2300	Brière (la), d.	102	
1	Brière (la).	212	
2	Brière (le), l.	227	
3	Brière (la), f.	237	
4	Brière (la grande), h.	20	
5	Brières (les), h.	6	
6	Brières (les), l.	19	
7	Brières (les), d.	62	
8	Brières (les), h.	103	
9	Brières (les), h.	205	
10	Briéron, l.	17	
11	Briette, l.	34	

2312 Briette, d. et tuil.	216	2345 Brosse (la), l.	129
13 Briffaud, l.	100	46 Brosse (la), l.	130
14 Briffou, l.	18	47 Brosse (la), d.	193
15 Brigauds (les), d.	132	48 Brosse (la), ch. et h.	217
16 Brignat, f.	99	49 Brosse (la), h.	222
17 Brillat, d.	153	50 Brosse (la), d.	221
18 Brillat, d.	213	51 Brosse (la), f. et mét.	226
19 Brillet (le), h.	70	52 Brosse (la), d.	229
20 Brimerand (le grand), f.	193	53 Brosse (la), d.	253
		54 Brosse (la), vge.	269
21 Brimerand (le petit), d.	193	55 Brosse (la), ch. et d.	282
22 Bringuets (les), l.	205	56 Brosse (la), d.	288
23 Brins (les), l.	102	57 Brosse (la), l.	289
24 Brioudes (les), d.	81	58 Brosse (la), d.	293
25 Brirots (les), d.	69	59 Brosse (la), ch. et f.	298
26 Bris, d.	34	60 Brosse (le champ de la), d.	2
27 Bris, l.	115		
28 Brissolles, h.	61	61 Brosse (la grande), d.	90
29 Broche-au-Roi (la), l.	117	62 Brosse (la petite), d.	99
30 Broche (la), h.	163	63 Brosse (la petite), l.	103
31 Broche (la), l.	223	64 Brosses (les), vge.	40
32 Brochetières (les), f.	301	65 Brosses (les).	57
33 Bron, d.	70	66 Brosses (les), d.	61
34 Brossards (les), h.	110	67 Brosses (les), d.	93
35 Brosse (la), h.	2	68 Brosses (les), l.	130
36 Brosse (la), f.	3	69 Brosses (les), l.	145
37 Brosse (la), d.	23	70 Brosses (les), vge.	163
38 Brosse (la), l.	33	71 Brosses (les), d.	180
39 Brosse (la), h.	49	72 Brosses (les), d.	201
40 Brosse (la), d.	51	73 Brosses (les), h	225
41 Brosse (la), h.	65	74 Brosses (les), mét.	226
42 Brosse (la), vge.	108	75 Brosses (les), d.	235
43 Brosse (la), d.	113	76 Brosses (les), ch. et d.	250
44 Brosse (la), d.	121	77 Brosses (les), d.	257

2378	Brosses (les), d.	307	2412	Brulot (le), l.	245
79	Brosses (les), h.	318	13	Brun, d.	542
80	Brosses (les grandes), d.	150	14	Brunard, h.	48
81	Brosses (les grandes), d.	202	15	Brunet, d.	25
82	Brosses (les petites), f.	150	16	Brunets (les), h.	281
83	Brosses (les petites), d.	202	17	Brunière, l.	64
84	Brosse-Tempête, vig.	90	18	Brunot, d.	26
85	Brossière, ch. et d.	216	19	Bruns (les), f.	242
86	Brots (le), vig.	23	20	Bruns (les), h.	296
87	Brouettes (les), l.	227	21	Brussin, h.	23
88	Brouillards (les), h.	171	22	Bruyère (la), l.	65
89	Brouillat, d.	18	23	Bruyère (la), l.	137
90	Broussailles (les), d.	221	24	Bruyère (la), h.	142
91	Broussailles (les), l.	236	25	Bruyère (la), d.	150
92	BROUT, vge	41	26	Bruyère (la), d.	216
93	Bruère, h.	45	27	Bruyère (la), h.	231
94	BRUGEAT, b. et ch.	42	28	Bruyère (la), h.	222
95	Brugnauds (les), h.	91	29	Bruyère (la), d.	251
96	Bruis (les), h.	46	30	Bruyère (la), l.	261
97	Bruis (les) d.	287	31	Bruyère (la), vig.	283
98	Brulards (les), h.	117	32	Bruyère (la), l.	288
99	Brulats (les), l.	101	33	Bruyère (la), d.	296
2500	Brulé, d.	244	34	Bruyère (la), h.	318
1	Brulé, m.	251	35	Bruyère (la petite), l.	221
2	Brulefer, h.	227	36	Bruyère (la petite), l.	235
3	Brule pot, l.	3	37	Bruyère d'Aguin (la), d.	150
4	Brulés (les), l.	9	38	Bruyère l'Aubespin (la), vge.	46
5	Brulés (les), h.	29			
6	Brulés (les), d.	80	39	Bruyères (les), d. et l.	14
7	Brulés (les), h.	117	40	Bruyères (les), l.	18
8	Brulés (les), d.	204	41	Bruyères (les), h.	20
9	Brulés (les), d.	219	42	Bruyères (les), l.	22
10	Brulet, l.	27	43	Bruyères (les), l.	23
11	Brulets (les), d.	270	44	Bruyères (les), h.	33

2445	Bruyères (les), h.	48	2475 Bruyères (la régie des),	
46	Bruyères (les), l.	61	d.	119
47	Bruyères (les), l.	64	76 Bruyères-Blondat (les)	
48	Bruyères (les), d.	67	vig.	195
49	Bruyères (les), d. et l.	99	77 Bruyères Brossard,	
50	Bruyères (les), h.	102	(les), l.	199
51	Bruyères (les), l.	106	78 Bruyères-d'Aînai(les), l.	3
52	Bruyères (les), l.	138	79 Bruyères de Béguin	
53	Bruyères (les), d.	146	(les), d.	150
54	Bruyères (les), l.	151	80 Bruyères de Belvau, l.	248
55	Bruyères (les), l.	158	81 Bruyères de Bloux (les)	
56	Bruyères (les), l.	165	h.	150
57	Bruyères (les), vig.	179	82 Bruyères de Bonand	
58	Bruyères (les), f.	182	(les), d.	140
59	Bruyères (les), vge.	199	83 Bruyères de Bord (les),	
60	Bruyères (les), l.	204	h.	150
61	Bruyères (les), h.	219	84 Bruyères de Breux	
62	Bruyères (les), d.	225	(les), h.	55
63	Bruyères (les), l.	241	85 Bruyeres de Chauvi-	
64	Bruyères (les), h.	293	nière (les), l.	34
65	Bruyères (les), d.	305	86 Bruyères de Chevagnes	
66	Bruyères (les grandes), d.	26	(les), l.	200
67	Bruyères (les grandes), d.	62	87 Bruyères de la Corne (les), l.	226
68	Bruyères (les grandes), d.	152	88 Bruyères de la Faye (les), l.	131
69	Bruyères (les petites), h.	26	89 Bruyères de la Forêt (les), l.	150
70	Bruyères(les petites), d.	62	90 Bruyères de la Galette (les), d.	140
71	Bruyères(les petites), l.	227	91 Bruyères de la Justice (les), h.	85
72	Bruyères(les petites), l.	282	92 Bruyères de la Velatte (les), d.	212
73	Bruyères (loges des), l.	62		
74	Bruyères (loges des), l.	262		

2493	Bruyères de Leige (les) loc.	150	
94	Bruyères de Nérondes (les), h.	150	
95	Bruyères de Villers (les), f.	193	
96	Bruyères des Colins (les), h.	140	
97	Bruyères des Loges (les), l.	4	
98	Bruyères de Vaucoulmain (les), l.	11	
99	Bruyères d'Isle (les), h.	131	
2500	Bruyères du Quartier (les), h.	119	
1	Bruyères du Tabellion (les), f.	193	
2	Bruyères Mandet (les), h.	226	
3	Bruyères Mercières (les) d.	11	
4	Bruyères Morat (les), d.	131	
5	Bruyères Pigeron (les), l.	232	
6	Bruyères Robin (les), l.	222	
7	Bruyère Talbot (la), vgne.	193	
8	Bruyère Verte (la), l.	40	
9	Bucharie (la), d.	35	
10	Buchatière (la), h.	235	
11	Buche-Cartal, d.	19	
12	Buchepot, d.	85	
13	Buchepot, ch. et d.	275	
14	Buchère (la), f.	46	
2515	Buches, (les), h.	103	
16	Buchet, d.	280	
17	Buchons (les), d.	119	
18	Buchoux, l.	202	
19	Buffegeasse, h.	303	
20	Buffets (les), d.	168	
21	Buffevent, d.	166	
22	Buffière (la), d.	150	
23	Buis, l.	119	
24	Buis (les), l.	160	
25	Buis (les), h.	187	
26	Buis d'en bas (les), d.	313	
27	Buis d'en haut (les), d.	313	
28	Buisson (le), l.	22	
29	Buisson (le), d.	77	
30	Buisson (le), d.	114	
31	Buisson (le), h.	160	
32	Buisson (le), d.	225	
33	Buisson (le), d.	236	
34	Buisson (le), l.	206	
35	Buisson (le gros), h.	66	
36	Buisson (le gros), h.	131	
37	Buisson (le petit), l.	281	
38	Buisson Blanc (le), l.	75	
39	Buisson Charroux (le), h.	41	
40	Buissonnée (la), l.	237	
41	Buissonnets (les), f.	259	
42	Buissonnière, h.	6	
43	Buissonnière, h.	196	
44	Buissons (les), d.	150	
45	Buissons (les), d.	199	
46	Buissons (les grands), d.	33	
47	Bujotte (la), d.	22	

2548	Bulletière, h.	221	2578	Busset, d.	6
49	Burandière (la),	190	79	Busset, vge.	43
50	Burchettie (la), l.	12	80	Busset, l.	207
51	Burderie (la), d.	145	81	Busseuille, h.	230
52	Burderie (la), d.	108	82	Bussière (la), d.	145
53	Burdin, l.	281	83	Bussière (la), vge.	210
54	Burelle (la), d.	36	84	Bussière (la), d.	216
55	Burelle (la), f.	195	85	Bussière (la), d.	223
56	Burelle (la), vge.	305	86	Bussière (la), l.	218
57	Bureaux (les), f.	53	87	Bussière (la), h.	258
58	Burgeaux (les), d.	133	88	Bussière (la), h.	277
59	Burgeaux (les), d.	280	89	Bussière (la), d.	284
60	Burgeaux (les), d.	296	90	Bussière (la), h.	285
61	Buriaux (les), d.	169	91	Bussière (la), l.	318
62	Burie (la), l.	133	92	Bussière-Forêt, d.	34
63	Burliers (les), h.	264	93	Bussière-Vallée, f.	34
64	Burlot, l.	15	94	Bussolles, chat., moul.	
65	Burnais (les), d.	97		et d.	17
66	Burnatière d'en bas (la), d'en haut et du milieu, h.	267	95	Busson (le), l.	167
			96	Busson (l'étang), l.	169
			97	Busson (le), h.	202
67	Burnolle (la), h.	209	98	Busson (le), h.	316
68	Burnots (les), d.	101	99	Bussonnets (les), h.	91
69	Burreaux (les), h.	46	2600	Busserolle (la), d.	285
70	Buse (la), d.	76	1	Buteau (le), l.	212
71	Buse (la), d.	176	2	Butis (les), l.	225
72	Bussegeat, d.	228	3	Buts (les), d.	17
73	Busserette (la), h.	39	4	Buttes (les), l.	121
74	Busserie (la), d.	212	5	Buvais (les), d.	309
75	Busserolle, d.	44	6	Buxière-la-Grue, vge.	44
76	Busserolle, l.	120	7	By (le), h.	77
77	Busserolles, d.	145	8	By (le), d.	263

C

2609	Cabane (la), l.	151	
10	Cabane (la), l.	273	
11	Cabane (la), d.	300	
12	Cabanes (les), h.	147	
13	Cabarins (les), d.	182	
14	Cabine (la), f.	234	
15	Cabochon (le), l.	46	
16	Caborne (la), f. et ch.	21	
17	Caborne (la), d.	203	
18	Cabot (le), f.	49	
19	Cabot (le), l.	50	
20	Cabot (le), l.	115	
21	Cabot (le), d.	153	
22	Cabot (le), l.	163	
23	Cabot (le), d.	186	
24	Cabot (le), d.	215	
25	Cabot (le), l.	253	
26	Cabot de Doyet (le), h.	102	
27	Cabot de la Presle (le), h.	102	
28	Cabotin.	113	
29	Cabotte (la), l.	132	
30	Cabottes (les), h.	39	
31	Cabottes (les), l.	113	
32	Cachefève, d.	82	
33	Cachepied, l.	46	
34	Cacherat, moul.	124	
35	Cacherats (les), h.	202	
36	Cachet (le), d.	19	
37	Cachetière, d.	131	
38	Cachetière, l.	293	
2639	Cachette (la), l.	174	
40	Caco (le), d.	113	
41	Cadeau (le), l.	288	
42	Cadeaux (les), d.	280	
43	Cadets (les), d.	113	
44	Cadiers (les), f.	287	
45	Cadoles (les), l.	168	
46	Cadot, vge.	77	
47	Cafari, l.	223	
48	Caferate (la), d.	250	
49	Caffière, vge.	133	
50	Caffière, d.	293	
51	Caffi (le grand), h.	45	
52	Caffi (le petit), l.	45	
53	Cagière (la), h.	85	
54	Caifat (le), d.	32	
55	Caillauderie (la), d.	31	
56	Caille (la), d.	139	
57	Caille (la), d.	281	
58	Cailles (les), l.	112	
59	Cailles (les), f.	264	
60	Caillot (le), l.	262	
61	Caillots (les), d.	25	
62	Caillots (les), h.	61	
63	Caillou (le), l.	182	
64	Cailloux (les), h.	95	
65	Cailloux (les), vge.	213	
66	Cailloux (les), h.	293	
67	Caire (la), h.	104	
68	Caire (la), d.	47	
69	Caire (la), l.	54	

2670	Caires (les), h.	125	2701 Caniers (les), d.	18
71	Caisson (le), l.	269	5 Canivet, m. et l.	160
72	Cajats (les), h.	203	6 Cannes (les) l.	72
73	Calabres (les) h.	307	7 Cannes (rue de), d.	183
74	Calais, h.	177	8 Cannets (les), vig.	23
75	Calais, d.	278	9 Canon, l.	6
76	Calandrerie (la), l.	46	10 Cantat, d.	296
77	Calandrerie (la), l.	293	11 Cantes (les), h.	90
78	Caleboterie (la), d.	266	12 Cantes (les), h.	272
79	Caleville, h.	158	13 Cantes (les), d.	315
80	Calimantries, l.	114	14 Cantillons (les), l.	48
81	Calimaud, h.	203	15 Cantins (les), d.	179
82	Calin, d.	32	16 Cantot, d.	199
83	Calistres (les), d.	121	17 Cantot, d.	269
84	Callets (les), d.	205	18 Capitan (le), m. et l.	93
85	Calmenière, f.	266	19 Capucins (les), h.	93
86	Calogne, l.	182	20 Caradoux (Croix), l.	296
87	Caltin, d.	88	21 Carat, d.	293
88	Calvardie, d.	83	22 Carboutins (les), d.	261
89	Cambrai, h.	186	23 Carcan (le), f.	182
90	Cambi, d.	81	24 Carcasse (la), l.	3
91	Camelin, d.	218	25 Carcasse (la), d.	290
92	Camelins (les), d.	279	26 Carcières (les), d.	147
93	Camiers (les), d.	176	27 Carcousset (le), h.	120
94	Camillon (la), d.	173	28 Carderie (la), m.	8
95	Camiole (la), l.	232	29 Cardinaux (les), l.	219
96	Camus (le), f.	212	30 Cardoux, d.	6
97	Camus (les), d.	281	31 Carelle (la), d.	150
98	Camuse (la), d.	231	32 Carêmes (les), d.	61
99	Camusson (le), h.	186	33 Cariaux (les), d.	261
2700	Canal (le) h.	120	34 Cariaux (les), f.	309
1	Canal (le), d.	281	35 Caribales (les), d.	115
2	Canches (les), d.	239	36 Carignot (la), l.	149
3	Canet, d.	221	37 Carimantrans (les), d.	83

2738	Carmonne, vge.	250	
39	Carniers (les), d.	100	
40	Carobe l.	62	
41	Carons (les), d.	179	
42	Carque (la), h.	217	
43	Carrage (le), d.	72	
44	Carrais (les), d.	312	
45	Carré, ch. et d.	6	
46	Carrés (les), h.	235	
47	Carrets (les), h.	150	
48	Carri (la), d.	93	
49	Carrier, h.	6	
50	Carrière (la), l	83	
51	Carrière (la), l.	132	
52	Carrière (la), d.	155	
53	Carrière (la), vig.	283	
54	Carrière (la), d.	281	
55	Carrière de Logère (la), l.	63	
56	Carrière des Forges (la), l.	80	
57	Carrière (la grande), h.	83	
58	Carrière (la nouvelle), l.	83	
59	Carrières (les), f.	91	
60	Carrières (les), l.	160	
61	Carronnière (la), l.	90	
62	Carrons (les), vig.	2	
63	Carrons (les), vig.	38	
64	Carrons (les), l.	193	
65	Carrons (les), d.	283	
66	Carrons (les grands), l.	193	
2767	Carrons d'en bas (les), d.	83	
68	Carrons d'en haut (les), d.	83	
69	Carrouge (le), h.	35	
70	Carrouge (le), vig.	37	
71	Carrouge (le), d.	93	
72	Carterons (les), d.	235	
73	Cartiers (les), l.	260	
74	Carton, d.	232	
75	Casaquin (le), l.	202	
76	Casaquin (le), l.	270	
77	Caserne (la), l.	120	
78	Caserne (la), l.	213	
79	Casernes (les), h.	67	
80	Casernes (les), vig	71	
81	Casino (le), f.	93	
82	Casseaux (les), h.	41	
83	Casserolle (la) l.	34	
84	Cassets (les), h.	200	
85	Cassets (loges des), h.	120	
86	Cassino (la), l.	34	
87	Casson (le), d.	17	
88	Cassons (les), l.	42	
89	Cassons (les), moul.	126	
90	Cassons (les), h.	314	
91	Castilles (les), vig.	130	
92	Castineris (la), h.	3	
93	Cat (le), d.	78	
94	Cateau, l.	232	
95	Catherine (la), vign.	25	
96	Caton (les), h.	246	
97	Caud, f.	52	
98	Caud (la), d.	86	
99	Caud (la) h.	214	

2800	Caud (la) vge.	246	2832 Cellier (le), l.	230
1	Caud Beausson (la), vge.	202	33 Cellière, h.	235
2	Caud Chapy (la), h.	202	34 Celliers (les), d.	25
3	Caudral (le), d.	10	35 Celliers (les), h.	39
4	Caudrets (les), d.	36	36 Cerclier (le), ch. et d.	190
5	Cau Mas (le), d.	246	37 Céresat, h. et moul.	91
6	Cauro (la), d.	45	38 Céret, l.	3
7	Cauret (le), h.	285	39 CÉRILLI, vil.	16
8	Cave (la), d.	22	40 Cérilli (le vieux), h.	16
9	Cave (la), d.	70	41 Cerisier (le), l.	225
10	Cave (la), f.	99	42 Cerisier (le), l.	311
11	Cave (la), vig.	126	43 Cerisier (le), d.	314
12	Cave (la), l.	140	44 Cerisier (le petit), l.	190
13	Cave (la), l.	279	45 Cernes (les), d.	82
14	Cave (la), d.	312	46 Céron, d.	17
15	Caveaux (les), h.	23	47 Céron, ch. et l.	233
16	Cavennes (les), l.	247	48 Cérons (les), d.	262
17	Caverat (chez), d.	32	49 Certaines (les), d.	176
18	Caveraude (la), d.	143	50 Certilli, d.	83
19	Caveraudes (le pont des), l.	239	51 Césat, h.	31
			52 Céseau (le), moul.	150
20	Caves (les), l.	20	53 Césenne, h. et scierie.	113
21	Caves (les), l.	51	54 CESSET, vge.	175
22	Caves (les), d.	64	55 Ceugnons (les), d.	175
23	Caves (les), d.	156	56 Chabançon, d.	80
24	Caves (les), d.	199	57 Chabannat, f.	252
25	Caves (les), d.	271	58 CHABANNE (la), vge.	48
26	Caves (le champ des), d.	305	59 Chabanne (la), l.	51
27	Cayots (les), h.	103	60 Chabanne (la), d.	64
28	Cée, h.	61	61 Chabanne (la), vig.	91
29	CELLE (la), vge.	45	62 Chabanne, h	108
30	Cellier (le), vig.	99	63 Chabanne (la), h.	128
31	Cellier (le), l.	122	64 Chabannes (les), d.	93
			65 Chabannes (les), l.	255

2866	Chabannes basses (les), l.	307	
67	Chabannes hautes (les), vge.	307	
68	Chabanusse, h.	210	
69	Chabeau, l.	205	
70	Chablot, l.	113	
71	Chabot (le), l.	25	
72	Chabots (les), d.	191	
73	Chabouis (le), l.	174	
74	Chabri (le), m.	139	
75	Chabrier, h.	116	
76	Chacaton, d.	153	
77	Chacombert, d.	97	
78	Chacroterie (la), d.	46	
79	Chacroterie (la), f.	150	
80	Chadelle (le grand), d.	83	
81	Chadelle (le petit), l.	83	
82	Chadenat, h.	156	
83	Chadets (les), d.	260	
84	Chadiaux (les), d.	212	
85	Chadiots (les), vig.	25	
86	Chadoux (les), l.	101	
87	Chaffais (la loge des), l.	186	
88	Chaffaud (le), f.	117	
89	Chaffaude (la), d.	268	
90	Chaffets (les), d.	282	
91	Chagnade (la), vig.	230	
92	Chagnerat, d.	316	
93	Chagnon (le), f.	216	
94	Chaillat, d.	286	
95	Chailleux (le), f.	150	
96	Chaillons (les), vig. et d.	25	
2897	Chaillons (les), f.	284	
98	Chaillot, d.	53	
99	Chaillot, l.	281	
2900	Chailloux (les), l.	282	
1	Chaine (la), h.	56	
2	Chaine (la), m.	279	
3	Chaines (les), d.	211	
4	Chaines (les petites), b.	184	
5	Chaise (la), d.	40	
6	Chaise (la), h.	67	
7	Chaise (la), d.	80	
8	Chaise (la), b.	81	
9	Chaise (la), f.	108	
10	Chaise (la), h.	172	
11	Chaise (la), d.	200	
12	Chaise (la), d.	227	
13	Chaise (la), h.	301	
14	Chaises (les), h.	22	
15	Chaises (les), m. et h.	103	
16	Chaises (les), d.	251	
17	Chalais (les), vig.	99	
18	Chalée (la), d.	40	
19	Chalée (la), l.	133	
20	Chalerie (la).	129	
21	Chalet (le grand), vig.	106	
22	Chalet (le), éc.	165	
23	Chalet (le), d.	296	
24	Chaleu (chez), f.	91	
25	Chalignat, vig.	218	
26	Challiat, h.	40	
27	Challoche, d.	29	
28	Chalmas (le), d.	62	
29	Chaloche, d.	303	
30	Chalonnière (la), l.	235	

2931	Chalonnière d'en haut (la), l.	216	
32	Chalonnière (la), l.	216	
33	Chalots (les), d.	21	
34	Chalots (les), d.	151	
35	Chalots (les), d.	231	
36	Chalouze, h.	111	
37	Chalumeaux (les), d.	31	
38	Chalus (les), h.	27	
39	Chalus (les), h.	59	
40	Chamarande, ch. et d.	287	
41	Chamardon, d.	175	
42	Chambaraude, d.	219	
43	Chambards, h.	91	
44	Chambarliaux (les), f.	81	
45	Chambeaux (les), d.	101	
46	Chambérat, h.	197	
47	Chamberon (le), d.	187	
48	Chambertin, d.	213	
49	Chambets (les), d.	65	
50	CHAMBLET, vge.	49	
51	Chambolles, l.	89	
52	Chambolles (les), f.	239	
53	Chambon (le), vge.	49	
54	Chambon (le), h.	89	
55	Chambon, vge.	93	
56	Chambon, d.	100	
57	Chambon (le), m.	177	
58	Chambon (le), l.	231	
59	Chambon, d.	253	
60	Chambon, l.	255	
61	Chambon, f.	315	
62	Chambonnaud, f.	77	
63	Chambonnauds (les), d.	69	
2931	Chambonneau (le), l.	102	
65	Chambonnet, d.	100	
66	Chambonnet (le), f.	161	
67	Chambonnière, h.	48	
68	Chambons (les), d.	76	
69	Chambons (les), f.	118	
70	Chambons (les), h.	120	
71	Chambons (les), vig.	195	
72	Chambons (les), h.	307	
73	Chambord, d.	77	
74	Chambord, d.	91	
75	Chambord (grand), ch.	286	
76	Chambouli (le grand), h.	151	
77	Chambouli (le petit), d.	151	
78	Chambriat, d.	113	
79	Chameuse, ch.	271	
80	Chamiers (les), vig.	179	
81	Chamignoux (les), h.	131	
82	Chamoiroux (les), h.	43	
83	Chamonçai, h.	228	
84	Chamoux (les), d.	33	
85	Champ (grand), l.	12	
86	Champ (le grand), d.	29	
87	Champ (grand), l.	129	
88	Champ (grand), l.	141	
89	Champ (le grand), l.	147	
90	Champ (grand) vig.	164	
91	Champ (le grand), d.	279	
92	Champ (grand), d.	292	
93	Champ (le petit), d.	34	
94	Champ (le petit), l.	106	
95	Champ (le petit), d.	311	

2996	Champage, d.	87	
97	Champagnat, d.	37	
98	Champagnat, ch. et f.	93	
99	Champagnat (grand), h.	93	
3000	Champagnat (petit), f.	93	
1	Champagne, l.	174	
2	Champagne, ch. d. et moul.	250	
3	Champagne (le grand), d.	231	
4	Champagne, d.	309	
5	Champaigre, d.	187	
6	Champaigre, d.	272	
7	Champalais, d.	123	
8	Champalier, d.	45	
9	Champamant, d.	45	
10	Champamier, d.	5	
11	Champanier, d.	187	
12	Champaudon, d.	225	
13	Champ Bacon, h.	295	
14	Champ Batailler (le), d.	19	
15	Champ Bedon, f.	287	
16	Champ Benest, f.	239	
17	Champ-Bernard, l.	82	
18	Champ-blanc, d.	109	
19	Champ-blanc, l.	129	
20	Champ-blanc, d.	152	
21	Champ Boirat, des.	75	
22	Champ Boirat, vge.	105	
23	Champ bon, l.	297	
24	Champ borgne (le), h.	46	
25	Champ Bouchicaut (le), l.	46	
26	Champ-Bouchon (le), h.	284	
3027	Champ-Bourdier (le), l.	179	
28	Champ Boutet (le), l.	146	
29	Champ Brelan (le), l.	179	
30	Champ Canonier (le), d.	93	
31	Champ Catinant (le), l.	255	
32	Champ caut, vge.	45	
33	Champ Charlat (le), h.	30	
34	Champ Charret (le), h.	170	
35	Champ Château (le), vig.	179	
36	Champ Chaubert, l.	136	
37	Champ Bottin (le), vig.	25	
38	Champ coup, d.	214	
39	Champ courant, vge.	162	
40	Champ court, d.	93	
41	Champ Coutelard, l	255	
42	Champ Dant (ou Cul-de-Sac), l.	129	
43	Champ d'Ayant (le), vig.	37	
44	Champ de Bicuts (le), l.	122	
45	Champ des Chevaux (le), l.	257	
46	Champ de Creux (le), h.	180	
47	Champ de l'Aronde (le), vig.	187	
48	Champ de la Chaine (le), l.	50	
49	Champ de la Chapelle (le)	35	
50	Champ de la Chèvre, d.	193	

— 48 —

3031 Champ de la Croix (le).
l. 1
52 Champ de la Croix (le),
l. 2
53 Champ de la Croix (le),
l. 12
54 Champ de la Croix (le),
h. 29
55 Champ de la Croix (le),
l. 31
56 Champ de la Croix (le),
l. 129
57 Champ de la Croix (le),
d. 136
58 Champ de la Cure (le),
d. 186
59 Champ de la Grange
(le), l. 83
60 Champ de la nouvelle
carrière (le), h. 83
61 Champ de la Porte (le),
l. 18
62 Champ de la Rivière
(le), l. 63
63 Champ de la Vigne (le),
h. 46
64 Champ de la Vigne (le),
l. 122
65 Champ de la Ville (le),
&c. 3
66 Champ de l'Epine (le), l. 31
67 Champ de l'Epine (le), l. 130
68 Champ de l'Hume (le),
d. 130

3069 Champ d'en haut (le), l. 179
70 Champ des Cannes (le),
l. 25
71 Champ des Charettes
(le), l. 211
72 Champ des Jones (le),
l. 165
73 Champ des Noyers (le),
vig. 25
74 Champ des Ormes (le),
vig. 193
75 Champ des Pierres (le),
l. 12
76 Champ des Pierres (le),
l. 129
77 Champ des Pierres (le),
l. 305
78 Champ des Ralets (le),
l. 106
79 Champ de Venise (le),
l. 93
80 Champ d'Igrande (le),
l. 279
81 Champ Dilon (le), d. 224
82 Champ du Bois (le), h. 30
83 Champ du Jat (le), l. 83
84 Champ du Mai (le), l. 83
85 Champ du Montet (le),
l. 237
86 Champ du Moulin (le),
d. 233
87 Champ du Pontet (le), l. 46
88 Champ du Puits (le), l. 68
89 Champ du Ris (le), l. 30

3090	Champ du Rat (le), h. 253	3120	Champ Junier (le), l. 12
91	Champ du Ris (le), l. 102	21	Champ Lacour (le), vig. 193
92	Champ du roi (le), d. 112	22	Champ Lacroix (le), vig. 193
93	Champ du Sable (le), l. 224		
94	Champ du Saule (le), vig. 25	23	Champ Laurent (le), l. 272
		24	Champ long (le), d. 181
95	Champ du Scieur (le), l. 156	25	Champ long (le), d. 202
96	Champelle, d. 268	26	Champ long, 'uil. 255
97	Champ-Émond, d. 70	27	Champ long (le), l. 279
98	Champ Faynaud (le), vig. 193	28	Champ Lorio (le), d. 295
		29	Champ Madame (le), d. 307
99	Champ feu, h. 13	30	Champ maigre (le), l. 127
3100	Champ feu, d. 297	31	Champ Maillot (grand et petit), h. 9
1	Champ follet, h. 201		
2	Champ foret, d. 94	32	Champ Marande (le), l. 237
3	Champ fort, d. 34	33	Champ Martel, (le), d. 32
4	Champ fort, d. 119	34	Champ Martin (le), h. 293
5	Champ fromenteau, h. 80	35	Champ Maurice (le), l. 46
6	Champ froid, d. 11	36	Champ Meslon (le), l. 150
7	Champ fumiau (le), l. 109	37	Champ Meunier (le), d. 177
8	Champ Girard (le), d. 32	38	Champ Milan (le), l. 317
9	Champ Govignon (le), vig. 179	39	Champ Moreau (le), l. 93
		40	Champ Moulin (le), l. 198
10	Champ Grelet, h. 181	41	Champouret (le), d. 167
11	Champ Grenier, d. 26	42	Champouret (le), d. 172
12	Champ Guérin, d. 125	43	Champoux, h. 302
13	Champ Guron (le), h. 46	44	Champ Perdrix (le), l. 20
14	Champigni, d. 153	45	Champ Pisseret (le), l. 12
15	Champin (le), d. 176	46	Champ Poirier (le), vig. 130
16	Champin (le), vig. 193	47	Champ Poirier (le), l. 179
17	Champins (les), h. 180	48	Champ puts (le), l. 130
18	Champions (les). 250	49	Champ Quartier (le), l. 253
19	Champ Jacquet (le), vig. 25	50	Champ Quartier (le), l. 272
		51	Champ Quin, l. 293

4

3152 Champ Quinot (le), h. 30
53 Champ Ratier, l. 122
54 Champ Ratier, d. 209
55 Champ Raynaud, h. 289
56 Champ Robert, vig. 195
57 Champ Roland (le), d. 307
58 Champ-rond, l. 207
59 Champ Roset (le), vig. 195
60 Champ-rôti (le), l. 221
61 Champ Roubaud, h. 307
62 Champ Rousseau(le), l. 308
63 Champroux, h. et m. 85
64 Champs (les), l. 69
65 Champs (les), d. 164
66 Champs (les), h. 221
67 Champs (les), d. 260
68 Champs (louage des), l. 260
69 Champs (les), moul. 293
70 Champs (les chétifs), l. 216
71 Champs (les grands), l. 8
72 Champs (les grands), d. 50
73 Champs (les grands), vig. 94
74 Champs (les grands), h. 224
75 Champs Berlaud (les), d. 61
76 Champs Bouquat (les), l. 12
77 Champs do Bost (les), d. 50
78 Champs d'en bas (les), d. 152
79 Champ Seguin (le), l. 46
80 Champs Francon (les), d. 111
81 Champ Signeux (le), h. 46
82 Champs Lairès (les), vge. 198

3183 Champs longs (les), d. 242
84 Champ Sorbier (le), l. 83
85 Champs Ronds (les), l. 235
Champ Targier (le), d. 104
roy. Saint-Targier.
86 Champ Toulon (le), vig. 195
87 Champ Tureau (le), l. 181
88 Champvalier, d. 130
89 Champvalier, h. 188
90 Champ Vei (le), vig. 37
91 Champ Verzet, h. 50
92 Champ Villars (le), d. 269
93 Champ Vincelet (le), l. 93
94 Champ Virot (le), d. 90
95 Champ Visier (le), d. 183
96 Champ Vrat (le), l. 308
97 Chanaux (les), d. 275
98 Chancel (le), d. 273
99 Chancel (le), l. 309
3200 Chancelaire, d. 31
1 Chandelle, d. 196
2 Chandets (les), l. 62
3 Chandian, d. 132
4 Chandier, d. 210
5 Chandon, l. 3
6 Chandonnière, l. 3
7 Changi, h. 110
8 Chanier, d. 132
9 Chaniers (les), d. 146
10 Chaniette (la), d. 186
11 Chanivet (loge), l. 262
12 Chanlive, d. 39
13 Chanon (le), d. 127
14 Chanonerie (la), d. 266

3215 Chantagrie, l.	76	3249 Chantelle-la-Vieille, vge.	170
16 Chante Alouette, d.	11	50 CHANTELLE, vil.	50
17 Chante Alouette, vig.	38	51 Chantelle (place), h.	28
18 Chante Alouette, l.	41	52 Chantelot, l.	74
19 Chante Alouette, h.	72	53 Chanteloup, f.	281
20 Chante Alouette, l.	100	54 Chantemerle, h.	31
21 Chante Alouette, l.	114	55 Chantemerle, d.	78
22 Chante Alouette, l.	129	56 Chantemerle, f.	190
23 Chante Alouette, h.	130	57 Chantemerle, l.	209
24 Chante Alouette, l.	151	58 Chantemerle, d.	237
25 Chante Alouette, l.	152	59 Chantemerle, d.	298
26 Chante Alouette, l.	173	60 Chantemilan, f.	29
27 Chante Alouette, l.	174	61 Chantemilan, d.	272
28 Chante Alouette, l.	182	62 Chantenai, l	218
29 Chante Alouette, vig.	193	63 Chante oiseau, d.	14
30 Chante Alouette, l.	205	64 Chante oiseau, h.	80
31 Chante Alouette, l.	225	65 Chanteoiseau, l.	94
32 Chante Alouette, l.	229	66 Chanteoiseau, d.	230
33 Chante Alouette, d.	239	67 Chanteriau, m.	3
34 Chante Alouette, l.	242	68 CHAPEAU, vge.	51
35 Chante Alouette, vig.	244	69 Chapeau, ch.	51
36 Chante Alouette, l.	262	70 Chapeau, l.	174
37 Chante Alouette, l.	272	71 Chapeau, l.	308
38 Chante Alouette, vig.	283	72 Chapeau blanc (le), d.	277
39 Chante Alouette, l.	296	73 Chapeix (les), d.	102
40 Chante Alouette, l.	297	74 Chapelat, d.	131
41 Chante Alouette, d.	312	75 CHAPELAUDE (la), vge.	52
42 Chante Alouette, l.	315	76 CHAPELETTE (la), vge.	53
43 Chante gré, m.	174	77 Chapelle (la), h.	19
44 Chante gré, h.	232	78 Chapelle (la), vig.	25
45 Chante grelet, l.	93	79 Chapelle (la), h.	46
46 Chantegrelet, l.	272	80 CHAPELLE (la), vge.	54
47 Chantegrelet, h.	310	81 Chapelle (la), d.	97
48 Chanteliers (les), d.	151		

3282	Chapelle (la), l.	100	3314	Chapuis, l.	288
83	Chapelle (la), h.	107	15	Chapuseaux (les), d.	269
84	Chapelle (la), d.	117	16	Chapusière, f.	289
85	Chapelle (la), l.	110	17	Chaput, l.	77
86	Chapelle (la), l.	119	18	Chaputs (les), d.	99
87	Chapelle (la), h.	163	19	Chaputs (les), m.	307
88	Chapelle (la), f.	195	20	Charagier, d.	156
89	Chapelle (la), ch.	202	21	Charandon, h.	36
90	Chapelle (la), d.	231	22	Charapion, m.	8
91	Chapelle (la), vge.	237	23	Charassat, vge.	210
92	Chapelle (la), h.	239	24	Charasse, d.	51
93	Chapelle (la), h.	213	25	Charasse, h.	61
94	Chapelle (la), d.	263	26	Charasse, h.	169
95	Chapelle (la), l.	289	27	Charasse, l.	227
96	CHAPELLE-AUX-CHASSES (la), vge.	55	28	Charaud (la), d.	146
97	Chaperon (le), m.	156	29	Charbonneau, d.	12
98	Chapettes, ch. et d.	56	30	Charbonnier (le), f.	150
99	Chapiats (les), d.	112	31	Charbonnière (la), l.	27
3300	Chapière, d.	218	32	Charbonnière (la), d.	132
1	Chapillière, d.	164	33	Charbonnière (la), l.	255
2	Chapiteau (le), d.	291	34	Charbonnière (la).	200
3	Chaponte, l.	254	35	Charbonnière (la), l.	314
4	Chapoulin, vge.	268	36	Charbonnières, ch. et h.	16
5	Chapoux (les grands), d.	271	37	Charbonnières, l.	98
6	Chappe, d.	32	38	Charbonniers (les), f.	7
7	Chappes, f.	46	39	Charbonniers (les), d.	149
8	Chappes, h.	54	40	Charboulat, h.	50
9	CHAPPES, vge.	56	41	Charboullerie (la), vge.	79
10	Chappes (les grandes), d.	72	42	Charcrotière, d.	122
11	Chappes (les petites), d.	72	43	Chardelots (les), d.	61
12	Chappes, ch. et d.	113	44	Chardonnière, d.	231
13	Chapuis, l.	18	45	Chardonneau, h.	45
			46	CHAREIL, vge.	57

3317 Chareil (le bas et le haut de), d. 57
48 Charenton, d. 123
49 Chareux, h. 228
50 Chargueraud, vge. 61
51 Chariot, d. 29
52 Charité (la), m. 79
53 Charité (la), vig. 95
54 Charité (la), l. 129
55 Charité (la), l. 165
56 Charité (la), l. 211
57 Charité (la), l. 36
58 Charités (les), d. 91
59 Charlant, d. 91
60 Charlats (les), d. 30
61 Charlats, (les), h. 94
62 Charles, l. 288
63 Charlet (le), d. 11
64 Charlets (les), d. 115
65 Charli, d. 202
66 Charlot, m. 253
67 Charlots (les), d. 18
68 Charmant, d. 61
69 Charme (la), d. 78
70 Charme (vieux), l. 85
71 Charme (la croix du), d. 205
72 CHARMEIL, vge. 58
73 Charmes, l. 18
74 CHARMES, vge. 59
75 Charmes (les), h. 77
76 Charmes, l. 100
77 Charmes, l. 122
78 Charmes (les), l. 174
79 Charmes (les), d. 232

3380 Charmes, l. 268
81 Charmes (les). 232
82 Charmets (les), l. 19
83 Charmette (la), d. 235
84 Charmettes (les). 126
85 Charmille (la), cc. 230
86 Charmille (la), loc. 262
87 Charmille (la), loc. 281
88 Charnai, d. 23
89 Charnai, h. 90
90 Charnai, d. 137
91 Charnai d. 151
92 Charnai, d. 175
93 Charnai (le), m. 297
94 Charnée (la), h. 308
95 Charnes (les), b. 157
96 Charnes (les), d. 296
97 Charnoux (la loge), l. 3
98 Charnoux, vge. 3
99 Charondière, m. et l. 27
3400 Charollais, h. 46
1 Charpanton, d. 58
2 Charpe, d. 103
3 Charpe, d. 182
4 Charpenet, vge. 232
5 Charpenet, l. 296
6 Charpin, ch. et d. 199
7 Charretière, d. 216
8 Charretiers (les), d. 200
9 Charrets (les), d. 69
10 Charri, d. 45
11 Charri (le grand), h. 154
12 Charri (petit), h. 154
13 Charrier, h. 209

3114 Charrier, h.	240
15 Charrière, vge.	22
16 Charrière, h.	253
17 Charrière (la grande), d.	129
18 Charrière (la petite), l.	129
19 Charrières (les grandes), f.	235
20 Charrières (les petites), f.	235
21 Charron, l.	137
22 Charrons (les), f.	162
23 Charrons (les), d.	205
24 CHARROUX, vill.	60
25 Chartier (loge), l.	262
26 Chartière (la), d.	232
27 Chartiers (les), d. et m.	128
28 Chartiers (les), d.	168
29 Chartiers (les), f.	278
30 Charvière (la), h.	253
31 Charvignière, h.	174
32 Charvin, l.	89
33 Chas (les), l.	45
34 Chasaus (les), d.	93
35 Chasaus (les), h.	318
36 Chaselette, d.	186
37 CHASENAI, vge.	70
38 Chaserat, l.	106
39 Chaseuil, vge.	295
40 Chaseuil (bas de), vge.	295
41 Chasotte, h.	79
42 Chasour, d.	118
43 Chassagne (la), vge et l.	17
44 Chassagne (la), h.	27
45 Chassagne, d.	64
3146 Chassagne, ch. et d.	72
47 Chassagne (loge de), l.	72
48 Chassagne (la), d.	214
49 Chassagne (la), f.	273
50 Chassagne (la), d.	284
51 Chassagne (la), l.	289
52 Chassaigne (la petite), d.	196
53 Chassat, d.	22
54 Chasseigne, ch. et d.	83
55 Chasseigne, d.	85
56 Chasseigne (la), l.	237
57 Chasselin, d.	107
58 Chassemiano, l.	175
59 Chassenais (les), h.	8
60 CHASSENARD, vge.	61
61 Chassenat, f.	234
62 Chassignat, d.	161
63 Chassignat, h.	219
64 Chassignet, vge.	57
65 Chassignolle, d.	31
66 Chassignolle, h.	93
67 Chassignolle, d.	97
68 Chassignolle, d.	102
69 Chassignolle (la), d.	316
70 Chassignolles, vig.	25
71 Chassimpierre, d.	65
72 Chassin (le), d.	68
73 Chassin (le), d. et t.	72
74 Chassin (le), d.	97
75 Chassin (le), l.	112
76 Chassin (le), d.	147
77 Chassin (le), d.	162
78 Chassin (le), l.	174

3479 Chassin (le), l.	207	3509 Château du Guide, l.	72
80 Chassin (le), l.	234	10 Château Favier, vge.	99
81 Chassincourt, f.	241	11 Château fort, d.	40
82 Chassingros, d.	212	12 Château froid, d.	273
83 Chassinrol, l.	296	13 Château gai, f.	99
84 Chassitas, d.	17	14 Château-Gaillard, vig.	36
85 Chat (le), d.	218	15 Château-Gaillard, d.	55
86 Châtaigneraie (la), l.	223	16 Château-Gaillard, h.	73
87 Chatard, d.	64	17 Château-Gaillard, vge.	90
88 Chatard, m.	192	18 Château-Gaillard, d.	101
89 Chatard, d.	220	19 Château-Gaillard, l.	129
90 Chatard, d.	247	20 Château-Gaillard, vig.	139
91 Chatarde (la), l.	260	21 Château-Gaillard, d.	158
92 Chatards (les), h.	22	22 Château-Gaillard, ch.	211
93 Chatards (les), d.	192	23 Château-Jaloux, d.	105
94 Château (le), h.	35	24 Château-Renaud, d.	117
95 Château (le), d.	86	25 Châteauroux, d. et m.	132
96 Château, h.	183	26 Châteauroux, d.	193
97 Château, d.	283	27 CHATEAU-SUR-ALLIER,	
98 Château (le), d.	290	vge.	62
99 Château, h.	304	28 Château-Vert, l.	17
3600 Château (le), d.	315	29 Château-Vert, h.	171
1 Château (quartier du),		30 Château-Vert, d.	201
f. et bourg.	253	31 Château-Vert, d.	227
2 Château (le vieux), f.	28	32 Châteauvieux, h.	180
3 Château (le vieux),		33 Châteigniers, h.	68
mais. de g.	30	34 Châtel, d.	247
4 Château (le vieux), d.	108	35 Châtelain, d.	140
5 Château-Bonnet (le),		36 Châtelain, l.	180
d. et ch.	268	37 Châtelaines (les), vig.	71
6 Château-Chinon, h.	136	38 Châtelard, h.	79
7 Château de Vaumas		39 Châtelard (le), h.	96
(le), d.	297	40 Châtelard (le), f. et ch.	105
8 Château-Dollet, l.	27	41 Châtelard (le), h.	128

3542	Châtelards (les), d.	147
43	Châtelard, vge.	180
44	Châtelard (le), h.	231
45	CHATEL-DENEUVRE, b.	63
46	Châtelet, b.	44
47	Châtelet, d.	83
48	Châtelet (le), d.	182
49	Châtelier, d.	182
50	Châtelier (le), h.	231
51	Châtelier (le), d.	262
52	CHATEL-MONTAGNE, b.	64
53	Châteloi, h. et d.	126
54	Châtel-Panier, b.	47
55	CHATEL-PERRON, vge.	65
56	Châtelus f.	19
57	Châtelus (le), l.	20
58	Châtelus (le grand), h.	37
59	Châtelus (le petit), d.	37
60	Châtelus, l.	43
61	CHATELUS, vge.	66
62	Châtelus, d.	97
63	Châtenai, f.	50
64	Châtet, d. et m.	64
65	Châtet, ch. d. et m.	250
66	Chat-huant (le), l.	222
67	Châtignoux, d.	186
68	CHATILLON, vge.	67
69	Châtillon, l.	311
70	Chat pendu (le), l.	126
71	Châtre (la), h.	303
72	Châtres (les), d.	68
73	Châtres (les), h.	91
74	Châtres (les), l.	102
75	Châtres (les), vge.	162
3576	Châtres (les), b.	240
77	Chattes (les), l.	106
78	Chaubillon, d.	221
79	Chauchards (les), l.	46
80	Chaud (la), h. et m.	45
81	Chaud, ch., vge et m.	162
82	Chaudagne, h.	48
83	Chauffier, l.	296
84	Chaugi, d.	24
85	Chaugne (le), h.	205
86	Chaumas (le), l.	262
87	Chaumas (le), vig.	63
88	Chaumas (le), l.	314
89	Chaumas (les), d.	267
90	Chaume (la), ch. et d.	3
91	Chaume (la), d.	5
92	Chaume (la), l.	16
93	Chaume (la), m. et l.	18
94	Chaume (la), d.	19
95	Chaume (la), h.	20
96	Chaume (la), b.	22
97	Chaume (la), h.	36
98	Chaume (la), h.	65
99	Chaume (la), h.	81
3600	Chaume (la), l.	83
1	Chaume (la), d.	91
2	Chaume (la), h.	96
3	Chaume (la), d.	97
4	Chaume (la), vge.	98
5	Chaume (la), d.	121
6	Chaume (la), m. et l.	133
7	Chaume (la), f.	150
8	Chaume (la), m. et l.	165
9	Chaume (la), d.	183

3610	Chaume (la), h.	201	
11	Chaume (la), l.	202	
12	Chaume (la), l.	215	
13	Chaume (la), ch. et d.	225	
14	Chaume (la), mét.	226	
15	Chaume (la), l.	248	
16	Chaume (la), d.	268	
17	Chaume (la), l.	293	
18	Chaume (la grande), d.	90	
19	Chaume (la grande), h.	94	
20	Chaume (la petite), d.	90	
21	Chaume Baujon (la), h.	108	
22	Chaume Bénite (la), vge.	249	
23	Chaume Blanche (la), l.	17	
24	Chaume Blanche (la), l.	45	
25	Chaume Blanche (la), d.	102	
26	Chaume Blanche (la), d.	138	
27	Chaume Blanche (la), d.	153	
28	Chaume Blanche, l.	262	
29	Chaume Chaumontelle (la), d.	235	
30	Chaume Colas (la), l.	217	
31	Chaume Colin (la), d.	108	
32	Chaumeçon, f.	300	
33	Chaume Combret (la), d.	197	
34	Chaume de Panloue (la), vig.	130	
35	Chaume des Bois (la), h.	182	
36	Chaume des Buis (la), f.	116	
37	Chaume des Pointes (la), vig.	293	
38	Chaume du Bois (la), l.	230	
3639	Chaume du Bourreau (la), h.	250	
40	Chaume du Roi (la).	282	
41	Chaume du vent (la), h.	60	
42	Chaume Gadon (la), h.	91	
43	Chaume Georges (la), h.	61	
44	Chaume Gouyon (la), h.	111	
45	Chaume Guinard (la), h.	92	
46	Chaume-Jean, vig.	305	
47	Chaume Pillaud (la).	92	
48	Chaume Raca (la), l.	143	
49	Chaume Ribot (la), d.	45	
50	Chaume Ricoutet (la), d.	249	
51	Chaume ronde (la), d.	18	
52	Chaume ronde (la), d.	281	
53	Chaumes (les), b. et m.	19	
54	Chaumes (les), l.	27	
55	Chaumes (les), l.	30	
56	Chaumes (les), d.	32	
57	Chaumes (les), h.	55	
58	Chaumes (les), d. et l.	56	
59	Chaumes (les), d.	87	
60	Chaumes, d.	90	
61	Chaumes (les), h.	106	
62	Chaumes, d.	114	
63	Chaumes (les), vge et d.	146	
64	Chaumes (les), d.	170	
65	Chaumes (les), d.	190	
66	Chaumes (les), vge et d.	217	
67	Chaumes (les), d.	232	

3668 Chaumes (les), h.	233
69 Chaumes (les), d.	237
70 Chaumes (les), vig.	272
71 Chaumes (les), vge.	275
72 Chaumes (les).	282
73 Chaumes (les), d.	297
74 Chaumes (les), d.	311
75 Chaumes (les grandes et petites), d. et l.	129
76 Chaumes (les petites), d.	25
77 Chaumes de la Croix (les), h.	273
78 Chaumes - Pommier (les), l.	65
79 Chaumes Saint-Gilbert (les), d.	143
80 Chaumet (le), d.	11
81 Chaumet (le), h.	256
82 Chaume Telon (la), vge et d.	249
83 Chaumette (la), d.	45
84 Chaumette (la), vge.	135
85 Chaumette (la), d.	194
86 Chaumette (la), h.	274
87 Chaumettes (les), vig.	195
88 Chaume Vieille (la), d.	92
89 Chaume Vilaine (la), l.	124
90 Chaumier, h.	80
91 Chaumier, vge.	104
92 Chaumière (la), l.	212
93 Chaumiers (les), l.	33
94 Chaumilles (les), sc.	113
95 Chaumont, h.	198
3696 Chaumont, h. et f.	233
97 Chaumont, h.	258
98 Chaumorin, l.	133
99 Chausseboire, d.	220
3700 Chausse Courte, d.	41
1 Chausse Courte, vge et ch.	249
2 Chaussée (la), l.	62
3 Chaussée (la), d.	153
4 Chaussée (la), d.	269
5 Chaussière (la), f.	39
6 Chaussière (la), d.	112
7 Chaussière (la), d.	311
8 Chaussin (le), ch. et d.	1
9 Chauvet, m.	14
10 Chauvet, d.	85
11 Chauvet, h.	293
12 Chauvets (les), d.	176
13 Chauvets (les), vge.	184
14 Chauvière, h. et d.	70
15 Chauvignière, f.	34
16 Chauvine (la), l.	32
17 Chauvins (les grands), d.	74
18 Chauvins (les petits), l.	74
19 Chauvissards (les), d.	126
20 Chaux (la), vge.	94
21 Chaux (la), l.	223
22 Chaux (la), f.	243
23 Chaux (la), f.	283
24 Chaux (les), h.	170
25 Chaux (les), d.	221
26 Chavagnat, h.	105
27 Chavais (les), h.	80

3728	Chavan, m.	8	
29	Chavance, d. et l.	11	
30	Chavanne, h.	61	
31	Chavanne, h.	168	
32	Chavannes (les), h.	219	
33	Chavanon, d.	93	
34	Chavant, m.	53	
35	Chavard, d.	77	
36	Chavards (les), h.	202	
37	Chavennes (les), f.	13	
38	CHAVENON, vge.	68	
39	Chaventière (la), d.	80	
40	Chaveroche, h.	49	
41	CHAVEROCHE, vge.	69	
42	Chaveroche, h.	6	
43	Chaveroche (la rivière de), l.	6	
44	Chaverot, moul.	165	
45	Chavi, h.	150	
46	Chavignon, d.	40	
47	Chavigni, f.	179	
48	Chaville, h.	49	
49	Chavogner, d.	260	
50	Chavonnerie, d.	294	
51	Cheberne, d.	190	
52	Chedeaux (les), h.	312	
53	Cheffaud (le), l.	253	
54	Chelmin, l.	231	
55	Chemelle (la), d.	56	
56	Chemillet, h.	126	
57	CHEMILLI, vge.	71	
58	Cheminat, m.	310	
59	Chemin de fer, éc.	83	
60	Chemin de Mesdames, h.	93	
3761	Chemin ferré (le), d.	183
62	Cheminé, d.	74
63	Chenal (la), ch.	111
64	Cheminots (les), d.	299
65	Chenal (la), vig.	144
66	Chenal (la), h.	250
67	Chenal d'en bas (le), d.	262
68	Chenal d'en haut (le), d.	262
69	Chenardières (les), l.	12
70	Chenau (la), m.	27
71	Chenau (la), l.	33
72	Chenau (le), l.	232
73	Chenaut (la), d.	263
74	Chenaux (les), d.	69
75	Chenaux (les), f.	205
76	Chêne (le), vig.	63
77	Chêne (le), d.	114
78	Chêne (le), l.	117
79	Chêne (le), d.	130
80	Chêne (le), d.	202
81	Chêne (le), d.	253
82	Chêne (le gros), d.	293
83	Cheneau (le), d.	251
84	Cheneaux (les), d.	280
85	Chenebras, h.	45
86	Chêne du loup (le), vig.	63
87	Chêne du loup (le), h.	199
88	Chêne-fait (le), d.	250
89	Chêne-fer (le), d.	225
90	Chêne-menteur (le), l.	272
91	Chêne-rond (le), h.	150
92	Chêne-rond (le), d.	164
93	Chêne-sec (le), l.	22

3794	Chênes (les), d.	11		3827	Chesau (le), d.	104
95	Chêne-vert (le), d.	155		28	Chesau (le), l.	129
96	Chenevière, vge.	22		29	Chesau (le), h.	148
97	Chenillat, h.	47		30	Chesau (le), l.	203
98	Chenillat (le), h.	102		31	Chesau (le), h.	246
99	Chenillet, l.	220		32	Chesau (le), h. et d.	256
3800	Chenille, vig.	52		33	Chesau (le), d.	313
1	Chênon (le), f. et l.	226		34	Chesau-Robin (le), d.	256
2	Chenu (le), d.	312		35	Chesau-Vert, d.	46
3	Chêpre, d.	113		36	Chesaux (les), h.	40
4	Chérats (les), l.	61		37	Chesaux (les), h.	102
5	Cherbeix, h.	214		38	Chesaux (les), f.	212
6	Chéret (le), b.	170		39	Chétif Bois (le), l.	255
7	Chéreux, h.	25		40	Chétif moulin, l.	150
8	Chéreux, m.	71		41	Chétif Moulin (le), d.	219
9	Chéreux, l.	122		42	Chétifs bois (les), d.	4
10	Chéreux, d.	216		43	Cheuzat, d.	217
11	Chéreux, d.	284		44	CHEVAGNES, vge.	72
12	Chéreux, d.	311		45	Chevagnes, d.	100
13	Chéri, m.	19		46	Chevaise (la), d.	169
14	Chéri, ch. et d.	272		47	Cheval (le), d.	2
15	Chermont, d.	91		48	Cheval-blanc (le), f.	163
16	Chérons (les), d.	317		49	Chevalier (le), d.	2
17	Chérots (les), d.	86		50	Chevalier (le), d.	263
18	Chéroux (le petit), h. et d.	49		51	Chevalière (la), f.	195
				52	Chevalière, h.	220
19	Chers (les), h.	160		53	Chevalière (la Brande), d.	220
20	Chervais (les), d. et m.	23				
21	Chervais, d.	138		54	Chevaliers (les), d.	32
22	Chervais (les), f.	169		55	Chevaliers (les), f.	38
23	Chervin, d.	160		56	Chevaliers (les), d.	175
24	Chervin, m.	263		57	Chevaliers (les), h.	201
25	Chervins (les), h.	109		58	Chevaliers (les), d.	283
26	Chesau (le), vge.	52		59	Cheval rigon, vge.	113

3860	Chevarriers (les), d.	118
61	Chevennes (les), ch. et h.	51
62	Cheviaux (les), d.	100
63	Cheviche (la), d.	303
64	Cheville (la), l.	46
65	Cheville (la), h.	226
66	Chevrai, d.	74
67	Chèvre (la), h.	69
68	Chèvre (la), d.	132
69	Chèvre (la), l.	150
70	Chèvre (la), m.	162
71	Chevreaux, d.	23
72	Chevrelle (la), d.	117
73	Chèvre noire (la), d.	182
74	Chèvres (les), l.	231
75	Chevretière, h.	150
76	Chevrier (le), d. et m.	209
77	Chevris (les), d.	128
78	Chevron (le), l.	269
79	Chevrons (les), l.	74
80	Chevrot, h.	66
81	Chevrotière, f.	289
82	Chez (les), d.	90
83	Chez (les), d.	97
84	Chez (les), d.	186
85	Chez (les), h.	236
86	Chez (les), d.	312
87	Chez Beraud, d.	279
88	Chez Bouesse, l.	230
89	Chez Brieut, h.	102
90	Chez Busseret, l.	181
91	Chez Caque, d.	7
92	Chez d'Aval (le), d.	181
3893	Chez Decote, d.	32
94	Chez Dieu, l.	150
95	Chez du Bœuf, d.	18
96	Chézelle, d.	18
97	Chézelle (la loge), d.	18
98	Chézelle, vge.	59
99	Chezelle Bassignat, h.	59
3900	Chézelle, vge.	73
1	Chézelles, vge.	96
2	Chézelles, d.	153
3	Chézelles, d. et h.	179
4	Chézelles, d.	186
5	Chézelles, d.	278
6	Chez Ferré, d.	188
7	Chez Gallemard, d.	131
8	Chez Giolat, d.	45
9	Chez Gourbaix, h.	7
10	Chez Guilletoux, h.	156
11	Chez Heuilhard, h.	279
12	Chez Joseph, l.	23
13	Chez Laurent, l.	156
14	Chez Le Berche, h.	89
15	Chez Lebot, d.	18
16	Chez Leproux, d.	100
17	Chez Leproux, f.	280
18	Chez Lotte, f.	226
19	Chez Mallet, d.	150
20	Chez Marzy, d.	214
21	Chez Moye, f.	102
22	Chezotte (la), d.	5
23	Chez Paulat, d.	150
24	Chez Robert, d.	156
25	Chez Rouer, l.	150
26	Chez Taravaux, d.	214

3927	Chez Tronche, l.	150	
28	Chez Verzet, h.	50	
29	Chez Vincent, l.	89	
30	Chézi, vge.	74	
31	Chi, h.	278	
32	Chiaude, d.	82	
33	Chicaud (le), l.	201	
34	Chicots (les), l.	260	
	Chien cita, d.	17	
	roy. Chassitas.		
35	Chier (le), h.	156	
36	Chier (le), h.	160	
37	Chier (le), vge.	276	
38	Chier (le), vge.	309	
39	Chier Blanc, h.	209	
40	Chierloux, h.	79	
41	Chier Martin (le), l.	146	
42	Chiers (les), l.	22	
43	Chiers (les), h.	101	
44	Chiers (les), l.	129	
45	Chiers (les), d.	146	
46	Chiers (les), h.	197	
47	Chiers (les), d.	213	
48	Chignat (le), d.	10	
49	Chignaux (les), d.	74	
50	Chilins (les), d.	118	
51	Chillot (le), f.	264	
52	Chillot (le), f.	305	
53	Chinaud (la), d.	246	
54	Chinevelles (les), l.	145	
55	Chinière, h.	264	
56	Chinières (les), d.	145	
57	Chiniers (les), d.	33	
58	Chiolle, vge.	78	
3959	Chipoterie (la), l.	248
60	Chirat, d.	6
61	Chirat-Guérin.	318
62	CHIRAT-L'ÉGLISE, vge.	75
63	Chiret, h.	253
64	Chirol, h.	227
65	Chiroux (le), d.	36
66	Chiroux (les), l.	56
67	Chiroux, f.	118
68	Chiroux, h.	164
69	Chiroux, h.	257
70	Chitaing, d.	221
71	Chivat, h.	132
72	Chiverie, d.	191
73	Chocroins, f.	24
74	Chole (la), l.	175
75	Cholet (le), d.	186
76	Chollet, d.	262
77	Chollet (bruyères de), l.	262
78	Cholets (les), vig.	272
79	Cholli, h.	247
80	Chonier, moul.	8
81	Chonier, moul. et h.	113
82	Chonière (la), l.	6
83	Chorles (les), f.	190
84	Chouardes (les), h.	96
85	Choulton, l.	11
86	Chou plat (le), m. l.	226
87	Chou vert (le), l.	272
3988	CHOUVIGNI, vge.	76
89	Chouvigni, h.	123
90	Choux, h.	199
91	Chovos (les), l.	257
92	Chuvant, h.	184

3993 Ciernat, l.	174	4026 Claudis (les), d.	131
94 Cigogne, d.	122	27 Claudures (les), h.	256
95 Cigogne, d.	237	28 Claustre (chez), l.	91
96 Cimardots (les), d.	224	29 Clavegri, m. et l.	14
97 Cimetière (le), h.	46	30 Clavel (chez), h.	17
98 Cimetière (le grand), vge.	124	31 Claveliers (les), d.	130
		32 Clavière, f.	10
99 Cimetière (le), h.	201	33 Clavière (la), d.	82
4000 Cimetière (le), d.	225	34 Clavière (la), h.	75
1 Cinardière (la), d.	85	35 Clavière, f.	235
2 Cinardière, h.	150	36 Clavillon, l.	216
3 Cindré, vge, ch. et d.	77	37 Clayeux (les), d.	72
4 Cinq chemins (les), d.	211	38 Clayeux (les grands), d.	281
5 Cinq chênes (les), l.	17	39 Clayeux (les petits), d.	281
6 Cinq chênes (les), d.	311	40 Clayolles (les), f.	303
7 Cinq Noyers, l.	100	41 Clèle (la), d.	64
8 Cinquin (le), l.	174	42 Clémagnet, h.	301
9 Cintrat, vge.	57	43 Clémançons (les), d.	214
10 Cirque (le), l.	138	44 Clémençons (les), d.	301
11 Ciseau Margot (le), l.	85	45 Clément (le), m.	45
12 Ciseaux (les), l.	8	46 Clément d.	169
13 Citadelle (la), d.	58	47 Clément, l.	247
14 Cittons (les), d.	45	48 Clémentière (le grand), f.	189
15 Civette (la), h. et m.	173		
16 Civière (la), l.	150	49 Clémentière (le petit), h.	189
17 Civière, m.	227		
18 Civrai, ch. et vge.	148	50 Clermorin (le grand), d.	129
19 Cladets (les), vig.	130		
20 Claire (la), l.	158	51 Clermorin (le petit), l.	129
21 Clairembois, vig.	99	52 Clioles (les), f.	184
22 Clairs (les), vge.	273	53 Clique (la), l.	269
23 Clapier (le), d.	235	54 Clodis (le), d.	112
24 Claudat (le), d.	85	55 Clodis (le), d.	116
25 Claude (la), l.	279	56 Clodis (le), d.	153

4057	Clodis (le), l.	254	4091	Clusor, ch. et t.	211
58	Clos (le), d.	118	92	Cochards (les), d.	115
59	Clos (le), h.	162	93	Cocon, l.	4
60	Clos (le), h.	210	94	Cocu (le), d.	202
61	Clos d'en haut (le), vig.	23	95	Cocu (le), h.	221
62	Clos du Mai (le), f.	120	96	Cocu (le), l.	222
63	Closeaux (les), d.	278	97	Cocu (le), h.	269
64	Closel (le), d.	113	98	Côdre (la), d.	18
65	Clos long (le), l.	272	99	Cœuri (le), l.	303
66	Clos Richard (le), d.	295	4100	Coffins (les), d.	101
67	Clos Tissier (le), d.	36	1	Cognat, l.	64
68	Clotrons (les), f.	235	2	COGNAT, Vge.	78
69	Clous (le), f.	34	3	Cogne (la), vig.	263
70	Clous (le), d.	34	4	Cognerue, l.	192
71	Clous (les), h.	80	5	Cognet (le), h.	54
72	Clous (les), d.	102	6	Cognet (le), d.	93
73	Clous (les grands), d.	46	7	Cognet (le), d.	101
74	Clous (les petits), d.	46	8	Cognet (le), m.	125
75	Cluseau (le grand), d.	10	9	Cognet (le), d.	184
76	Cluseau (le petit), d.	10	10	Cognet (le), h.	249
77	Cluseau, (le), h.	45	11	Cognet (le), l.	257
78	Cluseau (le), d.	80	12	Cognet (le), vig.	264
79	Cluseau (le), d.	98	13	Cognet (le), d.	275
80	Cluseau (le), l.	100	14	Cognet (le), h.	291
81	Cluseau, ch. d. et h.	109	15	Cogniers (les), d.	189
82	Cluseau (le), d.	180	16	Coillards (les), d.	191
83	Cluseau (le), l.	184	17	Coin (le), l.	54
84	Cluseau (le), vge.	291	18	Coin (le), l.	78
85	Cluseaux (les), vge.	28	19	Coin (le), h.	150
86	Clusel (le), vge.	6	20	Coin (le), l.	262
87	Clusel, d.	160	21	Coins (les), d.	42
88	Clusel (le), d.	234	22	Coins (les), d.	206
89	Clusier (le), h.	95	23	Colas, m.	156
90	Clusor, d.	75	24	Colas, d.	247

4125	Colas (le grand), d.	72	4159	Colombier, l.	149
26	Colas (le petit), d.	72	60	Colombier, d.	160
27	Colassons (les), d.	129	61	Colombier, h.	183
28	Colets (les), m.	150	62	Colombier (le), d.	226
29	Coligni, d.	200	63	Colombier, h.	231
30	Colin, m.	50	64	Colombier (le), d.	250
31	Colin (la grange), h.	16	65	Colombier, l.	263
32	Colins (les), h.	140	66	Colombier, h.	268
33	Colins (les), d.	231	67	Colombier, f.	272
34	Collas (les), d.	121	68	Colombier (le), d.	283
35	Colles (les), d.	280	69	Colombier, h.	307
36	Collets (les), l.	149	70	Colombière, d.	216
37	Collettes (les), l.	106	71	Colombières (les), h.	293
38	Collins (les), d.	61	72	Colon, l.	89
39	Collins (les), h.	181	73	Colons (les), d.	43
40	Collins (les), d.	101	74	Colza, d.	40
41	Colonges (les), d.	227	75	Colza (le), d.	132
42	Colombaroux, h.	93	76	Combaret, h.	6
43	Colombaroux, b.	154	77	Combas, d.	301
44	Colombier, l.	9	78	Combe (la), l.	22
45	Colombier, vig.	23	79	Combe (la), d.	45
46	Colombier (le), d.	33	80	Combe (la), l.	56
47	Colombier, l.	46	81	Combe (la), l.	99
48	Colombier (le), d.	56	82	Combe (la), h.	103
49	Colombier, d.	65	83	Combé, vge.	291
50	Colombier, h.	73	84	Combeau, l.	231
51	COLOMBIER, vge.	79	85	Combeaux (les), m.	170
52	Colombier (le), f.	82	86	Combéaux (les), l.	222
53	Colombier (le), f.	85	87	Combebarres (les), d.	208
54	Colombier (le), f.	91	88	Combemorel, h.	187
55	Colombier, ch.	113	89	Combes (les), vge.	41
56	Colombier (le), h.	116	90	Combes (les), vge.	91
57	Colombier (le), f.	118	91	Combes (les), h.	104
58	Colombier (le), d.	126	92	Combes (les), t.	130

— 66 —

4193 Combes (les), h.	135
94 Combes (les), ec.	226
95 Combes (les), h.	290
96 Combis (les), d.	114
97 Combraille, d.	180
98 Combre (le), d.	5
99 Combre (le), d.	297
4200 Combres (les), l.	121
1 Combrière, l.	262
2 Comète (la), éc.	226
3 Commanderie (la), d.	35
4 Commanderie (la), h.	81
5 Commanderie (la), h.	84
6 Commanderie (la), d.	138
7 COMMENTRI, vge.	80
8 Commerats (les), d.	70
9 Communaux (les), h.	47
10 Communaux (les), vge.	47
11 Communaux (les), h.	155
12 Communes (les), h.	18
13 Communes (les), l.	26
14 Communes (les), h.	100
15 Communes (les), h.	174
16 Communes (les), l.	192
17 Communes (les), d.	200
18 Communes (les), h.	201
19 Communes (les grandes), vge.	232
20 Communes (les), h.	297
21 Compagnat, h.	222
22 Compère, m. is.	226
23 Compère, d.	269
24 Compoins (les), vge.	134
25 Compoints (les), h.	307

4226 Comtats (les), d.	282
27 Comte (le), d.	21
28 Conche (la), h.	189
29 Concise, d.	267
30 Concise d'en bas, d.	181
31 Concise d'en haut, h.	181
32 Condan, h.	100
33 Condemine (la), l.	202
34 Condemine (la), l.	272
35 Condes (les), vig.	25
36 Confeix, h.	179
37 Conflant, d.	88
38 Confou (le), l.	233
39 Confour (le), l.	12
40 Conrieux (les), l.	23
41 Conrieux (les), f.	296
42 Consorts (les), l.	61
43 Consorts (les), l.	65
44 Consorts (les), h.	254
45 Contamine (la), h.	156
46 Contamines (les), f.	28
47 Conteau, d.	307
48 CONTIGNI, vge.	81
49 Contin, l.	137
50 Conton, d.	307
51 Contresol, ch. d. et m.	101
52 Convier, d. et l.	50
53 Copin, l.	77
54 Copines (les), d.	153
55 Copins (les), h.	33
56 Coppet, h.	222
57 Coq (le), l.	27
58 Coq (le), h.	102
59 Coq (le), h.	116

4260 Coqs (les), t.	192
61 Coque, d.	46
62 Coquelard, h.	296
63 Coquelins (les), d.	10
64 Coquelins (les), vig.	25
65 Coquetaux (les), d. et vig.	179
66 Coquet, d.	234
67 Coquets (les), d.	109
68 Coquets (les), d.	165
69 Coquets (les), d.	262
70 Coquillonnerie, d.	83
71 Coquinets (les), d.	130
72 Corats (les), d.	175
73 Corbe, vig.	195
74 Cordanière (la), l.	311
75 Cordats (les), d.	25
76 Cordebœuf, f. et m.	201
77 Cordeliers (les), d.	230
78 Cordeliers (les), d.	272
79 Cordeix, d.	210
80 Coret (le), d.	215
81 Corlat (le petit), l.	262
82 Cornarderie (la), d.	117
83 Cornassat, h.	20
84 Cornassat (la croix de), h.	20
85 Cornassat, d.	97
86 Cornassat, h.	107
87 Cornassat, m. et d.	306
88 Corne (la), d.	84
89 Corne (la), d.	151
90 Corne (la), l.	199
91 Corne (la), vge.	288
4292 Corne de Brossière (la), l.	216
93 Corne de Charme (la), m. f.	2
94 Corne de Rollai (la), vge.	85
95 Corne de Valigni (la), l.	131
96 Corne du rez (la), l.	77
97 Corneille (la), l.	237
98 Cornette (la), h.	150
99 Corniers (les), d.	90
4300 Cornillards (les), d.	237
1 Cornillons (les), h.	92
2 Cornuts (les), d.	204
3 Coron, t.	113
4 Corpon, l.	224
5 Corre (la), vge.	87
6 Corre (la), l.	92
7 Corre (la), d.	113
8 Corre (la), m.	132
9 Corre (la), l.	158
10 Corre (la), d.	169
11 Corre (la), d.	223
12 Corres (les), vge et m.	43
13 Corres (les), h.	132
14 Corsin, d.	23
15 Corsin, l.	296
16 Corsins (les), d.	297
17 Cosne, ville.	82
18 Cossange, d.	8
19 Cossange (le grand), h.	8
20 Cossange (le petit), h.	8
21 Cosse (la), d.	24
22 Cosses (les), l.	82

4323 Cosses (les), m. des mines et h.	178	4356 Côte de boin, h.	30
24 Cosses (les), l.	241	57 Côte du lac (la), d.	126
25 Cossonnat, h.	108	58 Côte Mine (la), h.	102
26 Cossonniers (les), d.	4	59 Côte Minon (la), l.	233
27 Coste (la), d.	10	60 Côte Nérée (la), d.	299
28 Costière, ch. et d.	202	61 Côte Poulain (la), l.	22
29 Côte (la), h.	6	62 Cotereau, d.	85
30 Côte (la), d.	31	63 Côterelle (la petite), l.	110
31 Côte (la), d.	43	64 Côte Rotie, h.	41
32 Côte (la), l.	79	65 Côte rouge (la), l.	20
33 Côte (la), h.	80	66 Côte rouge (la), vig.	99
34 Côte (la), d.	99	67 Côtes (les), d.	32
35 Côte (la), ch.	132	68 Côtes (les), d.	44
36 Côte (la), h.	156	69 Côtes (les), d.	81
37 Côte (la), d.	176	70 Côtes (les), h.	108
38 Côte (la), cc.	180	71 Côtes (les), l.	136
39 Côte (la), h.	186	72 Côtes (les), f.	212
40 Côte (la), m. et h.	209	73 Côtes (les), d.	303
41 Côte (la), f.	233	74 Côtes (les), m.	305
42 Côte (la), h.	234	75 Côtes (la rue des), h.	239
43 Côte (la), d.	244	76 Côtes Rousses (les), d.	190
44 Côte (la), d.	306	77 Cotignat (le), ch. et h.	163
45 Côte (la), l.	306	78 Cotignon, m.	279
46 Côte (la grande), l.	147	79 Cotillon, l.	143
47 Côte (la petite), d.	147	80 Cots (les), d.	261
48 Côteaux (les), l.	49	81 Couagnon, f.	62
49 Côteaux (les), d.	317	82 Couarde (la), l.	34
50 Côte Bordet (la), l.	45	83 Couarde (la), h.	36
51 Côte Brière (la), l.	6	84 Couardes (les), l.	49
52 Côte brulée (la), l.	253	85 Couardes (les), d.	134
53 Côte Buisson (la), d.	30	86 Couardes (les), d.	314
54 Côte Camuse (la), d.	22	87 Couarle, h.	160
55 Côte-courbe, vge.	276	88 Couchon (le), f.	262
		89 Coucoule (la), d. et l.	126

4390	Coudar (le), vig.	239	4424	Coulanges, l.	311
91	Coude (le), ch. et d.	142	25	Coulardie (la), f.	283
92	Coude (le), d.	173	26	Coulardiers (les), d.	100
93	Coude (le), h.	202	27	Coulaud, h.	8
94	Coudrais (le), l.	25	28	Coulède (la), d.	2
95	Coudrais (le), m.	191	29	Coulette, l.	42
96	Coudrais (le), d.	272	30	COULEUVRE, b.	85
97	Coudrais (le), h.	279	31	Coulon, m.	139
98	Coudrais (le grand), d.	56	32	Coulon, ch. et m.	237
99	Coudrais (le petit), d.	56	33	Coulongeat, d.	318
4400	Coudrais (le), f.	308	34	Coulons (les), d.	33
1	Coudre (la), d.	29	35	Coulons (les), f.	309
2	Coudre (la), h.	79	36	Counillons (les), d.	272
3	Coudres (les), l.	183	37	Coupe (la), h.	245
4	Coudrier (le), d.	149	38	Coupe à Demai (la), l.	53
5	Coudriers (les), d.	168	39	Coupe Guiton (la), d.	297
6	Coudriers (les), d. et m.	191	40	Coupet (le), h.	103
7	Coudure, d.	221	41	Coupet (le), m. et f.	234
8	Couer, l.	163	42	Coupet (le), m. et f.	234
9	Couères (les), h.	46	43	Coupied, m.	129
10	Couët (le), d.	196	44	Coupier (le), m.	192
11	Couffranges, d.	29	45	Cour (la), d.	11
12	Cougnet, l.	212	46	Cour (la), vig.	24
13	Cougour (grand), h.	138	47	Cour (la), d.	28
14	Cougour (petit), h.	138	48	Cour (la), d.	47
15	Cougour (petit), vge.	298	49	Cour (la), d.	51
16	Couhérats (les), d.	10	50	Cour (la). vig.	99
17	Couillots (les), d.	251	51	Cour (la), ch.	230
18	COULANDON, vge.	83	52	Cour (la), d.	285
19	Coulangeard, h.	77	53	Couraud, vge.	99
20	Coulangerie (la), d.	46	54	Couraud (le), d.	165
21	COULANGES, vge.	84	55	Courbes (les), h.	211
22	Coulanges, d.	145	56	Cour blanche (la), d.	168
23	Coulanges, h.	222	57	COURÇAIS, vge.	86

4458 Courcelle (la), l.	50	4492 Courtais (les), d.	272
59 Courcelle (la), d.	170	93 Courtais (les), d.	318
60 Courcelle (la), vge.	305	94 Courtant, l.	281
61 Courcelles, d.	77	95 Courtas (la), vge.	52
62 Courcier, d.	210	96 Courtauds (les), d.	46
63 Cour d'enchère (la), h.	246	97 Courtauds (les), d.	179
64 Courdin (le), d.	272	98 Courtauds (les), f.	315
65 Coureaux (les), d.	233	99 Courte, h.	251
66 Courelle, l.	122	4500 Courtil (le), d.	17
67 Couret, (le), l.	104	1 Courtille, d.	198
68 Courgenai, f.	193	2 Courtille (la), f.	259
69 Courgenai (le petit), f.	103	3 Courtine, vig.	63
70 Couri, vge.	227	4 Courtine, h.	160
71 Courie (la), vge.	42	5 Courtins (les), f.	231
72 Courie (la), h.	304	6 Courtins (les), d.	306
73 Courlaudière, d.	34	7 Courtioux, h.	127
74 Courolle (la), vge.	44	8 Courtioux (les), h.	144
75 Courolles (les), h.	134	9 Courtioux (les), h.	198
76 Couronne (la), h.	80	10 Courtioux (les), f.	249
77 Couronne (la), l.	174	11 Courtonge, d.	45
78 Cou Rouge (le), l.	269	12 Cousei, f.	175
79 Courret (le), d.	45	13 Cousenots (les), d.	281
80 Courret (le), d.	167	14 Cousenotte (la), h.	133
81 Courret (le), vge.	210	15 Cousins (les).	72
82 Courrier, h.	227	16 Couson, vge.	88
83 Courriers (les), vig.	63	17 Couson (la grande), d.	272
84 Cours (les), l.	116	18 Coussaudre, l.	74
85 Cours (les), d.	125	19 Coussière (la), f.	129
86 Cours, d.	149	20 Coût (le), h.	30
87 Coursadet, vge.	316	21 Coût (le), f.	257
88 Coursaget, vge.	210	22 Coût (la), h. et m.	274
89 Coursat, h.	316	23 Coutant, d.	31
90 Cours Morins (les), h.	36	24 Coutant, vge.	286
91 Courtais, m.	201	25 Coutapoux, l.	105

1526 Coutard, d.	100	
27 Couteaux (les), d.	52	
28 Couteliers (les), h. et m.	93	
29 COUTENSOUSE, vge.	87	
30 Coutensouze (le vieux), h.	87	
31 Coutermes, l.	118	
32 Couti, h.	162	
33 Coutière, d.	122	
34 Coutine, d.	70	
35 Coutine, l.	237	
36 Coutinière, h.	44	
37 Coutioux, d.	40	
38 Coûts (les), d.	145	
39 Couture, d.	90	
40 Couture (la), l.	203	
41 Couture, ch. d. et m.	301	
42 Couture Brulée (la), d.	8	
43 Coutures (les), l.	219	
44 Couturon (le), l.	160	
45 Couvent, l.	200	
46 Couvreux (le), l.	296	
47 Couvier, h.	94	
48 Crachet, d.	69	
49 Crais (les), l.	6	
50 Crapaud (le), l.	199	
51 Crapaud (le), h.	216	
52 Crau (le), l.	17	
53 Crébert, d. et h.	190	
54 Crèche (la), d.	58	
55 Créchot (le), l.	273	
56 CRÉCHI, vge.	89	
57 Cregnards (les), h.	250	
58 Crélo, l.	34	
1559 Crémenoux, l.	243	
60 Crenons (les), d.	217	
61 Crepaille, h.	187	
62 Crépin (le), vge.	92	
63 Crépot, d.	51	
64 Créput, l.	164	
65 CRESSANGES, vge.	90	
66 Crête (la), ch. et d.	10	
67 Crétaux (les), vig.	10	
68 Creton, l.	262	
69 Creuse (la), d.	25	
70 Creuse (la), f. et m.	44	
71 Creuse (la), f.	216	
72 Creuse (la).	223	
73 Creuse (la), d.	280	
74 Creuse (la grand), d.	280	
75 Creuse (loges de), vge.	151	
76 Creuse (loges de), h.	280	
77 Creuse laie, l.	232	
78 Creuset (le), d.	231	
79 Creuset, l.	272	
80 Creusets (les), d.	150	
81 CREUSIER-LE-NEUF, vge.	91	
82 CREUSIER-LE-VIEUX, vge.	92	
83 Creusiers (les), d.	318	
84 Creusiers (les grands), h.	176	
85 Creux (le), d.	34	
86 Creux (le), f.	85	
87 Creux (le), l.	219	
88 Creux (le), d.	272	
89 Creux (le), d.	291	

4590	Creux (le), l.		311
91	Creux (le grand), l.		113
92	Creux (le grand), d.		183
93	Creux (les), d.		8
94	Creux (les), h.		40
95	Creux (les), l.		75
96	Creux (les), h.		78
97	Creux (les), h.		108
98	Creux (les), d.		122
99	Creux (les), h.		189
4600	Creux (les), l.		265
1	Creux Boulet (le), l. et vig.		23
2	Creux de la Salle (le), d.		50
3	Creux de Sable (le), l.		3
4	Creux des Chaumes (le), h.		150
5	Creux des Grenouilles (le), d.		193
6	Creux des Renards (le), l.		307
7	Creux des Vaux (le), l.		172
8	Creux du lac (le), d.		80
9	Creux du loup (le), l.		64
10	Creux Morin (les), d.		250
11	Creux Naudeau (le), f.		85
12	Crevant, ch. et vge.		99
13	Crevant, d.		148
14	Crevasse (la), d.		255
15	Creveri (le), h.		307
16	Cri (le grand), d.		248
17	Cri (le petit), d.		248
18	Cri de Pontlung (le petit), d.		248
4619	Criard, d.		90
20	Criboux (les), h.		310
21	Crocaille, m.		254
22	Crochelets (les), l.		318
23	Crochepot, d. et m.		126
24	Crochepot, m.		180
25	Crochet, m.		253
26	Croissance, vig.		130
27	Croisette, vig.		287
28	Croix (la), h.		5
29	Croix (la), l.		25
30	Croix (la), f.		37
31	Croix (la), m. i.		46
32	Croix (la), l.		61
33	Croix (la), l.		62
84	Croix (la), d.		75
35	Croix (la), vig.		98
36	Croix (la), h.		101
37	Croix (la), l.		129
38	Croix (la), d.		145
39	Croix (la), d.		151
40	Croix (la), d.		182
41	Croix (la), d.		196
42	Croix (la), d.		213
43	Croix (la), m. is.		226
44	Croix (la), d.		232
45	Croix (la), l.		235
46	Croix (la), d.		275
47	Croix (la), h.		279
48	Croix (la), l.		281
49	Croix (champ de la), d.		1
50	Croix (la grande), vig.		105
51	Croix (la grand).		316
52	Croix (les), l.		154

4653 Croix Anier (la), l.	64
54 Croix Banchet (la), l.	160
55 Croix Bardet (la), l.	118
56 Croix Bertrand (la), l.	132
57 Croix Blanche (la), l.	85
58 Croix Blanche (la), h.	250
59 Croix-Blanche (la), d.	256
60 Croix-Blanches (les), d.	56
61 Croix Blanchet (la), d.	169
62 Croix Bleue (la), l.	186
63 Croix Bouquet (la), l.	14
64 Croix Boutet (la), l.	40
65 Croix Boutin (la), d.	247
66 Croix Brière (la), l.	6
67 Croix Brillon (la), h.	44
68 Croix Brulée (la), h.	107
69 Croix Carie (la), l.	113
70 Croix Chandian (la), l.	132
71 Croix Charnai (la), l.	85
72 Croix Charnaud (la), l.	6
73 Croix Chasau (la), l.	43
74 Croix Communale (la), l.	142
75 Croix Coq (la), d.	190
76 Croix de Brides (la), l.	138
77 Croix de fer (la), l.	195
78 Croix de Jaille (la), l.	127
79 Croix de la Bourrique (la), d.	85
80 Croix de la Dixmerie (la), l.	235
81 Croix de la Fée (la), d.	137
82 Croix de la Forge (la), l.	169
83 Croix de la Forêt (la), l.	241
4684 Croix de la Graule (la), l.	75
85 Croix de l'Allier (la), l.	6
86 Croix de Loriot (la), l.	20
87 Croix de l'Orme (la), d.	54
88 Croix de Pâques (la), d.	102
89 Croix de Périasse (la), l.	215
90 Croix de Sainte-Anne (la), d.	56
91 Croix de Saint-Fiacre (la), d.	58
92 Croix de Saint-Fiacre (la), h.	302
93 Croix des Bergers (la), d.	155
94 Croix des Bois (la), m. f.	87
95 Croix des Bois (la), l.	141
96 Croix des Clairs (la), h.	273
97 Croix des Fées (la), l.	191
98 Croix des Graves (la), l.	63
99 Croix des Justices (la), d.	93
4700 Croix des Rameaux (la), d.	161
1 Croix des Rameaux (la), h.	169
2 Croix des Rameaux (la), h.	231
3 Croix des Rameaux (la), d.	247
4 Croix des Renards (la), h.	310
5 Croix des Sapins (la), d.	210
6 Croix des Trèves (la), l.	247

4707	Croix Dindin (la), e.	180	
8	Croix d'Or (la), f.	71	
9	Croix du Bois Miraut (la).	234	
10	Croix du Charme (la), l.	149	
11	Croix du Chier (la), d.	7	
12	Croix du feu (la), l.	26	
13	Croix du Merle (la), l.	202	
14	Croix du Mont (la), h.	46	
15	Croix du Pommier (la), l.	6	
16	Croix du Quarré (la), l.	263	
17	Croix du Verger (la), l.	6	
18	Croix Fayault (la), d.	70	
19	Croix Forge (la), d.	169	
20	Croix Gaud (la), l.	221	
21	Croix Gauliard (la), l.	209	
22	Croix Georgette (la), h.	96	
23	Croix Gibon (la), vig.	25	
24	Croix Goyard (la), l.	247	
25	Croix Grangeon (la), d.	54	
26	Croix Henri (la), l.	293	
27	Croix Jacob (la), l.	40	
28	Croix Jacob (la), l.	268	
29	Croix Jardot (la), h.	148	
30	Croix Jaumard (la), t.	103	
31	Croix Landreau (la), d.	314	
32	Croix Laurent (la), h.	23	
33	Croix Letaud (la), l.	83	
34	Croix Louis (la), h.	198	
35	Croix Mallet (la), vge.	180	
36	Croix Mandot (la), d.	132	
37	Croix Marlières (la), l.	80	
38	Croix Mayeul (la), l.	68	
4739	Croix Morandin (la), h.	247	
40	Croix Moreau (la), d.	70	
41	Croix Moret (la), d.	132	
42	Croix Mosnier (la), l.	6	
43	Croix Palais (la), d.	290	
44	Croix Pelletier (la), d.	11	
45	Croix Penderie (la), l.	4	
46	Croix Pierrat (la), vge.	184	
47	Croix Ploux, d.	25	
48	Croix Queuri (la), l.	184	
49	Croix Regnaud (la), l.	271	
50	Croix Rouge (la), h.	30	
51	Croix Rouge (la), h.	40	
52	Croix Rouge (la).	77	
53	Croix Rouge (la), h.	82	
54	Croix Rouge (la), l.	91	
55	Croix Rouge (la), h.	111	
56	Croix Rouge (la), d.	118	
57	Croix Rouge (la), d.	201	
58	Croix Rouge, h.	248	
59	Croix Rouge (la), d.	274	
60	Croix Rousseau (la), d.	46	
61	Croix Route (la), l.	216	
62	Croix Rue (la), l.	318	
63	Croix St-Abdon (la), l.	205	
64	Croix Saint-Georges (la), vge.	111	
65	Croix St-Martial (la), l.	268	
66	Croix tirée (la), l.	263	
67	Croix Torche (la), h.	80	
68	Croix Trève (la), l.	209	
69	Croix Trompette (la), h.	269	
70	Croix Vallansin (la), l.	235	
71	Croix Vallet (la), d.	118	

4772	Croix Vérillon (la), l.	118		4806	Crot (le), h.	7
73	Croix Vérillon (la), d.	161		7	Crot (le), l.	31
74	Croix Verte (la), l.	46		8	Crot (le), l.	40
75	Croix Verte (la), h.	136		9	Crot (le), h.	79
76	Croix Verte (la), l.	149		10	Crot (le), d.	99
77	Croix Verte (la), f.	152		11	Crot, l.	113
78	Croix Verte (la), l.	165		12	Crot (le), h.	215
79	Croix Verte (la), d.	199		13	Crot (le), h.	228
80	Croix Vorze (la), l.	168		14	Crot (le grand), f.	100
81	Croizette (la), f.	201		15	Crot (le grand), d.	248
82	Croiziers (les), d.	198		16	Crot (maillerie du), d.	174
83	Crolai, d.	271		17	Crot (le petit), d.	100
84	Cromarias (les), d.	155		18	Crot à l'âne (le), l.	119
85	Cromarias (les), d.	210		19	Crot Bayot (le), l.	119
86	Cronets (les loges), h.	280		20	Crot Boénat (le), l.	141
87	Croper, l.	50		21	Crot-Chavant (le), d.	215
88	Cropte (la), m. et d.	262		22	Crotet (le), l.	315
89	Croptin (le), l.	34		23	Crotet (le grand), d.	117
90	Cropusson, d.	362		24	Crotet de la Chapelle	
91	Croque Mouton, l.	132			(le petit), l.	117
92	Croque Raves, d.	182		25	Crotet du Pontet (le	
93	Crosardais, h.	209			petit), l.	117
94	Crosards (les), h.	202		26	Crot Pinsard (le), l.	121
95	Crosat, d.	230		27	Crot Potier (le), d.	160
96	Crose (la), d.	106		28	Crots (les), l.	45
97	Crose (la), vge.	127		29	Crots (les), l.	205
98	Crose (la), h.	256		30	Crots (les grands), l.	85
99	Crose (la), d.	270		31	Crotte (la), d.	179
4800	Croses (les), l.	230		32	Crotte (la), h.	255
1	Croses (les), m.	258		33	Crotte (la), h.	271
2	Croset (le), d.	54		34	Crotte, h.	310
3	Croset (le), d.	116		35	Crousat, h.	22
4	Croset (le), d.	213		36	Croutet (le), h.	253
5	Croset (le), d.	294		37	Croux (la), h.	120

4838	Croux (la), h.	184	4861 Cure (la), m. et h.	144
39	Croux (la), l.	216	62 Cure (la), l.	255
40	Croux (le), d.	262	63 Cure (la), d.	263
41	Croux (la), l.	312	64 Cure (la), l.	281
42	Crovalas, vig.	99	65 Cure (l'ancienne), l.	2
43	Croyer (le gros), l.	46	66 Cure (l'ancienne), d.	32
44	Cruçais, d.	301	67 Cure (l'ancienne), f.	32
45	Crupets (les), d.	149	68 Cure (l'ancienne), l.	83
46	Cueilhat, vge.	111	69 Cure (l'ancienne), vig.	195
47	Cuisse blanche (la), a.	307	70 Cure (l'ancienne), d.	283
48	Cuisse blanche (la), l.	199	71 Cure (la vieille), l.	23
49	Cul de la Vigne (le), l.	205	72 Cure (la vieille), d.	244
50	Cul de Sac (le), h.	36	73 Cures (les), d.	180
51	Cul de Sac (le), l.	201	74 Curesso (la), d.	18
52	Curat (la), d.	222	75 Curie (la), d.	236
53	Curades (les), d.	258	76 Curon (le), d.	192
54	Cure (la), l.	16	77 Cusins (les), d.	283
55	Cure (la), d.	33	78 Cusséjat, h.	215
56	Cure (la), l.	35	79 Cusset, l.	64
57	Cure (la), l.	51	80 CUSSET, ville.	93
58	Cure (la), éc.	58	81 Cussets (les), d.	102
59	Cure (la), d.	71	82 Cuvage (le), l.	103
60	Cure (la), l.	114		

D

4883	Dachard, d.	152	4888 Dacs (la montée des), d.	41
84	Dachers (les), f.	43	89 Dafour (les), l.	1
85	Dachers de Sichon (les), d.	8, 43	90 Dafour (les), d.	160
			91 Dagnants (les), d.	112
86	Dacros (les), d.	42	92 Dagnauds (les), l.	24
87	Dacs (les), vge.	41	93 Dagnerie (la), f.	85

4894	Dagouret, d.	215	4928	Davayat, f.	285
95	Dagouret, d.	314	29	Dayalau, h.	27
96	Dagourets (les), h.	163	30	David, h. et m.	6
97	Daguenets (les), d.	182	31	David, d.	74
98	Daguenets (les), d.	295	32	Davids (les), d.	130
99	Dailhut, l.	93	33	Davière (la), h.	186
4900	Daillans (les), d.	119	34	Davots (les), d.	124
1	Dains (les), h.	108	35	Davouet, d.	294
2	Dalbost (les), l.	31	36	Debost (les), d.	18
3	Dalbost (les), d.	307	37	Debost (les), d. et m.	54
4	Dalins (les), h.	288	38	Debost (les), d.	168
5	Dallias (les), d.	70	39	Debottes (les), l.	261
6	Damariats (les), f.	11	40	Debris, f.	24
7	Damayaux (les), d.	175	41	Decamp, l.	288
8	Dames (les), d.	121	42	Décousu (le), l.	221
9	Dames (les), d.	231	43	Deffend (le), d.	19
10	Damets (les), d.	179	44	Deffend (le), f.	120
11	Damignan, h.	144	45	Deffend (le), d.	221
12	Danguis (les), mét.	226	46	Degands (les), d.	204
13	Dannériaux (les), d.	117	47	Deguets (les), d. et l.	101
14	Danni, m.	201	48	Deliles (les), l.	239
15	Daranlot, d.	316	49	Delons (les), f.	164
16	Darban, h.	23	50	Delots (les), d.	38
17	Darbelets (les), d.	262	51	Delots (les grands), f.	114
18	Darbot, l.	113	52	Delots (les petits), d.	114
19	Danlat, l.	263	53	Delots (les), d.	281
20	Dar d'en bas, f.	212	54	Demas, d.	8
21	Dar d'en haut, h.	212	55	Démercière, l.	193
22	Darrots (les), d.	64	56	Demeri, vge.	231
23	Daubois (les), f.	228	57	Demeuriers (les), d.	260
24	Daufort (le), h.	230	58	Démissiers (les), d.	263
25	Daumas, d.	111	59	Demoiselle (la), vge.	232
26	Daurier, vge.	92	60	Demon, d.	160
27	Davaux (les), h.	118	61	Demonts (les), d.	138

4962	Demoret, ch. et d.	287		4994	Devaux (les), d.	77
63	Demorets (les), vig.	75		95	Devaux (les), vig.	288
64	Demoux, d.	287		96	Devers, l.	168
65	DENEUILLE, vge.	94		97	Desvignes (les), d.	61
66	DENEUILLE, vge.	95		98	Devines (les), f.	237
67	Denidauds (les), l.	239		99	Devinet, l.	113
68	Denis (les), l.	20		5000	Diagots (les), d. et b.	265
69	Denisons (les), d.	231		1	Diannière, h.	4
70	Denisons (les), d.	282		2	Diats (les), l.	116
71	Dennerons (les), d.	204		3	Diéna (le), d.	180
72	Denoux (les), h.	236		4	Dièzes (les), h.	8
73	Derbisés (les), h.	3		5	Dillons (les), d.	179
74	Déret, d.	263		6	Dimes (les), d.	16
	Dérimais, h.	85		7	Dinets (les), vge.	78
75	Detrier, d.	196		8	Dinots (les), h.	217
76	Desaix (le), d.	70		9	Dionnet, d.	169
77	Désert (le), l.	12		10	Dionnets (les), d.	91
78	Désert (le), vgne.	34		11	Dionnets (les), d.	283
79	Désert (le), l.	101		12	Diots (les), d.	113
80	Désert (la garderie du), l.	188		13	Diots (les), h.	163
					Diots (les), l.	176
81	Désert (le grand), vge.	38		14	Diots (les), l.	199
82	Désert (le petit), vge.	38			Diots (les grands), f.	118
83	Désertines, d. et tuil.	3			Diots (les petits), f.	118
84	DÉSERTINES, vge.	96		15	Diou, vge.	98
85	Déserts (les), h.	17		16	Dioux, d.	175
86	Déserts (les), h.	65		17	Direts (les), d.	166
87	Dessents (les), l.	299		18	Distillerie (la), l.	16
88	Deux-aigues, d.	75		19	Dispute (la), l.	83
89	DEUX-CHAISES, vge.	97		20	Ditière (la), f.	44
90	Deux-Chaises, d.	193		21	Doigts (les), d.	220
91	Deux-Ponts, d.	77		22	Dointe (la), d.	204
92	Deux-Villes(les),d. et t.	281		23	Dolats (les), h.	1
93	Devaudière (la), d.	288		24	Dolats (les), h.	163

5025	Domaine (le), l.	41	
26	Domaine bâti (le), d.	227	
27	Domaine (le grand), d.	2	
28	Domaine (le grand), d.	77	
29	Domaine (le grand), d.	101	
30	Domaine (le grand), d.	102	
31	Domaine (le grand), d.	105	
32	Domaine (le grand), d.	106	
33	Domaine (le grand), d.	107	
34	Domaine (le grand), h.	113	
35	Domaine (le grand), d.	123	
36	Domaine (le grand), d.	131	
37	Domaine (le grand), d.	133	
38	Domaine (le grand), d.	235	
39	Domaine (le petit), l.	16	
40	Domaine neuf (le), d.	32	
41	Domaine neuf, d.	114	
42	Domaine neuf (le), d.	132	
43	Domaine neuf, l.	166	
44	Domaine neuf, d.	192	
45	Domaine neuf, d.	199	
46	Domaine neuf (le), d.	202	
47	Domaine neuf (le), d.	227	
48	Domaine neuf (le), d.	232	
49	Domaine neuf (le), d.	250	
50	Domaine neuf (le), d.	262	
51	Domaine neuf (le), d.	279	
52	Domaine neuf, d.	288	
53	Domaine neuf de chez Llado, d.	221	
54	DOMÉRAT, vge.	99	
55	Dômes (les), d.	280	
56	Domiers (les), d.	280	
57	DOMPIERRE, b.	100	
5058	DONJON (LE), ville.	101	
59	Donjon (le), d.	267	
60	Dorards (les), d.	237	
61	Dorards (les), d.	291	
62	Dorier (le), d.	232	
63	Dorne, d.	250	
64	Douaire (la), d.	172	
65	Douaire (la), f.	237	
66	Douanan, h.	6	
67	Douat (le), d.	46	
68	Doucet, m.	127	
69	Douelle (la), l.	74	
70	Douets (les), d.	83	
71	Doulouvre, h.	318	
72	Doumière, d.	246	
73	Doumiers (les), h.	167	
74	Doure (la), vge.	312	
75	Doux (la), h.	20	
76	Douzon, h.	111	
77	Doyards (les), h.	148	
78	Doyat, vge et m.	8	
79	Doyat, l.	93	
80	Doyatins (les), d.	231	
81	Doyats (les), l.	21	
82	Doyer, b.	102	
83	Doyet (le petit), f.	102	
84	Dragonne (la), m.	87	
85	Dragonne (la), l.	147	
86	Dreniots (les), d.	72	
87	Dreuille, f.	90	
88	Drevaux (les), d.	74	
89	Driats (les), d.	121	
90	Drifford, d.	232	
91	Drigeard (le), h.	160	

5092	Dris (les), h.	212		5116	Durante (la), l.	288
93	DROITURIER, vge.	123		17	Durantins (les), l.	185
94	Droyers (les), h.	18		18	Duratte (la).	129
95	Drugnaux, h.	117		19	DURDAT, vge.	104
96	Druts (les), l.	311		20	Dure (la), d.	163
97	Druts du bas (les), d.	160		21	Dure (la), d.	239
98	Dubel, d. et l.	79		22	Dureaux (les), d.	203
99	Duclaux, d.	81		23	Dures (les), d.	133
5100	Ducoin, l.	199		24	Duret, d.	231
1	Duets (les), d.	138		25	Durets (les), f.	121
2	Dugand, d.	40		26	Durets (les), d.	138
3	Dugourd, l.	22		27	Durets (les), d.	153
4	Dugourd, d.	205		28	Durets (les), d.	199
5	Dujon, h.	57		29	Durias (les), h.	36
6	Dumet, d.	236		30	Duriers (les), f.	91
7	Dumi, d.	85		31	Duriers (les), f.	118
8	Duptière, d.	301		32	Duriers (les), d.	231
9	Dupuits (les), d.	149		33	Durif, l.	166
10	Durand (le), d.	4		34	Duriot, d.	74
11	Durand, f.	288		35	Duroires (les), l.	137
12	Durandons (les), d.	153		36	Durots (les), f.	124
13	Durands (les), d.	11		37	Dustrie (la), h.	216
14	Durands (les), f.	68		38	Duts (les), d.	74
15	Durands (les), h.	249		39	Duvets (les), d.	74

E

5140	Eaux (les), h.	205		5145	Eaux Salées (les), d. et l.	80
41	Eaux (les), l.	239		46	Ebaudis (les), d.	90
42	Eaux Blanches (les), h.	54		47	Ebaupin (l'), vig.	114
43	Eaux Blanches (les), l.	150		48	Ebaupin (l'), l.	214
44	Eaux minérales (les), éc.	1		49	Ebaupins (les), d.	231

5150 EBREUIL, ville.	103	5184 Edelins (les), d.	114
51 Ecalis (les), d.	12	85 Edelins (les), d.	202
52 Echardons (les), l.	83	86 Effayes (les), h.	160
53 Echardons (les), l.	271	87 Effiat, d.	261
54 Echards (les), d.	272	88 Effoux, h.	303
55 ECHASSIÈRES, vge.	106	89 Egaleries (les), h.	94
56 Echaudés (les), d.	287	90 Egaux (les), m.	6
57 Echaux (les), d.	160	91 Egaux (les), d.	293
58 Echelets (les), l.	232	92 Eglantier (l'), d.	272
59 Echelettes (les), ch. et d.	182	93 Eglise (l'), vge.	28
60 Echeloux (les), d.	19	94 Eglise (l'), l.	63
61 Echerolles (les), ch.	114	95 Eglise (l'), vge	265
62 Echiat, d.	275	96 Eglise (la place de l'), h.	184
63 Echos (les), d.	160	97 Egris (les), l.	235
64 Eclaine, h.	95	98 Ejagous (les), l.	186
65 Ecloitre, d.	6	99 Embarras (l'), mét.	226
66 Ecluse (l'), éc.	61	5200 Embrasses (les), d.	181
67 Ecluse (l'), éc.	100	1 Embrasses (les), d.	241
68 Ecluse (l'), ch. et h.	192	2 Emerins (les), h.	311
69 Ecluse (l'), l.	209	3 Emeris (les), l.	96
70 Ecluse (l'), d.	215	4 Emeris (les), ch. et h.	227
71 Ecluseaux (les), d.	314	5 Emondons (les), d.	231
72 Ecoins (les), h.	41	6 Emonets (les), d.	237
73 Ecole, h.	41	7 En bas, l.	74
74 Ecossais (les), d.	37	8 Enchaume (le moulin d'), f.	299
75 Ecossats (les) h.	131	9 Enfer (l'), d.	90
76 Ecouératles (les), l.	6	10 Enfer (l'), l.	199
77 Ecouteron, vge.	52	11 Enfer (la rue de l'), l.	151
78 Ecrevisse (l'), h.	288	12 Enfer (l'), f.	195
79 Ecu (l'), d.	174	13 Enfer (l'), h.	204
80 Ecuelle (l'), l.	150	14 En haut, l.	74
81 Ecures (les), ch. et d.	65	15 En haut (domaine d'), d.	231
82 Ecures (les), d.	224	16 Enregées (les), l.	163
83 Ecurieux (les), h.	279		

5217	Entremiolle (moulin d').	19	
18	Epalle, h.	6	
19	Epalle, m.	61	
20	Epalais (les), h.	103	
21	Epalais, h.	188	
22	Epalais (le grand), d.	148	
23	Epalais (le petit), d.	148	
24	Eperon (l'), vig.	130	
25	Epierres (les), l.	262	
26	Epierres (les), d.	297	
27	Epigeards (les), h.	234	
28	Epignes (les), d.	214	
29	Epinasse (l'), d.	61	
30	Epinassières (les), h.	56	
31	Epinaux (les), d.	227	
32	Epine (l'), ch. et d.	2	
33	Epine (l'), m.	101	
34	Epine (l'), d.	168	
35	Epine (l'), l.	216	
36	Epinettes (les), l.	130	
37	Epinettes (les), l.	179	
38	Epineuil, m.	102	
39	Epineuls (les), vig.	283	
40	Epinglier (l'), l.	160	
41	Epinglier (l'), d.	281	
42	Epingliers (les), d.	126	
43	Epinoux, m.	279	
44	Equaloux (les), h.	303	
45	Erable (l'), l.	167	
46	Erisies, l.	216	
47	Ermitage (l'), vig.	203	
48	Ermitage (l'), l.	288	
49	Eronde (l'), l.	235	
50	Erondières (les), l.	83	
51	Errier (l'), h.	20	

5252	Esbaupins (les), d.	19
53	Escure (l'), h.	278
54	ESCUROLLES, b.	107
55	Espérance (l'), l.	83
56	ESPINASSE, vge.	108
57	Espinasse, l.	148
58	Espinasses (les), l.	149
59	Essart (les), d.	262
60	Essus (les), l.	32
61	ESTIVAREILLES, vge.	109
62	Estrade (l'), m.	228
63	Estrat (l'), d.	174
64	Estrées, d.	168
65	Etaix, l.	169
66	Etang (l'), h.	41
67	Etang (l'), h.	42
68	Etang (l'), l.	49
69	Etang (l'), d.	61
70	Etang (l'), m. et l.	65
71	Etang (l'), d.	87
72	Etang (l'), d.	101
73	Etang (l'), vge.	102
74	Etang (l'), h.	133
75	Etang (l'), l.	174
76	Etang (l'), l.	183
77	Etang (l'), l.	189
78	Etang (l'), d.	215
79	Etang (l'), h. et m.	218
80	Etang (l'), d.	219
81	Etang (l'), l.	232
82	Etang (l'), d.	255
83	Etang (l'), l.	280
84	Etang (le grand), l.	88
85	Etang (le grand), l.	285
86	Etang (le petit), h.	85

5287 Etang aux bés (l'), l. 190
88 Etang bas (l'), d. 119
89 Etang Bonnet (l'), l. 255
90 Etang Boudres (l'), l. 179
91 Etang Chaveau (l'), h. 130
92 Etang Clori (l'), l. 94
93 Etang Cornu (l'), l. 266
94 Etang de la Dame (l'), l. 130
95 Etang de la Planche (l'), l. 132
96 Etang de la Vau (l'), l. 72
97 Etang de l'Éperon (l'), h. 130
98 Etang de Meillers (moulin de l'). 165
99 Etang des Chaumes (l'), l. 191
5300 Etang des Couteaux (l'), l. 216
1 Etang des Fosses (l'), vig. 272
2 Etang des Lis (l'), l. 82
3 Etang des Mares (l'), l. 272
4 Etang du Lac (l'), h. 46
5 Etang Foucher (l'), d. 200
6 Etang Girard (l'), l. 31
7 Etang Jendelin (l'), m. i. 226
8 Etang Magnier (l'), d. 280
9 Etang Margouse (l'), d. 41
10 Etang Martel (l'), d. 295
11 Etang Michelet (l'), vig. 283
12 Etang Nabot (l'), l. 218
13 Etang neuf (l'), l. 33
14 Etang neuf (l'), l. 85
15 Etang neuf (l'), l. 110
16 Etang neuf (l'), f. 150

5317 Etang neuf (l'), ec. 226
18 Etang neuf (l'), l. 279
19 Etang neuf (l'), d. 295
20 Etang Patagon (l'), l. 295
21 Etang Pidoux (l'), l. 61
22 Etang Pontet (l'), l. 262
23 Etang Renet (l'), l. 295
24 Etang Roi (l'), l. 40
25 Etang-Roi (l'), l. 121
26 Etang Roux (l'), l. 90
27 Etang Roux (l'), moul. 151
28 Etangs (les), h. 8
29 Etangs (les), d. 224
30 Etangs Cocus (les), m. for. 46
31 Etangs Colas (les), d. 129
32 Etang Simon (l'), l. 308
33 Etanières (les), l. 12
34 ETELON (L'), vge. 110
35 Etiennes (les), d. 55
36 Etoile (l'), d. 33
37 Etoile (l'), vig. 105
38 Etourneau (l'), l. 3
39 Etourneaux (les), h. 180
40 Etourneaux (les), i. 208
41 Etourneaux (les), h. 232
42 ETROUSSAT, vge. 111
43 Etrangle Loups, d. 83
44 Etrelins (les), d. 132
45 Etroussière, d. 138
46 Euvi, d. 150
47 Euvi, d. 203
48 Evade, l. 32
49 Eveillon. 206

F

5350 Fabrique (la) l.	61
51 Fabrique (la).	85
52 Fagots (les), l.	170
53 Fairon (le), l.	311
54 Falconnière, h.	26
55 Falliers (les), d.	63
56 Faloterie (la), h.	130
57 Fan (le), d.	100
58 Fantaisie (la), l.	31
59 Fanges (les), l.	28
60 Farat (la), h. et m.	216
61 Fardière, (la), h.	56
62 Fareilles, vge.	127
63 Farge, (la), h.	20
64 Fargeat, l.	62
65 Farges (les), d.	218
66 Farges (les bruyères des), l.	218
67 Fariaux, d.	8
68 Farillats (les), vge et t.	127
69 Farinvilliers, d.	182
70 Farnais, d.	150
71 Fat (la), d.	11
72 Fat (la), l.	11
73 Fatet (le), l.	138
74 Fau (le), l.	113
75 Fau (le grand), d.	303
76 Fau (le petit), d.	303
77 Faubretière (la), d.	129
78 Fauchère (la), l.	272
79 Fauconnière (la), ch.	118
5380 Faugeat, d.	51
81 Fauquelière (la), d.	191
82 Faure (le), h.	8
83 Faure, l.	113
84 Faurre, m.	31
85 Favards (les), f.	125
86 Favards (les), h.	231
87 Faverot, l.	85
88 Favier, d.	6
89 Favier, d.	76
90 Favier, d.	103
91 Favière, f.	301
92 Faviers (les), d. et tuil.	138
93 Favre, d.	66
94 Favret, l.	97
95 Favri, l. et moul.	315
96 Favrotière, d.	126
97 Fay (le), h.	7
98 Fay (la), d.	31
99 Fay, d.	46
5400 Fay (la), d.	46
1 Fay (la), d.	131
2 Fay (moulin de la), d.	131
3 Fay (la), d.	142
4 Fay (la), f.	141
5 Fay (la), d.	162
6 Fay (le), d.	214
7 Fay (la), h.	248
8 Fay, vge.	317
9 Fayard (le), m.	156
10 Fayards (les), h.	8

5111	Fayards (les), d.	138	5145	Fayette (la), d.	142
12	Fayards (les), d.	280	46	Fayette (la), l.	169
13	Fayauds (les), d.	101	47	Fayettes (les), d.	101
14	Faye (la), h.	20	48	Fayettes (les), f.	223
15	Faye (la), h.	54	49	Fayettes (les), d.	260
16	Faye (la), f.	68	50	Fayolle (la), h.	80
17	Faye (la), d.	70	51	Fayolle (la), h.	243
18	Faye (la), l.	101	52	Fayolle (le bas), d.	126
19	Faye (la), d.	113	53	Fayolle (le haut), d.	126
20	Faye (la), d.	123	54	Fayonnère, l.	291
21	Faye (la), h.	137	55	Fayot, l.	129
22	Faye (la), l.	151	56	Fayot, vge.	215
23	Faye (la), d.	175	57	Fée (la), d.	291
24	Faye (la), d.	108	58	Fégeard, h.	103
25	Faye (la), l.	222	59	Feigo (la), ch. et f.	217
26	Faye (la), d.	273	60	Feignoux (le), d.	311
27	Faye (la), d.	237	61	Félin, d. et m.	311
28	Faye (la), l.	215	62	FELINE (LA), vge.	112
29	Faye (la), ch. et h.	279	63	Félix, h. et m.	107
30	Faye (la), d.	289	64	Femmes (les), l.	202
31	Faye, h.	203	65	Fénauderie, d.	46
32	Faye (la), d.	306	66	Fénote (la), l.	237
33	Faye Arnaud (la), h.	46	67	Fenouillière (la), l.	314
34	Faye Godet (la).	316	68	Féraude (la), vig.	195
35	Faye (la loge de), l.	223	69	Ferdière (la), d.	68
36	Fayère (la), d.	215	70	Férié, l.	11
37	Fayes (les), h.	87	71	Ferme (la), h.	80
38	Fayes (les), l.	156	72	Ferme (la), d.	114
39	Fayes (les), vge.	203	73	Ferme (la), d.	187
40	Fayes (les), d.	230	74	Fermiers (les), l.	222
41	Fayet, h.	9	75	Fernauds (les), vge.	36
42	Fayet, h.	203	76	Fernins (les), f.	279
43	Fayet, l.	256	77	Ferrand (le), h.	256
44	Fayet (les Rocs), d.	6	78	Ferré, d.	129

5179	Ferrier, m.	8	5310	Feuillon, l.	199
80	Ferrière, h.	44	11	Feuillouse (la), l.	23
81	Ferrière, d.	55	12	Feuillouse (la), l.	41
82	Ferrière, d.	150	13	Feuillouse (la), d.	53
83	Ferrière (la), d.	173	14	Feuillouse (la), d.	89
84	FERRIÈRES, vge.	113	15	Feuillouse (la petite), f.	89
85	Ferrières (les), vge.	190	16	Feuillouse (la), d.	176
86	Ferrières de Chamblet (les), l.	49	17	Feuillouse (la), l.	213
			18	Feuillouse (la), l.	295
87	Ferrons (les), f.	189	19	Feuillouses (les), l.	90
88	Fers (les), d.	54	20	Feuillouses (les), vig.	179
89	FERTÉ-HAUTERIVE (LA), vge.	114	21	Feuilloux (le), d.	217
			22	Feurterie (la), d.	189
90	Fertille (la), l.	279	23	Feurtil, d.	119
91	Fessebois, f.	308	24	Fèvres (les), d.	71
92	Fessière (la), l.	131	25	Fèvres (les), d.	192
93	Fétrd (le), h.	112	26	Fiats (les), vig.	25
94	Feu (le), f.	150	27	Fidèle, m.	54
95	Feuilhouse (la), d.	161	28	Fief (le), h.	239
96	Feuillant (le), l.	307	29	Fiez (le), h.	56
97	Feuillas (le), d.	86	30	Figouraine, d.	199
98	Feuille (la), d.	46	31	Fils (le), d.	151
99	Feuille (la), h.	73	32	Fimorin, d.	151
5300	Feuille (la), d.	120	33	Fin (le), d.	93
1	Feuille (la), h.	150	34	Fin (la), ch. d. et m.	280
2	Feuillée d'en bas (la), h.	186	35	Finat, l.	131
3	Feuillée d'en haut (la), d.	186	36	Fin Baron (la), d.	280
			37	Finet, d.	269
4	Feuillée (la), f.	195	38	Fins, d.	67
5	Feuillée (la), d.	314	39	Fitodière (la), d.	279
6	Feuillée (la petite), d.	314	40	Flanderie (la), d.	46
7	Feuillerouse, d.	31	41	Flanderie (la), d.	85
8	Feuilles (les), l.	175	42	Flato, l.	32
9	Feuillis (les), d.	11	43	Fleuret (le), h.	290

— 87 —

5544 Fleuri, l.	284
45 Fleuriel, vge.	115
46 Fleuriel, vge.	127
47 Floquets (les), d.	145
48 Floret, vge.	288
49 Florêts (les), d.	281
50 Flori, l.	152
51 Flori, l.	202
52 Flotte (la), d.	275
53 Flotte (la), h.	291
54 Flotte (la), d.	312
55 Flous (les), l.	183
56 Flous (le), d.	250
57 Fognat, h.	22
58 Foix, l.	138
59 Fol, d.	231
60 Fol Blanc (le), l.	150
61 Folie (la), l.	34
62 Folie (la), l.	85
63 Folie (la), l.	130
64 Folie (la), f.	190
65 Folie (la), l.	260
66 Folie (la), vig. et l.	283
67 Folie (la), l.	290
68 Folins (les), l.	46
69 Fombertaud, f.	108
70 Foncelles (les), d.	306
71 Foncelots (les), vig.	63
72 Fondard, vge. et d.	279
73 Fondeau (le), d.	127
74 Fondelias (les), d.	62
75 Fondus (les), f.	38
76 Fonglaterie (la), d.	214
77 Font (la), d.	2

5578 Font (la), l.	21
79 Font (la), d. et ch.	32
80 Font (la), h.	70
81 Font (la), f.	117
82 Font (la), d.	122
83 Font (la), f.	136
84 Font (la), h.	173
85 Font (la), h.	240
86 Font (la), d.	267
87 Font (la), d.	275
88 Font (la), l.	279
89 Font (la), l.	296
90 Font (la grand), d.	129
91 Font (grand), l.	183
92 Font (le marais de la), l.	201
93 Font (la vieille), d.	237
94 Fontaine (la), h.	66
95 Fontaine, vge.	77
96 Fontaine (la), l.	167
97 Fontaine des Œillets (la), h.	234
98 Fontaine du Dard (la), l.	263
99 Fontaines (les), d.	27
5600 Fontaines (les), d.	161
1 Fontaines (les), d.	237
2 Fontaine Saint-Martin (la), l.	168
3 Fontandrauds (les), f.	130
4 Fontarabie, h.	39
5 Fontarbin, d.	136
6 Fontariol, h.	278
7 Fontaubin, f.	150
8 Fontaubin (le petit), l.	150
9 Font aux Loup (la), l.	40

5810 Font Balleirat (la), h. 78
11 Font Raudon (la), l. 133
12 Fontbelle, d. 106
13 Fontbenant, h. 202
14 Font Betard, h. 270
15 Font Betons (les), d. 157
16 Font Bigon (la), l. 182
17 Font Blanche, l. 22
18 Font Blanche, l. 74
19 Font Blanche (la), d. 113
20 Font Bonnat (la), l. 215
21 Font Bonne, h. 128
22 Font Borne (la), d. 22
23 Font bouillant, h. 80
24 Font bouillant, d. 180
25 Font bouillant, d. et vig. 208
26 Font Bourrache (la). 203
27 Font-Brigaud (la), mét. 226
28 Font Camus (la), l. 213
29 Font Carré (la), l. 113
30 Font Chambert (la), d. 189
31 Font Chaussière (la), d. 201
32 Font Claire (la), l. 4
33 Font Claude (la), vig. 99
34 Font Corne, h. 50
35 Font Cornet (la), h. 261
36 Font couverte (la), l. 106
37 Font couverte (la), d. 281
38 Font d'Ambérieux (la), h. 41
39 Font de Chassignol (la), h. 93
40 Font de l'Auge (la), l. 165

5841 Font de la Grange (la), d. 300
42 Font de la Varenne (la), l. 235
43 Font de l'eau, d. 196
44 Font Delin (la), l. 91
45 Font de l'ôme, d. 115
46 Font de Reine (la), l. 168
47 Font de Riau, l. 129
48 Font des Crus (la), l. 237
49 Font des Larrons (la), d. 108
50 Font des Pots (la), l. 91
51 Font Dillon (la), vig. 263
52 Font du Cassiot (la), l. 4
53 Font du Coust (la), l. 45
54 Font du Port (la), f. 58
55 Font du Sureau (la), h. 177
56 Fontenai, d. 2
57 Fontenais (les), d. 22
58 Fontenais, d. 308
59 Fontenelles (les), vig. 233
60 Fontenelles (les), f. 281
61 Fontenil, ch. et d. 22
62 Fontenille, h. 169
63 Fontenille, d. 208
64 Fontenilles (les), h. 199
65 Font Fablo, l. 176
66 Fontfréquent, l. 168
67 Font Frobert, f. 25
68 Fongarnand, d. 176
69 Font Georges, l. 130
70 Font Girard (la), h. 152
71 Fontiau, d. 2
72 Fontibières, f. 96

5673	Fontibiers (les), d.	272	
74	Fontignoux, d.	122	
75	Fontignoux, l.	105	
76	Fontis, d.	128	
77	Font Juillet (la), d.	263	
78	Font-Lion, l.	50	
79	Font Macon, l.	85	
80	Font noble, d. et ch.	28	
81	Font Parot, h. et bourg.	28	
82	Fontpau, d.	118	
83	Font Picard (la), l.	120	
84	Font-Pigeon (la), b.	28	
85	Font-Pilain (la), l.	281	
86	Font-Pinet (la), l.	117	
87	Font pourrie (la), d.	46	
88	Font Pute (la).	270	
89	Font Queudre, h.	311	
90	Font Rabot (la), d.	103	
91	Font Remi, l.	262	
92	Font rose, l.	27	
93	Font Saint-Clément, d.	108	
94	Font Saint-Huile (la), h.	181	
95	Font Saint-Jean (la), l.	110	
96	Font St-Julien (la), l.	261	
97	Font St-Martin (la), d.	108	
98	Font St-Maure (la), vig.	99	
99	Font Salive, d. et l.	125	
5700	Font Sarrasin (la), l.	46	
1	Fonts (les), d.	119	
2	Fonts chaudes (les), h.	113	
3	Font Thomier (la), d.	293	
4	Font torte, ch.	177	
5	Fonturier, h.	101	
6	Font Verne, d.	72	

5707	Font Vidèle (la), l.	17	
8	Font vieille (la), l.	92	
9	Font vieille (la), l.	117	
10	Font vieille (la), d.	109	
11	Font Vignaud, (la), d.	42	
12	Font Violant, d.	233	
13	Forestiaux (les), ch.	51	
14	Forestière, d.	212	
15	Forestière (la), d.	218	
16	Forestiers (les), f.	58	
17	Forêt (la), h.	6	
18	Forêt (la), d.	11	
19	Forêt (la), h.	20	
20	Forêt (la), l.	42	
21	Forêt (la), d.	52	
22	Forêt (la), d.	70	
23	Forêt (la), h.	73	
24	Forêt (la), l.	77	
25	Forêt (la), h.	80	
26	Forêt (la), m.	86	
27	Forêt (la), f.	100	
28	Forêt (la), h.	101	
29	Forêt (la), h.	113	
30	Forêt (la), d.	121	
31	Forêt (la), d.	129	
32	Forêt (la), d.	131	
33	Forêt (la), ch. et t.	138	
34	Forêt (la), d.	150	
35	Forêt (la), d.	186	
36	Forêt (la), d.	191	
37	Forêt (la), d.	210	
38	Forêt (la), d.	214	
39	Forêt (la), h.	216	
40	Forêt (la), d.	218	

5741	Forêt (la), f.	250	
42	Forêt (la), h. et t.	262	
43	Forêt (la), d.	262	
44	Forêt (la), vge.	277	
45	Forêt (la), d.	283	
46	Forêt (la), f.	284	
47	Forêt (la), d.	296	
48	Forêt (la), d.	318	
49	Forêt (la petite), f.	155	
50	Forêt (la petite), l.	186	
51	Forêt Bouer (la), f.	81	
52	Forêtille, d.	172	
53	Forêts (les), h.	4	
54	Forêts (les), d.	17	
55	Forêts (les), d.	63	
56	Forêts (les), d.	235	
57	Forêts (les), f.	237	
58	Forettes (les), d.	190	
59	Forge (la), l.	23	
60	Forge (la), d.	31	
61	Forge (la), l.	40	
62	Forge (la), l.	165	
63	Forge (la), h.	169	
64	Forge (la), l.	260	
65	Forge (la), f.	266	
66	Forge (la), d.	289	
67	Forge (la), l.	311	
68	Forge (la grande), d.	2	
69	Forge (la petite), l.	2	
70	Forgeat, d.	109	
71	Forges des Joncs (la), l.	308	
72	Forgères (les), d.	33	
73	Forges (les), d.	45	
74	Forges (les), d.	68	
5775	Forges (les), ch. et vge.	80
76	Forges (les), d.	88
77	Forges (les), h.	107
78	Forges (les), l.	138
79	Forges (les), vge.	156
80	Forges (les), d.	169
81	Forges (les), d.	172
82	Forges (les), vge.	188
83	Forges (les), l.	190
84	Forges (les), éc.	217
85	Forges (les), h.	231
86	Forges (les), d.	270
87	Forges (les), d.	272
88	Forges (les), h. et l.	275
89	Forges (les), m. et d.	287
90	Forges (les), h.	297
91	Forges (les grandes), d.	88
92	Forges (les petites), d.	88
93	Forges (les petites), d.	117
94	Forges (le Bois des), d.	83
95	Forgette (la), h.	86
96	Forgette (la), d.	274
97	Formo (le grand), d.	120
98	Formo (le petit), d.	120
99	Forme laie, d.	297
5800	Forons (les), d.	309
1	Fort (le), l.	272
2	Forte-Terre (la), l.	179
3	Forte-Terre (la), d.	280
4	Forte-Terre Monnin (la), d.	179
5	Fortes-Terres (les), f.	182
6	Fortiers (les), d.	175
7	Fortourau, l.	186

5808	Forts (les), h.	281	5842	Fougerault (le), d.	309
9	Fort-Silvain, h.	45	43	Fougères (les), h.	4
10	Fortune (la), l.	318	44	Fougères, vig.	63
11	Fortunes (les), l.	13	45	Fougères (les), h.	141
12	Fosse (la), h.	90	46	Fougères, h.	156
13	Fosse (la), m.	223	47	Fougères (les), d.	170
14	Fosse (la), f.	253	48	Fougères (les), l.	230
15	Fosse Guérin (la), d.	95	49	Fougères, d.	243
16	Fosse Guérin (la), d.	314	50	Fougères, f.	257
17	Fosserat, h.	198	51	Fougerettes (les), l.	190
18	Fosses (les), vge.	70	52	Fougerolle, d.	24
19	Fossés (les), d.	166	53	Fougerolles, l.	55
20	Fosses (les), l.	210	54	Fougerot, l.	61
21	Fossés (les), l.	270	55	Fougières, ch. et f.	220
22	Fossés (les), d.	207	56	Fougiraud, d.	113
23	Fossés (les), f.	309	57	Fougis (les), d.	140
24	Fossés (les), h.	316	58	Fougis (les), ch. d. et t.	281
25	Fossés (la clef des), h.	39	59	Fouillous (les), l.	315
26	Fossière (la), l.	12	60	Fouinat (le), d.	279
27	Fouaillevent, l.	6	61	Fouine (la), l.	166
28	Fouaillier, vge.	303	62	Foujots (les), vig.	23
29	Foucaud (le Roc), m.	42	63	Foulerie (la), m.	223
30	Foucaud d'en bas, d.	234	64	Foulet, h.	130
31	Foucaud d'en haut, d.	234	65	Foulignage, h.	309
32	Foucauds (les), h.	43	66	Foulon, l.	61
33	Foucauds (les), d. et m.	71	67	Foultière, d.	12
34	Foucauds (les), m.	126	68	Foulun, d.	197
35	Foucauds (les), d.	200	69	Fouquiers (les), l.	183
36	Foucauds (les), d.	297	70	Four (le), h.	4
37	Foucrière (la), h.	56	71	Four (le), l.	115
38	Foudiau, l.	101	72	Four, vge.	217
39	Fougeat (le), l.	280	73	Four (le), l.	279
40	Fougeras (les), d.	27	74	Four à chaux (le), l.	18
41	Fougerat, l.	146	75	Four à chaux (le), h.	28

5876	Four à chaux (le), l.	37	5908 Fourneaux (les), vge et ch.	42
77	Four à chaux (le), l.	51	9 Fourneaux (les), l.	83
78	Four à chaux (le), l.	72	10 Fourneaux (les), d.	219
79	Four à chaux (le), l.	83	11 Fourneaux (les), d.	281
80	Four à chaux (le), d.	129	12 Fourneaux (les quatre), d.	155
81	Four à chaux (le), vig.	130	13 Fournet, d.	182
82	Four à chaux (le), l.	179	14 Fournet, d.	235
83	Four à chaux (le), f.	181	15 Fournier, h.	113
84	Four à chaux (le), m.i.	183	16 Fournier, d.	132
85	Four à chaux (le), l.	231	17 Fournier, m.	173
86	Four à chaux (le), l.	237	18 Fournières (les), l.	243
87	Four à chaux (le), l.	272	19 Fourniers (les), d.	21
88	Four à chaux (le), l.	300	20 Fourniers (les), f.	37
89	Four à chaux (le), l.	301	21 Fourniers (les), d.	101
90	Four à chaux (le), l.	305	22 Fourniers (les), d.	179
91	Four à chaux (le), l.	311	23 Fourniers (les), d.	191
92	Pouranges, h.	41	24 Fournil (le), h.	118
93	Fouranges, h.	150	25 Fours, l.	2
94	Fouraton, l.	131	26 Fours (les), h.	8
95	Fourchaud, ch. et d.	25	27 Fours (le champ des), h.	28
96	Fourchaud, f.	192	28 Fours Bonnets (les), l.	2
97	Fourchaud, d.	103	29 Fou , m.	218
98	Fourches (les), d.	2	30 Fradins (les), d.	113
99	Four du Renard (le), d.	10	31 Fradonnière, vge.	44
5900	Fourillat, d.	116	32 Fragne, ch.	303
1	Fourreaux, d.	30	33 Fragne (la croix de), h.	303
2	Fourreaux (les petits), d.	217	34 Fragne (la plante de), h.	109
3	FOURILLES, vge.	116	35 Fragni, d.	262
4	Fourilles (le château de), h. et ch.	116	36 Fragni (le grand), vge.	103
5	Fourillette, h.	113	37 Fragni (le petit), l.	103
6	Fourillon, l.	40	38 Fragnons (les).	189
7	Fourmières (les), vge.	162		

5939	Fraisonnerie (la), l.	129	
40	Franchaise (le grand), d.	212	
41	Franchaise (le petit), d.	212	
42	FRANCHESSE, vgo.	117	
43	Franchises (les), vgo.	10	
44	Francillons (les), l.	172	
45	Francs (les), l.	11	
46	Franière (la), h.	170	
47	Frati, h.	209	
48	Frayots (les), h.	11	
49	Frechets (les), f.	23	
50	Frechets (les), h.	202	
51	Frechets (les), d.	271	
52	Frédemont, d.	75	
53	Frédefont, vgo.	162	
54	Frédeville, d.	203	
55	Frédor, l.	54	
56	Frédor, l.	169	
57	Fregontat, f.	129	
58	Frelets (les), l.	126	
59	Frelines, vgo.	161	
60	Frelingants (les), l.	272	
61	Frémagnet, d.	126	
62	Fréminet, h.	174	
63	Frémont (le grand), l.	204	
64	Frémont (le petit), d.	204	
65	Frêne (le), d.	56	
66	Frêne (le), l.	90	
67	Frêne (le), l.	114	
68	Frêne (le), d.	101	
69	Frêne (le), l.	174	
70	Frêne (le), d.	181	
71	Frêne (le), f.	102	
5972	Frêne (le), d.	275	
73	Frêne (le), l.	296	
74	Frênes (les), d.	312	
75	Frenières (les), d.	198	
76	Frenière (le grand), f. u. t.	311	
77	Frenière (le petit), l.	311	
78	Frérets (les), d.	102	
79	Fretaise, d.	214	
80	Fréti, h.	158	
81	Frétière, f. et l.	248	
82	Frétille (la), f.	277	
83	Friand, l.	32	
84	Fribourg (le), d.	201	
85	Frilles (les), m.	127	
86	Frimbaude (la), l.	102	
87	Fringalon, f.	91	
88	Frin Galon (Croix).	234	
89	Frobert, h.	64	
90	Frobert (les bruyères), d.	64	
91	Froid (le), d.	132	
92	Froid (le), h.	234	
93	Froidefont, l.	85	
94	Froidequeue, d.	97	
95	Fromental, l.	16	
96	Fromentalais, d.	107	
97	Fromenteau (le), l.	12	
98	Fromenteau (le), f.	41	
99	Fromenteau, d.	145	
6000	Fromenteau, l.	216	
1	Fromenteau (le), d.	216	
2	Fromenteau (le), d.	248	
3	Fromenteau ch. d. et m.	283	

6004 Frontenat, vge.	5	6013 Fumat (le), d.	150
5 Frontenot, vge.	214	14 Fumerelle (la), l.	18
6 Froumesat, d.	309	15 Fumerelles (les), vig.	195
7 Froux, m.	9	16 Fumets (les), d.	163
8 Fublène, d.	110	17 Fumouse (la), h.	160
9 Fublène, l.	303	18 Fumoux (le), vge.	113
10 Fugeasso (la), f.	52	19 Furgère, l.	152
11 Fugerins (les), d.	136	20 Furot, d.	203
12 Fulminais (les), d.	10	21 Fusonnière, l.	56

G

0022 Gabelle (la), f.	217	6042 Gadet, h.	132
23 Gabets (les), d.	39	43 Gadet, d.	227
24 Gabets (les), h.	278	44 Gadet (loge), d.	132
25 Gabias (les), d.	07	45 Gadin, ch.	200
26 Gabisse (la), m. et d.	56	46 Gadodière, d.	117
27 Gabisse (la), h.	82	47 Gadon, d.	117
28 Gabliers (les), f.	289	48 Gadon (loge), l.	103
29 Gaboterie (la), d.	218	49 Gadot, l.	103
30 Gabouillat (le), d.	69	50 Gagères (les), d.	39
31 Gabouillat (le), l.	199	51 Gagle (la), l.	31
32 Gabouillat (le), l.	288	52 Gagne (la), l.	215
33 Gabrat, m.	305	53 Gagne-pain, d.	230
34 Gabriats (les), d.	270	54 Gagnères (les), d.	155
35 Gâchat (le), h.	219	55 Gagneux, d.	00
36 Gâchons (les), d.	220	56 Gagnol, d.	81
37 Gâcon, l.	138	57 Gagnolle, l.	120
38 Gâcons (les), d.	33	58 Gagnon, h.	6
39 Gâcons (les), l.	166	59 Gagot, d.	132
40 Gâcons (les), vge.	169	60 Gaillante (la), l.	209
41 Gadeau (le champ), l.	211	61 Gaillard, ch. et f.	27

6062 Gaillard, h.	10	6096 Gallet, d.	103
63 Gaillard, h.	106	97 Gallets (les), d.	90
64 Gaillardin, d.	236	98 Galloire, d.	122
65 Gaillards (les), d.	100	99 Gallot, l.	77
66 Gaillards (les), d.	231	6100 Galmins (les), h.	226
67 Gaillards (les), d.	262	1 Galop, d.	2
68 Gaillauds (les), l.	299	2 Galop, l.	171
69 Gaille (la), h.	6	3 Galopier, f.	39
70 Gaille (la), h.	17	4 Gamachons (les), d.	50
71 Gaillots (les), d.	41	5 Gamins (les), d.	173
72 Gaillots (les), d.	221	6 Gances (les), l.	18
73 Gailloux, d.	119	7 Gance Sabot, d.	18
74 Gailloux, m. d'écl.	119	8 Ganches de Vivant	
75 Gaise (la), d.	36	(les), d.	61
76 Gaise (la), d.	46	9 Gandeboeuf, m.	291
77 Gaise (la), l.	67	10 Gandins (les), d.	68
78 Gaisier (le), d.	21	11 Gandins (les), f.	233
79 Gaises (les), d.	102	12 Gandoings (les), d.	93
80 Gaissiers (les), l.	273	13 Gandoux, vgne.	99
81 Gaitalon, m. et l.	217	14 Gâne (la), l.	101
82 Gaité (la), l.	126	15 Gâne (la), d.	221
83 Galais (les), d.	11	16 Gâne (la), d.	267
84 Galais, d.	25	17 Gâne (la), d.	276
85 Galanderie (la), l.	216	18 Gâne Battereau (la), l.	101
86 Galandière (la), h.	112	19 GANNAI-SUR-LOIRE, vgo.	119
87 Galands (les), l.	61	20 Gannai (le grand), d.	119
88 Galands (les), f.	90	21 GANNAT, ville.	118
89 Galands (les), h.	225	22 Ganne (la), h.	60
90 Galards (les), d.	129	23 Ganne (la), h.	73
91 Galerie (la), l.	129	24 Ganne (la), l.	273
92 Galerauds (les), h.	35	25 Ganne (la), f.	275
93 Galetas (le), l.	266	26 Gannes (les), d.	105
94 Galette (la), l.	110	27 Gannes (les), l.	112
95 Gallet (le), m.	70	28 Ganon, l.	212

6129	Garandoux (le), l.	167	6162	Garderie (la), l.	283
30	Garandoux, d.	211	63	Gardes (les), mais. is.	217
31	Garanjoux, l.	272	64	Gardes (les), h.	231
32	Garanjoux (Barrière de), l.	272	65	Gardes (les), l.	294
33	Garauds (les), d.	21	66	Gardette (la), d.	70
34	Garauds (les), d.	51	67	Gardette (la), d.	86
35	Garauds (les), l.	129	68	Gardette (la), h.	246
36	Garauds (les), d.	143	69	Gardinière (la), h.	65
37	Garbois, d.	231	70	Gardins, d. et ch.	23
38	Garbois, l.	293	71	Gare (la), éc.	147
39	Garceaux (les), d.	83	72	Gare (la), ec.	231
40	Gard.	169	73	Gare (la), h.	231
41	Gardablat (le), d.	300	74	Gare (la), ec.	255
42	Gardais (les), d.	70	75	Gare (la), b.	289
43	Gardais, d.	90	76	Garenne (la), d.	37
44	Garde (la), d.	45	77	Garenne (la), f.	46
45	Garde (la), h.	90	78	Garenne (la), d.	69
46	Garde (la), h.	103	79	Garenne (la), d.	102
47	Garde (la), l.	136	80	Garenne (la), d.	151
48	Garde (la), h.	139	81	Garenne (la), l.	163
49	Garde (la), d.	140	82	Garenne (la), h.	177
50	Garde (la), l.	193	83	Garenne (la), vgne.	179
51	Garde (la), l.	216	84	Garenne (la), l.	192
52	Garde (la), d.	263	85	Garenne (la), d.	202
53	Garde (la), d.	279	86	Garenne (la grande), d.	293
54	Garde (la), d.	280	87	Garenne (la petite), d.	205
55	Garde (la), h.	291	88	Garennes (les), d.	62
56	Garde (la), d.	307	89	Garennes (les), d.	103
57	Garde de Malicorne, d.	282	90	Garennes (les), l.	174
58	Garde d'en bas (la), d.	267	91	Garennes (les), ch. et m.	305
59	Garde d'en haut (la), d.	267	92	Garennes (les grandes), d.	81
60	Garde du milieu (la), d.	267	93	Garennes (les petites), h.	81
61	Garderie (la), l.	100			

6191	Garet (le), d.	6	
93	Garet (le), d.	51	
96	Garet (le), d.	113	
97	Garets (les),	310	
98	Gargots (les), h. et m.	127	
99	Garle (la), d.	148	
6200	Garmin, d.	136	
1	GARNAT, vge.	120	
2	Garnaudes (les), vig.	38	
3	Garne (la), l.	31	
4	Garne (la), h.	163	
5	Garnes (les), l.	293	
6	Garnier, d.	2	
7	Garnier, d.	61	
8	Garnier, d.	160	
9	Garnière (la), f.	122	
10	Garrets (les), d.	203	
11	Gasards (les), f.	312	
12	Gascogne, h.	193	
13	Gasée (la), d.	316	
14	Gaseriers (les), f.	273	
15	Gasière, d.	129	
16	Gasillan, d.	132	
17	Gasinat, d.	232	
18	Gasons (les), d.	192	
19	Gasse (la), l.	221	
20	Gasse (la), l.	239	
21	Gassouillat, l.	262	
22	Gat (le), d.	20	
23	Gat (le), l.	30	
24	Gat (le), l.	50	
25	Gat (le), d.	145	
26	Gat (le), d.	267	
27	Gâte (la), d.	132	
6228	Gâte (la petite), l.	132	
29	Gâteaux (les), d.	13	
30	Gâteaux (les), vig.	23	
31	Gâteaux (rue des), l.	46	
32	Gâtelière (la), d.	247	
33	Gâtelières (les), d.	129	
34	Gâteliers (les grands), d.	101	
35	Gâteliers (les petits), d.	101	
36	Gâtepays, d.	88	
37	Gatets (les), l.	33	
38	Gatière, d.	221	
39	Gatinat (le), l.	150	
40	Gatinets (les), h.	273	
41	Gâtions, l.	164	
42	Gatœil, m.	126	
43	Gats (les), vge.	189	
44	Gaucher, m.	6	
45	Gauchers (les), f.	287	
46	Gaudets (les), d. et ch.	23	
47	Gaudière (la), h.	184	
48	Gaudin, d.	74	
49	Gaudinière, m. et d.	103	
50	Gaudions (les), h.	198	
51	Gaudons (les grands), vge.	249	
52	Gaudons (les petits), d.	249	
53	Gauds (les), h.	184	
54	Gaugnaux, d.	212	
55	Gauguière (la), d.	303	
56	Gaule (la), d.	293	
57	Gaulme, l.	270	
58	Gaumes (les), d.	117	
59	Gaules (les), f.	226	
60	Gaulnins (les), f.	34	

7

6261	Gaulmins (les, d.	174	6295	Gelines (les), l.	232
62	Gaumas (les), d.	90	96	Gelinière, d.	129
63	Gaumat (le), d.	212	97	Genat, ch. ruiné.	93
64	Gaunats (les), l.	129	98	Gençai, l.	46
65	Gaupie (la), l.	31	99	Gençai, vge.	279
66	Gausses (les), h.	207	6300	Gençai (vieux), f.	279
67	Gaut, l.	22	1	Gendards (les), d.	262
68	Gautiers (les), l.	61	2	Gendelins (les), d.	280
69	Gautiers (les), l.	121	3	Gendins (les), d.	55
70	Gautiers (les), d.	166	4	Gendrats (les), vig.	127
71	Gauthier (loge), l.	262	5	Gendumet (les), mét.	226
72	Gauthière (la), d.	46	6	Génebrière (la), f.	5
73	Gauthiers (les), h.	80	7	Génebrière (la), h.	99
74	Gauthiers (les), d.	175	8	Génebrière (la), h.	127
75	Gautrinière, h.	31	9	Génépicochon, d.	203
76	Gauvin, h.	93	10	Generie (la), l.	61
77	Gauvins, (les)	211	11	Genéron, d.	31
78	Gavot, h. d. et m.	220	12	Geneste (la), d.	128
79	Gavots, (les), d.	3	13	Genestes (les), l.	8
80	Gayauds (les), d.	192	14	Genestrolles (les), d.	303
81	Gayère, d.	196	15	Genet, d.	314
82	Gayet (l'arbre), h.	102	16	Génetais (les), l.	94
83	Gayette, h. et hosp.	182	17	Génetais, l.	120
84	Gayot, l.	202	18	Génetais (les), ch. et h.	150
85	Gayots (les), d.	81	19	Génetaux, (les), l.	107
86	Gayots (les), h.	171	20	Genête (la), l.	6
87	Gayotte, l.	230	21	Genétrion, d.	168
88	Gayottes (les), d.	2	22	Genets (les), d.	102
89	Geai (le), d.	137	23	Genets (les), vge.	285
90	Geai (le), d.	217	24	Genettes (les), d.	108
91	Geais (les), m.	6	25	Genetu, l.	6
92	Geais (les grands), d.	271	26	Genève (la rue), h.	14
93	Geais (les petits), d.	271	27	Genève, h.	116
94	Gelé (lieu), l.	150	28	Genévrier (le), h.	199

6329 Genévriers (les), vge.	115
30 Genévriers (les), d.	157
31 Genévriers (les), d.	217
32 Genévriers (les), f.	278
33 Genévriers (les loges), h.	120
34 Géni, l.	74
35 Génicots (les), l.	1
36 Genièvre, l.	12
37 Génins (les), h.	69
38 Genivres (les), l.	31
39 Genivres (les), d.	117
40 Genivres (les), l.	272
41 GENNETINES, vge.	121
42 Gennetines, vge.	248
43 Génois (les), l.	219
44 Genroux de la Prée (les) d.	119
45 Genroux du Regon (les), d.	119
GENZAT, vge, voy. JENZAT.	134
46 Gens du pou (les), h.	209
47 Gent (la), d.	10
48 Gentes (les), d	261
49 Gentets (les), d.	231
50 Genthiaux (les), vge.	203
51 Genthomas (les), d.	257
52 Gentil, h.	160
53 Geoffroy, d.	239
54 Georgeons (les), d.	148
55 Georges (les), d.	176
56 Georges (les), l.	223
57 Georges (les), l.	237
6358 Georges (les), h.	262
59 Georges (les), d.	232
60 Georges (les), h.	309
61 Géranton, h.	6
62 Géranton, h.	40
63 Gérauds (les), d.	61
64 Gerbaud, d. et l.	17
65 Gerbaud, d.	202
66 Gerbes (les), h.	255
67 Gerbille, d.	202
68 Gerbillers (les), d.	32
69 Gerbillers (les), d.	286
70 Gerbon, h.	152
71 Gerbottes (les), h.	90
72 Gerboulon, h.	256
73 Germains (les), d.	56
74 Germains (les), f.	112
75 Germains (les), d.	207
76 Germini, d.	216
77 Gervais (les), d.	23
78 Gibbe (grand'), d.	138
79 Gibbe (petit), l.	138
80 Gibbes, d.	101
81 Gibias (pré), vge.	28
82 Gibon (moulin), l.	309
83 Gibons (les), vig.	23
84 Gibourets (les), d.	223
85 Gibourets (les), d.	243
86 Gidon, l.	17
87 Gièse (basse), d.	113
88 Gièse (haute), d.	113
89 Gigauts (les), d.	267
90 Gigonges, d.	180
91 Gilberton, d.	174

6392	Gilberts (les), f.	121	
93	Gillardière, d.	281	
94	Gillants (les), h.	231	
95	Gilets (les), d.	157	
96	Gilets (les), d.	180	
97	Gillians (les), d.	173	
98	Gimberts (les), l.	111	
99	Gimel, d.	160	
6400	Ginché (le), vge.	28	
1	Gipci, vge.	122	
2	Gipcière, h.	37	
3	Gipciers (les), t.	25	
4	Giranton, h.	199	
5	Girard, d.	74	
6	Girard, d.	221	
7	Girardière, d.	6	
8	Girardière, d.	220	
9	Girards (les), d.	6	
10	Girards (les), d.	110	
11	Girards (les), d.	191	
12	Giraud (le), d.	4	
13	Giraud, d.	113	
14	Giraud (le ris), l.	299	
15	Giraud de la Garde, d.	206	
16	Giraudeaux (les), d.	71	
17	Girauderie (la), vge.	219	
18	Giraudes (les), h.	269	
19	Giraudet (chez), d.	76	
20	Giraudière, d.	282	
21	Giraudins (les), d.	179	
22	Girauds (les), h.	26	
23	Girauds (les), d.	32	
24	Girauds (les), d.	51	
25	Girauds (les), d.	53	
6426	Girauds (les), h.	69	
27	Girauds (les), h.	153	
28	Girauds (les), d.	222	
29	Girauds (les), d.	262	
30	Girets (les), vge.	131	
31	Gironne, vge.	208	
32	Girouette (la), l.	138	
33	Gisat, h.	50	
34	Gissière, vge.	97	
35	Gitemus, d.	216	
36	Gitenai, d. et m.	209	
37	Givardon, d.	149	
38	GIVARLAIS, vge.	123	
39	Giversat, m. f.	170	
40	Givredi, h.	131	
41	Givrette, vge.	99	
42	Givreuil, d.	25	
43	Givri, ch.	37	
44	Givrillots (les), d.	114	
45	Glabots (les), ch. et d.	14	
46	Glacerie (la), fabrique et vge.	180	
47	Glacière (la), h.	48	
48	Glacière (la), éc.	205	
49	Glacis (le), l.	182	
50	Glafler, l.	160	
51	Glauderie (la), l.	34	
52	Glauds (les), d.	46	
53	Glauds (les), d.	149	
54	Glayeux (le), d.	123	
55	Gléné, ch. d. et m.	4	
56	Gléné, ch. et d.	260	
57	Gobert, d.	316	
58	Gobertière (la), d. et m.	263	

6459	Godcloup, d.	179	
60	Goderie (la), h.	123	
61	Godet, moul.	103	
62	Godet, h.	130	
63	Godet, l.	290	
64	Godets (les), d.	172	
65	Godets (les), l.	301	
66	Godignons (les), h.	123	
67	Godignons (les), f.	163	
68	Godignons (les), d.	301	
69	Godillons (les), d.	18	
70	Godin, d.	315	
71	Godinière (la), d.	40	
72	Godion, l.	62	
73	Godronne (la), f.	130	
74	Goffinerie (la), d.	220	
75	Gognards (les), d.	191	
76	Gognauds (les), d.	203	
77	Gogris (les), d.	31	
78	Goguette, l.	281	
79	Goguin (place), l.	288	
80	Gomberte, h.	67	
81	Gomots (les), vig.	90	
82	Gonard (loge), l.	262	
83	Gondailli, h. ch. et m.	232	
84	Gondeaux (les), ch. et vge.	65	
85	Gondoux (les), d.	85	
86	Gondoux, h.	248	
87	Gonellis (les), d.	168	
88	Gonge (le), d.	11	
89	Gonge (le), ch. et d.	26	
90	Gonge (le), d. et moul.	64	
91	Goninet, d.	103	
6492	Gonnards (les), l.	14
93	Gonneau, d.	103
94	Gonnets (les), d.	138
95	Gonnot, h.	40
96	Gonons (les), d.	61
97	Gontière, l.	129
98	Gontière (la place de), l.	129
99	Gorbat, d.	27
6500	Goriots (les), l.	31
1	Gorgeon (loge), l.	262
2	Gormins (les), l.	68
3	Gorses (les), l.	42
4	Gosinerie, l.	248
5	Gosinière, ch. et d.	279
6	Gosis (les), f. et ch.	99
7	Gosis (les), d.	215
8	Gosse (la), d.	213
9	Gothes (les), d.	151
10	Gothière, f.	129
11	Gots (les), h.	108
12	Gouard, f.	117
13	Gouats (les), d.	124
14	Gouats (les), vig.	233
15	Gouats (les), h.	295
16	Goubelets (les ouches).	4
17	Goubi, d.	236
18	Goubis (les grands), d.	136
19	Goubis (les petits), l.	136
20	Goudonne (la), d.	295
21	Gouëlat, h.	223
22	Gouérands (les), h.	101
23	Gouet, h. et moul.	160
24	Gouets (les), d.	78
25	Gouets (les), d.	108

6326	Gouffats (les), d.	11	
27	Gougeasso (la), l.	40	
28	Gougnaux (les), d.	212	
29	Gougnaux (les), l.	280	
30	Gougnons (les), d.	289	
31	Gouillard, vge.	48	
32	Gouillat (le), h.	91	
33	Gouillat (le), d.	112	
34	Gouillat (le), l.	114	
35	Gouillat (le), d.	318	
36	Gouillat Godin (le), vge.	209	
37	Gouillon, l.	61	
38	Gouillonnière (la), l.	33	
39	Gouillons (les), d.	281	
40	Gouisse, vge.	121	
41	Goujat (le), h.	76	
42	Goujonnat, l.	2	
43	Goulatiers (les), d.	111	
44	Goulenard, l.	221	
45	Goulfroid, f.	166	
46	Goulonnes (les), d.	118	
47	Goumards (les), d.	200	
48	Gounaux (les), h.	107	
49	Gourands (les), d.	72	
50	Gourdonne (la), f.	187	
51	Gourgueil, d.	87	
52	Gourgueil d'en haut, h.	87	
53	Gourinats (les), d.	180	
54	Gourjardière, l.	202	
55	Gourlier, m.	172	
56	Gourliers (les), h.	172	
57	Gourlines (les), d.	13	
58	Gournaire, l.	6	
59	Gournais (les), h.	48	
6360	Gournaudes (les), f.	182	
61	Gournière (la), d.	173	
62	Gournillat, m.	107	
63	Gournillon, d.	17	
64	Gours, d.	18	
65	Cours (louage de), l.	18	
66	Gousolle, d.	19	
67	Gousolle, d.	36	
68	Gousolle, d.	111	
69	Gousolle, l.	318	
70	Goût (le), h.	93	
71	Goutai (le), éc.	217	
72	Goutat (le), d.	279	
73	Goutaudier, h. et moul.	215	
74	Goutelle (la), vge.	313	
75	Goutelles (les), d.	102	
76	Goutet (le), l.	54	
77	Goutet (le), l.	113	
78	Goutet (le), d	169	
79	Goutet (le), ch.	211	
80	Gouts (les), h.	39	
81	Goutte (la), l.	1	
82	Goutte (la), h.	6	
83	Goutte (la), d.	21	
84	Goutte (la), d.	25	
85	Goutte (la), h.	70	
86	Goutte (la), d.	103	
87	Goutte (la), l.	132	
88	Goutte (la), l.	137	
89	Goutte (la), l.	152	
90	Goutte (la), h.	184	
91	Goutte (la), h.	196	
92	Goutte (la), d.	250	
93	Goutte (la), f.	255	

6594 Goutte (la), f.	237
95 Goutte (la), l.	269
96 Goutte (la), f.	278
97 Goutte, d.	303
98 Goutte (la grand), l.	222
99 Goutte (la petite), l.	56
6600 Goutte (la petite), l.	68
1 Goutte au Bé (la), l.	231
2 Goutte Barnier (la), l.	160
3 Goutte Birat (la), l.	222
4 Goutte Bornat (la), l.	236
5 Goutte Bouyet (la), l.	23
6 Goutte Bréda (la), l.	160
7 Goutte Brune (la), d.	233
8 Goutte Chassin, (la), l.	209
9 Goutte de Bord, (la). d.	154
10 Goutte d'Enfer ou du Four (la), h.	48
11 Goutte des Bois (la), l.	203
12 Goutte du Bé (la), l.	113
13 Goutte du Brillet (la), l.	70
14 Goutte du Plex (la), d.	302
15 Goutte du Roc (la), h.	30
16 Goutte Etienne (la), l.	6
17 Goutte Georges (la), h.	200
18 Goutteix (les), h.	301
19 Goutte Jean Surot (la), l.	197
20 Goutte Lambert (la), l.	21
21 Goutte Longue (la), h.	247
22 Goutte Lurot (la), vge.	102
23 Goutte More, h. et d.	181
24 Goutte Morte (la), l.	65
25 Goutte Naisin (la), d.	201
26 Goutte Noire (la), l.	48
6627 Goutte Pion (la), l.	64
28 Gouttereaux (les), h.	138
29 Goutte Ruet (la), d.	137
30 Gouttes (les), l.	14
31 Gouttes (les), d.	43
32 Gouttes, d.	100
33 Gouttes (les), d.	108
34 Gouttes (les), d.	216
35 Gouttes (les), d.	280
36 Gouttes (les), h.	281
37 Gouttes (les), h.	289
38 Gouttes (les), h.	293
39 Gouttes (les grandes), h.	199
40 Gouttes Bouillots (les), d.	23
41 Gouttes Chavées (les), h.	102
42 Goutte Sous (la), d.	142
43 Gouttes Pommier (les), h.	262
44 Gouttière, d.	230
45 Gouttière, d.	318
46 Gouyet, m.	223
47 Gouyets (les), f.	100
48 Govignons (les), l.	2
49 Govignons (les), d.	179
50 Govignons (les), d.	244
51 Govignons (les grands), d.	272
52 Govignons (les petits), d.	272
53 Goyard, h.	247
54 Goyards (les), d.	17
55 Graçai, h.	218
56 Graillère, d. et f.	115

6657 Grammont, d.	91	6688 Grand Maison (la), d.	311
58 Grand Bois, vig.	117	89 Grand Montet (le), d.	77
59 Grand Champ, h.	22	90 Grand Pièce (la), l.	281
60 Grand Champ, l.	30	91 Grand Pré (le poteau du), l.	49
61 Grand Champ, l.	75	92 Grand Puyet (le), d.	260
62 Grand Champ, (le), d.	186	93 Grand Roche, vge.	285
63 Grand Champ (le petit), l.	272	94 Grand Route (la), h.	227
64 Grand Chemin (loc. du).	152	95 Grand Route (la), h.	205
65 Grand Chemin, l.	205	96 Grand Rue (la), h.	144
66 Grand Chemin (la maison du), vig.	283	97 Grand Ruelle (la), d.	270
67 Grand Chemin (le), vge.	318	98 Grands Barras (les), d.	286
68 Grand Cosse (la), l.	167	99 Grands Bois (les), d.	247
69 Grand Croix (la), l.	201	6700 Grands Bosts (les), l.	33
70 Grand Domaine (le), d.	17	1 Grands Bouchons (les), l.	137
71 Grand Domaine (le), d.	91	2 Grands Champs, h.	198
72 Grand Domaine (le), d.	269	3 Grands Champs, l.	281
73 Grand Domaine (le), d.	315	4 Grands Pieds (les), h.	205
74 Grande Maison (la), d.	149	5 Grands Prés (les), d.	49
75 Grand Etang (le), l.	223	6 Grands Prés (les), d.	205
76 Grandets (les), d.	260	7 Grand Val, f.	43
77 Grand Fi, d.	270	8 Grand Val (le), f.	177
78 Grand Font, d.	117	9 Grand Valet, moul.	245
79 Grand Font (la), f.	233	10 Grand Vau, d.	3
80 Grand Four (le), d.	305	11 Grand Vau, d.	85
81 Grand Gour (le), m.	113	12 Grand Vau, moul.	72
82 Grand Grenail, d.	281	13 Grand Vau, d.	127
83 Grand Jau, vig.	99	14 Grand Vau, h.	150
84 Grand Jean, h.	132	15 Grand Vau, l.	281
85 Grand Lieu, h.	103	16 Grand Vent, d.	127
86 Grand Louis, d.	114	17 Grand Village (le), 2 h.	232
87 Grand Maitre (le), l.	64	18 Grand Village (le), h.	234
		19 Grand Village (le), h.	270
		20 Grange (la), l.	8

— 105 —

6721 Grange (la), d. 39
22 Grange (la), l. 46
23 Grange (la), d. 80
24 Grange (la), f. 93
25 Grange (la), h. 156
26 Grange (la), l. 212
27 Grange (la), h. 280
28 Grange (la), d. 283
29 Grange (la), d. 301
30 Grange (la), f. et m. 315
31 Grange (la basse), h. 76
32 Grange (la grande), h. 163
33 Grange (la haute), d. 76
34 Grange au grain (la), d. 307
35 Grange aux Moines (la), d. 272
36 Grange au Prieur (la), d. 156
37 Grange aux Rats (la), d. 180
38 Grange Auroux (la), l. 169
39 Grange Bardin (la), d. 161
40 Grange Bernard (la), d. 6
41 Grange Bourat (la), f. 264
42 Grange Coupée (la), f. 19
43 Grange Dieu (la), d. 272
44 Grange du Bois (la), d. 244
45 Grange du Pré (la), h. 217
46 Grange du Roi (la), d. 208
47 Grange du Theil (la), d. 217
48 Grange Garaud (la), d. 259
49 Grange Girard (la), h. 93
50 Grange Herbin (la), d. 6
51 Grange Neuve (la), d. 16
52 Grange Neuve (la), h. 52

6753 Grange Perrot (la), d. 185
54 Grange Taillarde (la), d. 207
55 Grange Vernet (la), l. 7
56 Grangeons (les), h. 84
57 Grangeons (les), d. 158
58 Grangère (la), d. 102
59 Grangers (les), vig. 25
60 Grangers Monpertuis (les), f. 25
61 Granges (les), d. 18
62 Granges (les), d. et vig. 25
63 Granges (les), d. 70
64 Granges (les), h. 81
65 Granges (les), d. 82
66 Granges (les), d. 86
67 Granges (les), d. 107
68 Granges (les), d. 123
69 Granges (les), h. 128
70 Granges (les), d. 149
71 Granges (les), d. 190
72 Granges (les), d. 230
73 Granges (les), d. et ch. 275
74 Granges (les), d. 279
75 Granges (les), d. 311
76 Granges Gaudions (les), l. 141
77 Granvillier, d. 262
78 Grapperons (les), l. 219
79 Gras (les), d. 231
80 Grasse-Vache, d. 281
81 Grassots (les), h. 280
82 Gratadoux, vge. 281
83 Grateau, d. 235

6784 Gratelet (le), l.	49	6816 Gravette (la), l.	227
85 Gratier, l.	9	17 Gravettes (les), l.	150
86 Gratte bine, h.	234	18 Gravier (le), h.	93
87 Gratte bine, l.	269	19 Gravier, l.	137
88 Gratte Loup, h.	170	20 Gravière (la), d.	36
89 Gratte Loup (les), d.	203	21 Gravière (la), d.	43
90 Gravarre, l.	13	22 Gravière (la), d.	84
91 Gravats (les), d.	170	23 Gravière (la), h.	147
92 Grave (la), l.	103	24 Gravière (la), vge.	235
93 Grave (la), ch. et d.	105	25 Gravière, h.	309
94 Grave (la), h.	258	26 Gravières (les), m. et l.	295
95 Grave (la), ch. et d.	270	27 Graviers (les), d.	204
96 Grave (la), h.	294	28 Gravichons (les), d.	155
97 Gravelle (la), d.	10	29 Gravoches (les), vig.	63
98 Gravelle (la), h.	186	30 Gravoches de Saint-Denis (les), l.	262
99 Graveron (le), h.	23		
6800 Graveron (le), h.	881	31 Gravoins (les), l.	41
1 Graveron (le), d. et m.	269	32 Gravoins (les), d.	169
2 Graveron (le), h.	271	33 Gré (le), d.	164
3 Graverons (les), d.	22	34 Gregoulles (les), h.	4
4 Graves (les), f.	38	35 Greffier, m.	113
5 Graves (les), d. et l.	43	36 Grelat, l.	264
6 Graves (les), l.	63	37 Grelet, l.	156
7 Graves (les), d. et l.	93	38 Grelets (les), d.	143
8 Graves (les), h.	123	39 Grelets (les), f.	235
9 Graves (les), f.	124	40 Grelière (la), h.	148
10 Graves (les), h.	200	41 Grelière (la), h.	199
11 Graves (les), d.	204	42 Grelière (la), f.	217
12 Graves (les), l.	223	43 Greliers (les), d.	262
13 Graves (les), d.	262	44 Grelins (les), h.	245
14 Graves de Fontbenant (les), d.	262	45 Grelliers (les), d.	297
		46 Grenardière (la), d.	290
15 Graves de Saint-Denis (les), d.	262	47 Grenaud, m.	309
		48 Grenaude (la), t.	168

— 107 —

6849	Grenetière (la), d.	46
50	Grehets (les), f.	28
51	Grenets (les petits), l.	28
52	Grenette (la), h.	36
53	Grenier (le grand), d.	184
54	Grenier (le petit), d.	184
55	Grenier, d.	280
56	Greniettes (les), l.	262
57	Grenipille, (la), h.	34
58	Grenons (les), l.	67
59	Grenouillat (le), l.	148
60	Grenouillat (le), l.	174
61	Grenouillat (le), d.	190
62	Grenouille (la), l.	138
63	Grenouillère (la), vig.	109
64	Grenouillères (les), l.	85
65	Grenouilles (les), l.	225
66	Grésat, l.	97
67	Grèses (les), l.	82
68	Greures (les), d.	129
69	Greval, d.	46
70	Grèves (les), l.	83
71	Grèves (les), l.	168
72	Grèves de Corgenai (les), vig.	195
73	Grèves d'en bas (les), l.	83
74	Grèves d'en haut (les), l.	83
75	Gribori, h.	66
76	Gribourittes (les), d.	70
77	Griffé, l.	229
78	Griffet, l.	27
79	Grillats (les), l.	315
80	Grille (la), vig.	94
81	Grille (la), l.	195
6882	Grillère (la), h.	171
83	Grillets (les), d.	11
84	Grillets (les), d.	288
85	Grimaud, h.	6
86	Grimauds (les), d.	296
87	Griotte (la), l.	281
88	Grippet (le), d.	268
89	Gripillons (les), l.	68
90	Gris, m.	190
91	Gris (les), f.	192
92	Gris (les), d.	283
93	Grisiauds d'en bas (les), d.	176
94	Grisiauds d'en haut (les), d.	176
95	Grivats (les), vge.	93
96	Grivaud, d.	172
97	Grivauds (les), d.	204
98	Grivière (la), d.	143
99	Grivière (la), d.	183
6900	Grivolée (la basse), l.	126
1	Grivolée (la haute), vig.	126
2	Grodus, d. et t.	166
3	Groitiers (les), h.	13
4	Grolière (la), d.	129
5	Grolière (la), l.	176
6	Groliers (les), f.	183
7	Gronge, d.	77
8	Grosbois, h.	101
9	Grosbois (le), d.	128
10	Grosbost, l.	168
11	Grosbost, ch. et d.	285
12	Gros Breu (le), l.	232
13	Groseilliers (les), h.	265

6914	Gros Jean, f.	90	6918	Guérauds (les), d.	225
15	Gros Jean, d.	206	49	Guérenne (la), l.	3
16	Gros Loup, l.	237	50	Guérenne (la), h.	163
17	Grosse Pierre (la), l.	109	51	Guéret (le), d.	54
18	Grosse Pierre, l.	218	52	Guéret (le), l.	187
19	Grosse Tête (la), d.	305	53	Guéret (le), d. et l.	206
20	Grottes (les), m.	10	54	Guérets (les), l.	20
21	Groule (le), d.	173	55	Guérets (les), d.	70
22	Groumeniers (les), d.	78	56	Guérichat, l.	77
23	Grousons (les), l.	103	57	Guérignons (les), f.	309
24	Grove (le), l.	160	58	Guérinauds (les), d.	269
25	Gruttai, l.	237	59	Guérinot, d.	103
26	Gué (sur le), h.	46	60	Guérins (les), d.	223
27	Gué Chervet (le), d.	54	61	Guériot, d.	218
28	Gué de St-Blaise (le), d.	40	62	Guérite (la), l.	111
29	Gué de Sault (le), d.	20	63	Guerne, l.	296
30	Gué de Sellat (le), h.	162	64	Guernes (les), l.	237
31	Gué de Sioule (le), d.	81	65	Guerrier, h.	160
32	Guédol, d.	127	66	Gués (les), f.	43
33	Guédonnière (la), h.	202	67	Gués (les), d.	206
34	Guédonnière (la), d.	232	68	Guet (maison du), l.	231
35	Gué du Ponceau (le), l.	293	69	Guet (le grand), d.	283
36	Guégue (le), d.	93	70	Guet (le petit), vig.	283
37	Guélaud, l.	232	71	Guette (la), l.	91
38	Guélo (la), d.	78	72	Gueules (les), d.	272
39	Guélerier, d. h. et m.	181	73	Gueullet (lieu), d.	2
40	Guénanne (la), d.	218	74	Guibœufs (les), vge.	216
41	Guénaudins (les), f.	38	75	Guichardots (les), d.	231
42	Guénégauds (les), d.	250	76	Guichards (les), d.	173
43	Guérande, h.	6	77	Guichards (les), f.	231
44	Guérat (la rue), h.	261	78	Guiche, l.	113
45	Guérats (les), d.	205	79	Guierche (la), ch.	188
46	Guérauds (les), d.	55	80	Guignardière (la), h.	102
47	Guérauds (les), d. et ch.	712	81	Guigne-Chien, d.	232

6082 Guillards (les), d.	157	
83 Guillards (les), 2 d.	288	
84 Guillaud, l.	231	
85 Guillauderie (la), d.	88	
86 Guillaudon, d.	238	
87 Guillaudons (les), f.	2	
88 Guillaumats (les), éc.	207	
89 Guillaume (la maison), l.	281	
90 Guillaumes (les), vig.	90	
91 Guillaumets (les), h.	20	
92 Guillaumets (les), d.	266	
93 Guillaumière (la), d.	97	
94 Guillaumiers (les), h.	115	
95 Guillebauderie (la), d.	282	
96 Guillemin, l.	113	
97 Guilleminats (les), f.	24	
98 Guilleminets (les), d.	237	
99 Guilleminots (les), d.	114	
7000 Guilleminots (les), d.	157	
1 Guilleminotte (la), l.	114	
2 Guillemins (les), d.	192	
3 Guillemins (les), d.	280	
4 Guillemots (les), d.	237	
5 Guillermie (la), h.	113	
6 Guillermière (la), d.	169	
7 Guillermins (les), d.	202	
8 Guillerots (les), d.	231	
9 Guillets (les), d.	260	
10 Guillets (les), d.	281	
11 Guillins (les), h.	76	
12 Guillon, d.	151	
13 Guillon, m.	100	
14 Guillons (les), l.	23	
7015 Guillons (les), d.	231
16 Guillot, h. et m.	48
17 Guillotière (la), vge.	105
18 Guillotière (la), l.	129
19 Guillots (les), d.	44
20 Guillots (les), h.	84
21 Guillots (les), d.	101
22 Guillots (les), l.	149
23 Guillots (les), d.	172
24 Guillots (les), d.	260
25 Guillots (les), d.	280
26 Guilloux (les), m. et h.	168
27 Guinames (les), d.	307
28 Guinard, h.	234
29 Guinards (les), vge	92
30 Guinchoux (le), d.	202
31 Guineberts (les), d.	180
32 Guinetaux (les), l.	203
33 Guinguette (la), d.	64
34 Guinier l.	54
35 Guirodan, l.	40
36 Guiorce (la), d.	23
37 Guis (les), d.	182
38 Guis (les), d.	260
39 Guise (la), h.	227
40 Guitte (la), d.	285
41 Guittonnière, d.	82
42 Guittonnière, d.	216
43 Guittons (les), vge.	31
44 Guittons (les), d.	69
45 Guittons (les), l.	91
46 Guittons (les), d.	237
47 Gutelière (la), h.	247
48 Gutelles (les), d.	160

7049 Guyonnière (la), d. 213
50 Guyonnière (la), d. 237
51 Guyonnins (les), f. 212
52 Guyots (les), l. 170

7053 Guyots (les), d. 170
54 Guyots (les grands), d. 118
55 Guyots (les petits), d. 118

H

7056 Habits (les), d. 31
57 Haies (les), d. 153
58 Haies (les petites), h. 264
59 Haie vive (la), l. 4
60 Halle (la), vge. 79
61 Herbin, m. 64
62 Harpe (l'), h. 7
63 Hasard (le), h. 289
64 Hâte (l'), d. 74
65 Hâtes (les), h. 34
66 Haubois (l'), d. 100
67 Haubrenat (l'), h. 120
68 Haut (l'), h. 106
69 Haut (l'), d. 237
70 Haut Barrieux (le), h. 130
71 Haut des Pierres (le), l. 66
72 Hauterive, d. 100
73 Hauterive, d. 111
74 Hauterive, vge. 125
75 Hauterive, d. 119
76 Hauterive, ch. 231
77 Haute Serre, d. 104
78 Hauteville, f. 293
79 Hay Galart (le), l. 222
80 Haye (l'), l. 11

7081 Hémines (les), d. 267
82 Henri, h. 17
83 Henri, vge. 172
84 Hérards (les), d. 170
85 Hérault (l'), l. 54
86 Héraults (les), d. 112
87 Héraux, d. 132
88 Herbeuf, d. 70
Herculat, vge et moul. roy. Reculat. 285
89 HÉRISSON, vge. 126
90 Hermitage (l'), d. et l. 101
91 Hermitage (l'), l. 231
92 Hermitage (l'), d. 279
93 Héronde (l'), l. 216
94 Herviers (les grands), f. 202
95 Herviers (les petits), d. 202
96 Houle, d. 282
97 Hirondelles (les), l. 212
98 Hirondelles (les), l. 289
99 Histoire (l'), l. 83
7100 Hôpital (l'), d. 18
1 Hôpital (l'), d. 31
2 Hôpital (l'), vig. 37
3 Hôpital (l'). 206

7104	Hôpital (l'), d.	213	7116	Housset (le), ch.	305
5	Hôpital (l'), d.	232	17	Huilerie (l'), l.	89
6	Hôpital (l'), d.	307	18	Huilerie (l'), l.	200
7	Hôpital (l'), l.	315	19	Huillaux, h.	101
8	Hôpital (l'), d.	316	20	Humes, d.	180
9	Hôpitau (l'), l.	129	21	HURIEL, ville.	127
10	Hôpitau (l'), l.	130	22	Hurtains (les), d.	19
11	Hôpitau (l'), h.	186	23	Husardo (l'), d.	175
12	Hormais (les), d. et ch.	271	24	Huttes Bournet (les), b.	156
13	Hôte (l'), d.	263	25	Huttes Saint-Georges (les), d.	156
14	Houillière du Marais (la), h.	49	26	Huvert, d.	138
15	Housinat, d.	141			

I

7127	Ichouni, d.	216	7143	Inodière, d.	85
28	Idogne, h.	107	44	Inodière, m. forest.	218
29	Idogne, ch. et h.	177	45	Invention (l'), l.	168
30	Ins, vge.	123	46	Ipsó, h.	162
31	IGRANDE, b.	129	47	ISEURE,	130
32	Ile de St-Loup, (l') d.	81	48	ISLE, h.	131
33	Iles (les), d.	81	49	Issac, h.	208
34	Iles (les), l.	179	50	Issards (les), h.	6
35	Iles (les), vge.	180	51	Issards (les), ch. et d.	12
36	Imberts (les), d.	202	52	Issarts (les), d.	46
37	Imberts (les), d.	214	53	Issarts (les), h.	56
38	Impôt (l'), f.	289	54	Issarts (les), d.	112
39	Inchats (les), d.	318	55	Issarts (les), h.	128
40	Indren (l'), h.	266	56	Issarts (les), d.	277
41	Infernal (l'), moul.	159	57	Isseroure, h.	54
42	Ingarands (les), d.	126	58	ISSERPENT.	133

J

7159 Jabonnière (la), l. 296
60 Jabots (les), l. 130
61 Jacob, h. 40
62 Jacobs (les), d. 51
63 Jacot, l. 231
64 Jacotte (la), l. 137
65 Jacquards (les), d. 137
66 Jacquelin (la loge), l. 251
67 Jacquelins (les), vig. 63
68 Jacquelins (les), f. 225
69 Jacquelot, m. 127
70 Jacquelots (les), l. 126
71 Jacqueminière (la), l. 31
72 Jacquenerie (la), d. 88
73 Jacques Martin, d. 218
74 Jacquet, l. 6
75 Jacquets (les), vge. 1
76 Jacquets (les), d. 72
77 Jacquets (les), l. 103
78 Jacquets (les), d. 125
79 Jacquets (les), d. 193
80 Jacquets (les), d. 283
81 Jacquinet, d. 313
82 Jacquots (les), d. 101
83 Jacquots (les), d. 225
84 Jactas, vig. 52
85 Jaffère, l. 216
86 Jagat, l. 216
87 Jailles (les), vge. 127
88 Jaillon, d. 40
89 Jaillots (les), d. 72
7190 Jaillots (les), d. 172
91 Jaillots (les), d. 236
92 Jalfretes (les), d. 250
93 Jalet (le), d. 150
94 JALIGNI. 133
95 Jallards (les), h. 73
96 Jalletières (les), d. 251
97 Jallière, d. 12
98 Jallots (les), d. 270
99 Jallus (les), d. 53
7200 Jamais (les), d. 10
1 Jamais (les), d. 86
2 Jambons (les), d. 221
3 Jamet (le), f. 85
4 Jametrie (la), l. 85
5 Jamets (les), d. 239
6 Jandiaux (les), d. 119
7 Jandiaux (les grands), d. 157
8 Jandiaux (les petits), d. 157
9 Jandiots (les), d. 242
10 Jandins (les), f. 283
11 Jandons (les), h. 221
12 Janigons (les), d. 37
13 Jappe Chien, h. 80
14 Jappe Loup, l. 85
15 Jappe Loup, l. 279
16 Jappe Renard, l. 77
17 Jaquelettes (les), l. 32
18 Jaquins (les), h. 301
19 Jarassons (les), h. 5

7220	Jarassons (les), h.	299	7254	Jasons (les), d.	33
21	Jardet, f.	182	55	Jassassières, l.	279
22	Jardet, d.	296	56	Jast, l.	113
23	Jardiers (les), d.	121	57	Jauberts (les), d.	20
24	Jardillais (les), d.	25	58	Jauberts (les), h.	236
25	Jardillat, f.	286	59	Jaud, l.	114
26	Jardilliers (les), vig.	38	60	Jauduns (les), l.	279
27	Jardinats (les), d.	37	61	Jaujonnière, d.	82
28	Jardins (les), l.	82	62	Jaumiers (les), d.	70
29	Jardins (les), m. et vig.	126	63	Jaumiers (les), d.	175
30	Jardins (les), d.	176	64	Jaunais (le), d.	112
31	Jardins (les), l.	222	65	Jaunards (les), vge.	78
32	Jarge, h.	211	66	Jauneras (les), d.	128
33	Jarras (le), d.	215	67	Jaunerie (la), d.	68
	Jarraux (les), h.	85	68	Jaunet (le), h.	221
35	Jarrets (les), d.	105	69	Jaunet (le), vge.	268
36	Jarri, d.	67	70	Jauni, l.	273
37	Jarri, d.	114	71	Jaunières (les), l.	145
38	Jarri, m.	222	72	Jauninin (chez), h.	221
39	Jarri, d.	244	73	Jaux (les), d.	197
40	Jarrie (la), d.	65	74	Jay (lieu), l.	140
41	Jarrie (la), h.	213	75	Jayère, d.	129
42	Jarrie (la), l.	233	76	Jayots de Barrais (les), d.	17
43	Jarrie (la), d.	269	77	Jayots de Bois (les), h.	17
44	Jarrie (la), d.	279	78	Jean (chez), ch.	40
45	Jarrie (la grande), d.	289	79	Jeanbruns (les), d.	20
46	Jarrie (la petite), d.	289	80	Jean Chaud, l.	160
47	Jarrie (la), d.	312	81	Jean Chaume, m.	295
48	Jarries (les), d.	286	82	Jean de Neure, f.	150
49	Jarronnière (la), f.	82	83	Jeandinet, h.	131
50	Jarrots (les), h.	14	84	Jeandoing, m.	318
51	Jarrots (les), d.	149	85	Jeandot, d.	296
52	Jarrots (les), d.	261	86	Jean Durand (les), b.	71
53	Jarrousse (la), r.	174	87	Jean Duret (les), h.	207

8

7288	Jean Mallet (chez), h.	221	
89	Jean Martin, d.	21	
90	Jean Martin, d.	251	
91	Jean Martins (les), h.	116	
92	Jeannettes (les), d.	61	
93	Jeanrai, d.	237	
94	Jeanraquin, l.	188	
95	Jean Roi, d.?	251	
96	Jean Simon, f.	85	
97	Jeu, vge.	31	
98	Jeu, d.	126	
99	Jeu (le), h.	151	
7300	Jeu (le), l. et d.	290	
1	Jeudi, vig.	195	
2	Jeux, d.	266	
3	Jiboterie (la), d.	293	
4	Jigard, h.	77	
5	Jingeon, m.	139	
6	Jobelins (les), d.	188	
7	Jobergère (le grand), d.	168	
8	Jobergère (le petit), d.	168	
9	Jobier, d.	2	
10	Jobignauds, d.	198	
11	Jobins (les), l.	244	
12	Jofarderie (la), l.	293	
13	Joigneaux (les), f.	85	
14	Joigneaux (les), vig.	299	
15	Joinier, l.	12	
16	Jolan, vge.	03	
17	Jolard (les), f.	191	
18	Jolis (les), l.	16	
19	Jolis (les), h.	191	
20	Jolis gars (les), l.	281	
21	Jolivet, d.	308	

7322	Jolivette, d. et vg.	71	
23	Jolivette (la), d.	115	
24	Jollets (les grands), h.	138	
25	Jollets (les petits), d.	138	
26	Jomario (les), l.	49	
27	Jomiers (les), d.	130	
28	Jommesson, h.	31	
29	Jonard, h.	6	
30	Jonard, l.	152	
31	Jonat, l.	195	
32	Jonc (le), l.	32	
33	Jonc (le), l.	298	
34	Jonchard, l.	311	
35	Jonchat (le), d.	85	
36	Jonchats (les), d.	82	
37	Jonchère (le), h.	
38	Jonchère (la grande), f.	37	
39	Jonchère (la petite), vig.	37	
40	Jonchère (la), vge.	111	
41	Jonchère (la), l.	137	
42	Jonchère (la), d.	159	
43	Jonchères (les), h.	51	
44	Jonchères (les), f.	118	
45	Jonchères (les), l.	288	
46	Joncs (les), h.	1	
47	Joncs (les), d.	61	
48	Joncs (les), l.	93	
49	Joncs (les), h.	108	
50	Joncs (les), l.	115	
51	Joncs (les), d.	116	
52	Joncs (les), h.	152	
53	Joncs (les), d. et m.	199	
54	Joncs (les), l.	225	
55	Joncs (les), d.	255	

7356 Jones (les), d.	297	7382 Joyeux (les), f.	233
57 Jones de Brai (les), l.	212	83 Juche (la), ch.	318
58 Jonet, l.	283	84 Juche Milan, l.	214
59 Jonin, d.	6	85 Judas, d.	221
60 Jonin, h.	227	86 Judée, d.	119
61 Jonon, h.	160	87 Judets (les), f.	130
62 Jonon, h.	222	88 Juge (le), l.	222
63 Jonzais, d.	314	89 Juillat, d.	100
64 Jordonnats (les).	284	90 Juillet, d. et étang.	4
65 Jots (les), h.	260	91 Juillet, l.	32
66 Jouanins (les), l.	272	92 Juin, d.	4
67 Jouannets (les), d.	251	93 Juliard, l.	263
68 Jouanon (le), d.	209	94 Juliat, h. et moul.	87
69 Jouards (les), d.	51	95 Julien (la loge), l.	262
70 Jouards (les), d.	192	96 Julienjais (les), l.	205
71 Jouards (les), d.	278	97 Juliens (les), l.	173
72 Joubard, l.	11	98 Juniais (les), f.	312
73 Joubert, h.	6	99 Juniet, vge.	232
74 Joudriers (les), m.	257	7400 Juniet, .m.	232
75 Joules (les), h.	133	1 Jurie (la), t. et m.	222
76 Jourdain, l.	121	2 Jussat, l.	136
77 Jourdioux, d.	220	3 Justice (la), h.	85
78 Jouvidoux, l.	313	4 Justices (les), l.	27
79 Jovidoux (les), h.	293	5 Justices (les), h.	44
80 Joux, d. et m.	214	6 Justices (les).	93
81 Joyats (les), d.	166	7 Justices (les), h.	307

K

7408 Kiriat, m.   118

L

7409	Labourie (le), d.	149	
10	Labouriers (les), d.	137	
11	Labrie, m.	160	
12	Lac (le), h.	30	
13	Lac (le), l.	50	
14	Lac (le), h.	09	
15	Lac (le), l.	117	
16	Lac (le), f.	120	
17	Lac (le), l.	129	
18	Lac (le), f.	150	
19	Lac (le), d.	206	
20	Lac (le), d.	312	
21	Lacets (les), h.	203	
22	Lachamp, l.	45	
23	Lachamp, h.	187	
24	Lachat, l.	199	
25	Lachets (les), f.	168	
26	Ladoux, h.	309	
27	Ladrée, l.	48	
28	Lallias, d.	6	
29	Lallias, h.	48	
30	Lallias, l.	247	
31	Lallias, f.	249	
32	Lamais, vge.	135	
33	Lamens, h.	311	
34	Lançais, h.	148	
35	Lancelotte, h.	96	
36	Lanceron, l.	69	
37	Lanceron, d.	288	
38	Landas (les), l.	253	
39	Landats (les), l.	46	
7440	Lande (la), l.	4	
41	Lande (la), h.	85	
42	Lande (la), d.	161	
43	Lande (la), l.	166	
44	Lande (la), ch.	212	
45	Lande (la), d.	291	
46	Landes (les), l.	31	
47	Landes (les), vig.	52	
48	Landes (les), vgè.	302	
49	Landes (les basses), h.	302	
50	Landes (ét. des).	82	
51	Landes (les), f.	85	
52	Landes (les), l.	145	
53	Landes (les), l.	203	
54	Landes (les), d.	216	
55	Landes (les), d.	217	
56	Landes (les), m. forest.	219	
57	Landes (les), h.	227	
58	Landes (les), m.	253	
59	Landes (les), d.	266	
60	Landes (les), vge.	293	
61	Landes (les), d.	307	
62	Landes blanches (les), m. forest.	35	
63	Landier, l.	132	
64	Landier, d.	190	
65	Landois (l'étang), h.	281	
66	Landonnière, d.	192	
67	Langaudière, f.	241	
68	Langean, l.	223	
69	Langeron, d.	131	

7470	Langeron (le grand), d.	2
71	Langeron (le petit), d.	2
72	LANGI, vge.	136
73	Lanlier, l.	213
74	Larbi, l.	152
75	Lard, d.	227
76	Lardi, m.	223
77	Lares (les), d.	23
78	Larges (les), d.	172
79	Larges (les), h.	205
80	Lari (le), d.	283
81	Larmiers (les), d.	262
82	Lartousat, h.	6
83	Larue (le grand), d.	85
84	Larue (le petit), d.	85
85	Larzat, d.	75
86	Laspière, f.	266
87	Lasset, h.	32
88	Latailles (les), d. et l.	14
89	Latte (la), l.	309
90	Laudemarière, vge.	92
91	Laurent, h.	23
92	Laurent, l.	121
93	Laurent, d.	151
94	Laurents (les), d. et m.	124
95	Laurents (les), h. et m.	209
96	Laurin, d.	88
97	Laurus (les), d.	43
98	Laveaux (les), d.	201
99	Lavin, h.	1
7500	Lavoin, ch. et d.	244
1	Lavoir, l.	62
2	Lazare, h.	289
3	Léchère (la), l.	20
7504	Léchère (la), h.	253
5	Leché, h.	76
6	Lécholle (la), ch.	219
7	Lédi, scierie.	113
8	Léger (la), d.	22
9	Legros (chez), d.	247
10	Leige, f.	62
11	Leige (le grand), d.	150
12	Leige (le petit), d.	150
13	Lenais (les), d.	182
14	LENAX, vge.	137
15	Lenon (les de), l.	137
16	Léon, d.	237
17	Lépaud, ch. et d.	214
18	Lérets (les), h.	69
19	Lérets (les), d.	129
20	Lérets (le grand champ des), d.	179
21	Léri (le), h.	307
22	Lérier, h.	170
23	Leu, vge.	291
24	Leurieux (les), d.	279
25	Leusiau (le), l.	43
26	Lévi, ch.	150
27	Levrault, l.	233
28	Levrette (la), tuil.	126
29	Liabot (le), d.	160
30	Liadot, d.	221
31	Liage, h.	43
32	Liaminerie (la), l.	113
33	Liandais (les), h.	163
34	Liat (le), f.	5
35	Libertrand, h.	106
36	Lichi, d.	119

7537	Licottes (les), d.	46	7571	Lirots (les), d.	2
38	Liencourt (les), l.	32	72	Lisards (les), d.	176
39	Lière (la), l.	194	73	LISOLLE (LA), vge.	141
40	Lière (la), d.	315	74	Lissants (les), f.	84
41	LIEXOLLES, vge.	138	75	Litoux (le village), h.	11
42	Lieutenance (la), h.	36	76	Litre (la), h.	91
43	Lièvre (le), h.	271	77	Litres (les), h.	48
44	Lièvre (le), h.	283	78	Litta, l.	113
45	Lièvres (les), d.	64	79	Livernais, l.	200
46	Lièvres (les), l.	221	80	Livrat, d. et ch.	250
47	Ligne (la), h.	53	81	Livrot (le), d.	165
48	Ligne (la), l.	129	82	Lizat, l.	74
49	LIGNEROLLES, vge.	139	83	Locaterie neuve (la), l.	47
50	Lignier, d.	113	84	Lodde, d.	204
51	Lignier, l.	227	85	Lodde (Bec de), l.	204
52	Lignière, d.	32	86	LODDES, vge.	142
53	Lignière (le grand), d.	285	87	Loddes (les petits), l.	149
54	Lignière (le petit), d.	182	88	Lodu, d.	269
55	Lignières, l.	239	89	Loëre (la), d.	2
56	Lignières, f.	302	90	Loëre (la), f.	312
57	Lignières, h.	316	91	Loëre (la grande), l.	311
58	Ligondais, vig.	52	92	Loëre (la petite), l.	311
59	Ligonnet, d.	64	93	Loir (le), l.	225
60	Limace (la), d.	236	94	Loge (la), l.	12
61	LIMOISE, vge.	140	95	Loge (la), l.	37
62	Limonerie (la), d.	85	96	Loge (la), h.	46
63	Linard, d.	164	97	Loge (la), l.	101
64	Linard, h.	218	98	Loge (la), l.	129
65	Linards (les), f.	38	99	Loge (la), l.	140
66	Lingendes, l.	166	7600	Loge (la), d.	142
67	Lion (le), d.	196	1	Loge (la), l.	153
68	Lion d'Or (le), l.	272	2	Loge (la), l.	160
69	Lionne (la), l.	91	3	Loge (la), l.	237
70	Lions (les), h.	149	4	Loge (la), l.	293

7605	Loge (la), l.	296	7635	Loges (les), l.	52
6	Loge (la), l.	299	36	Loges (les), l.	61
7	Loge (la), h.	303	37	Loges (les), h.	82
8	Loge (la), mais. is.	318	38	Loges (les), l.	84
9	Loge (le champ de la), l.	279	39	Loges (les), d.	86
10	Loge (la grande), d. et vig.	65	40	Loges (les), vge.	98
11	Loge (la petite), d.	237	41	Loges (les), l.	100
12	Loge à Maulat (la), l.	316	42	Loges (les), d.	124
13	Loge Baillon (la), l.	138	43	Loges (les), l.	132
14	Loge Brunet (la), l.	280	44	Loges (les), h.	178
15	Loge Corbet (la), l.	205	45	Loges (les), h.	191
16	Loge de Mars (la), l.	137	46	Loges (les), h.	215
17	Loge du Garde (la), m. forest.	272	47	Loges (les), l.	237
18	Loge Forestier, l.	262	48	Loges (les), h.	251
19	Loge Gaucher (la), l.	237	49	Loges (les), d.	274
20	Loge Gourdon (la), l.	237	50	Loges (les), h.	281
21	Loge Laborde (la), l.	280	51	Loges (les), l.	282
22	Loge Laurier (la), l.	237	52	Loges (les), d.	288
23	Loge Mauvernai (la), d.	237	53	Loges (les), d.	290
24	Loge Mazier (la), l.	237	54	Loges (les), d.	294
25	Loge Meilheurat (la), l.	237	55	Loges (les), d.	297
26	Loge neuve (la), l.	124	56	Loges (les), l.	308
27	Logeons (les), h.	73	57	Loges (les grandes), d.	317
28	Loge Prunier (la), d.	207	58	Loges (les petites), l.	317
29	Logère, tuil. et d.	63	59	Loges Boudeaux (les), l.	205
30	Logère, h. et ch.	179	60	Loges Boutier (les), h.	237
31	Logère, l.	247	61	Loges Coutant (les) h.	237
32	Loges (les), h.	4	62	Loge verte (la), l.	117
33	Loges (les), h.	23	63	Logis (le), ch. et d.	22
34	Loges (les), l.	32	64	Logis (les petits), h.	283
			65	Lombet, l.	55
			66	Lomet, l.	89
			67	Longbost (le), d.	5
			68	Longe (la), vge.	145

7669	Longe, l.	221	7703 Lothier (la), d.	103
70	Longeais (les), d.	25	4 Lotte, l.	223
71	Longe du Bois (la), l.	301	5 Louage, l.	72
72	Longe Prée, d.	192	6 Louage blanc (le), l.	204
73	Longeron, l.	229	7 Louage brulé (le), l.	226
74	Longeron, l.	270	8 Louage de Mesle (le), mét.	226
75	Longerons (les), l.	67	9 Louageries (les), h.	143
76	Longerons (les), f.	80	10 Louatière, l.	34
77	Longevergne, h.	5	11 Loubatière, d.	230
78	Longeville, d.	36	12 Loubière, h.	231
79	Longeville, d.	97	13 Loublères (les), l.	108
80	Longeville, d.	165	14 Louchi-Montfan, vge.	144
81	Longlaigue, h.	68	15 Loue (la), d.	180
82	Longnon, d.	210	16 Loue (la), d.	301
83	Longris (les), d.	49	17 Louis, d.	15
84	Longues Aires, l.	179	18 Louisards (les).	211
85	Longueville, d.	260	19 Louisot (lieu), d.	34
86	Longuichard, vig.	179	20 Loulier, d.	132
87	Longuyon, d.	232	21 Loulière, l.	6
88	Longvé, h.	38	22 Loup (le), vig.	283
89	Lonlère, l.	6	23 Loup (le petit), l.	175
90	Lonzai, d.	29	24 Loup Pendu (le), l.	14
91	Lonzat (le), d.	133	25 Lourdine, l.	27
92	Lonzat (le), vge et ch.	155	26 Lourdi, vge.	302
93	Lonzat, l.	263	27 Louroux-Bourbonnais, vge.	145
94	Lorbert, d.	290	28 Louroux de Beaune, vge.	146
95	Lorette, l.	308	
96	Lorigeons (les), d.	212	
97	Loriges, vge.	143	29 Louroux de Bouble, vge.	147
98	Lorinats (les), f.	253	
99	Lormont, d.	166	30 Louroux Hodement, vge.	148
7700	Lorraine, d.	20	
1	Lorrains (les), d.	237	
2	Lot, f.	29	31 Lourtioux, f.	314

— 181 —

7732 Louteaux (les), d.	16
33 Louteaux (les), ch. et d.	74
34 Louteaux (les), h.	295
35 Louviers (les), d.	205
36 Loyons (les), l.	236
37 Loyons (les).	262
38 Loze, d.	70
39 Lozets (les), d.	36
40 Lubiat, d.	296
41 Lubié, h.	199
42 Luçai, ch.	2
43 Luçai (le petit), d.	2
44 Luçai, moul.	214
45 Lucenai-en-Vallée, d.	121
46 Lucenat, d. et moul.	311
47 Lucots (les), d.	24
48 Lucque (la), d.	241
49 Ludin, d.	106
50 Luminaire (la), l.	129
51 Luminaire (la), l.	216
52 Luminet, h.	6

7753 Luminet (les loges), h.	6
54 Luno (la), d.	33
55 Luno (la), d.	74
56 Luxeau, vge.	149
57 Lunette, d.	78
58 Lurat, d.	39
59 Luratière, d.	311
60 Lurci, vge.	149
61 LURCI-LÉVI, b.	150
62 Lurons (les), d.	39
63 Lusigni, vge.	151
64 Lustière, d.	142
65 Luth (le), anc. ch.	309
66 Lutras (les), h.	221
67 Luzet, h.	128
68 Luzet, d.	147
69 Lyon, moul. et d.	127
70 Lyonnais, l.	150
71 Lyonne, ch.	78
72 Lys (le), d.	38
73 Lys (les), vig.	130

M

7774 Mâchelon (le), h.	187
75 Machuré (loge), l.	262
76 Machuron, l.	90
77 Maçon, d.	152
78 Maçon, h.	227
79 Madard, d.	40
80 Madeleine (louage de), l.	18
81 Madeleine (la), chap.	93

7782 Madeleine (la), h.	100
83 Madeleine (la), vig.	127
84 Madeleine (la), d.	129
85 Madeleine (la), h.	215
86 Madeleine (la), m. f.	282
87 Madets (les), l.	278
88 Ma foi, l.	99
89 Mageons (les), l.	16

7790	Mageons (les).	111	7822 Maillant, h.	40
91	Mageons (les), d.	233	23 Maillards (les), d.	77
92	Magnant, d.	40	24 Maillerie (la), d.	19
93	Magnaud (le), h.	113	25 Maillerie (la), l.	38
94	Magnaud (le), l.	168	26 Maillerie (la).	101
95	Magnaud (le), h.	227	27 Maillerie (la), d.	110
96	Magne, scierie.	113	28 Maillerie (la), us.	111
97	Magnet, d.	82	29 Maillerie (la), moul. et l. 129
98	MAGNET, vge.	152	30 Maillerie (la), moul.	141
99	Magnette, d.	10	31 Maillerie (la), moul.	143
7800	Magni, ch. réserve, d. et tuil.	55	32 Maillerie (la), m. et l.	165
1	Magnier, f.	49	33 Maillerie (la), l.	279
2	Magnier, h. et moul.	160	34 Maillerie (la), f.	312
3	Magnots (les), f.	185	35 Maillerie Brulée (la), moul.	306
4	Magnoux (les), d. et h.	46	36 Maillerie d'Epineuil (la), d.	283
5	Magnoux (le), vge.	103	37 Mailleries (les), h.	39
6	Magnoux (le), d.	218	38 Mailleries (les), l.	46
7	Magnoux, vge.	311	39 Mailleries (les), l.	314
8	Magnoux (les), ch. et vge.	318	40 Maillet (le), f.	102
9	Magotivaud, l.	106	41 Maillet, moul.	127
10	Maguin (la), d.	77	42 MAILLET, vge.	153
11	Mahiton (le), d.	77	43 Maingaux (les), l.	235
12	Mai (le grand), d.	12	44 Mairo (le), l.	77
13	Mai (le petit), d.	12	45 Mais (les), vig.	37
14	Mai (le), d.	18	46 Mais (le), d.	39
15	Mai (chez le), l.	18	47 Maison (la), l.	156
16	Mai (louage du), l.	18	48 Maison, moul.	266
17	Mai (le), h.	71	49 Maison (la grande), l.	63
18	Mai (le), f.	151	50 Maison (la petite), vig.	10
19	Mai (le), d.	174	51 Maison (la petite), f.	118
20	Mai (le), l.	232	52 Maison Alaise (la), l.	51
21	Mai (le), d.	280	53 Maison Blanche (la), l. 15

7854 Maison Blanche (la), l. 10
55 Maison Blanche (la), h. 158
56 Maison Blanche (la), d. 166
57 Maison Blanche, l. 179
58 Maison Neue (la), m. 226
59 Maison Brûlée (la), l. 90
60 Maison Brûlée (la), d. 186
61 Maison Brûlée (la), vig. 195
62 Maison Brûlée (la), d. 205
63 Maison Brûlée (la), l. 269
64 Maison Brûlée (la), l. 279
65 Maison Brûlée (la), d. 307
66 Maison de Plaisance, r. 60
67 Maison du Bois (la), m. is. 155
68 Maison Dubois, quartier. 181
69 Maison du Chemin de fer (la), éc. 314
70 Maison du Roc, l. 23
71 Maison Forest, éc. 235
72 Maison Forestière, hab. de garde, éc. 15
73 Maison Giraud (la), h. 184
74 Maison Jeune (la), l. 2
75 Maison Mathieu (la), d. 166
76 Maisonnette (la), l. 66
77 Maisonnette de la route (la), m. is. 283
78 Maisonnette de la Souche (la), l. 314
79 Maisonnette du Moutier (la), éc. 24
80 Maison Neuve, h. 8

7881 Maison Neuve (la), d. 9
82 Maison Neuve (la), d. 12
83 Maison Neuve (la), l. 13
84 Maison Neuve, l. 15
85 Maison Neuve, l. 17
86 Maison Neuve (la), d. 18
87 Maison Neuve (la), d. 30
88 Maison Neuve (la), l. 31
89 Maison Neuve (la), d. 38
90 Maison Neuve, d. 40
91 Maison Neuve (la), d. 43
92 Maison Neuve (la), l. 46
93 Maison Neuve (la), l. 51
94 Maison Neuve, d. 52
95 Maison Neuve, d. 65
96 Maison Neuve (la), d. 69
97 Maison Neuve (la), d. 74
98 Maison Neuve (la), d. 77
99 Maison Neuve (la), d. 83
7900 Maison Neuve (la), d. 85
1 Maison Neuve (la), l. 97
2 Maison Neuve (la), d. 103
3 Maison Neuve (la), h. 104
4 Maison Neuve (la), l. 114
5 Maison Neuve (la), f. 118
6 Maison Neuve (la), d. 130
7 Maison Neuve, d. 132
8 Maison Neuve, l. 138
9 Maison Neuve, l. 150
10 Maison Neuve (la), l. 160
11 Maison Neuve (la), l. 163
12 Maison Neuve (la), d. 168
13 Maison Neuve (la), h. 171
14 Maison Neuve (la), d. 172

7915 Maison Neuve (la), ch.
et d. 173
16 Maison Neuve, l. 176
17 Maison Neuve (la), l. 179
18 Maison Neuve (la), d. 202
19 Maison Neuve (la), d. 209
20 Maison-Neuve, l. 211
21 Maison-Neuve, d. 221
22 Maison Neuve, h. 222
23 Maison Neuve (la), mét. 226
24 Maison Neuve (la), l. 231
25 Maison Neuve (la), l. 235
26 Maison Neuve (la), ch. 246
27 Maison Neuve (la), l. 247
28 Maison Neuve, l. 248
29 Maison Neuve (la), d. 251
30 Maison Neuve (la), l. 262
31 Maison Neuve (la), d. 262
32 Maison Neuve, l. 269
33 Maison Neuve, l. 270
34 Maison Neuve (la), l. 272
35 Maison Neuve (la), d 281
36 Maison Neuve (la),
vig. 283
37 Maison Neuve, l. 291
38 Maison Neuve (la), l. 296
39 Maison Neuve (la), f. 312
40 Maison Ronde (la), l. 231
41 Maison Rosière (la), l. 166
42 Maison Rouge (la), d. 16
43 Maison Rouge (la), vig. 37
44 Maison Rouge (la), d. 43
45 Maison Rouge (la), l. 50
46 Maison Rouge (la), l. 60

7947 Maison Rouge (la), d. 70
48 Maison Rouge, l. 85
49 Maison Rouge, cc. 93
50 Maison Rouge (la), d. 108
51 Maison Rouge (la), d. 110
52 Maison Rouge (la),
vig. 126
53 Maison Rouge (la), d. 151
54 Maison Rouge (la), h. 153
55 Maison Rouge (la), d. 155
56 Maison Rouge, l. 179
57 Maison Rouge, d. 181
58 Maison Rouge, vig. 195
59 Maison Rouge, l. 202
60 Maison Rouge, l. 229
61 Maison Rouge (la), l. 231
62 Maison Rouge (la), d. 235
63 Maison Rouge (la), d. 263
64 Maison Rouge (la), l. 272
65 Maison Rouge, h. 276
66 Maison Rouge (la), l. 288
67 Maison Rouge (la), l. 306
68 Maisons (les), h. 10
69 Maisons (les), d. 101
70 Maisons (les), d. 257
71 Maisons (les), h. 235
72 Maisons brûlées (les), h. 114
73 Maisons Neuves (les), f. 16
74 Maisons Neuves (les), l. 41
75 Maisons Neuves (les), l. 111
76 Maisons Rouges (les), d. 199
77 Maisons Rouges (les), d. 203
78 Maître, ch. et d. 165
79 Maître Jean (le), d. 119

7980	Maîtres (les), d.	115	
81	Maladerie (la), vig.	261	
82	Maladrerie (la), h.	250	
83	Malakoff, d.	227	
84	Malards (les), vig.	90	
85	Malassis, d.	18	
86	Malatrait, d.	250	
87	Malatret, h.	222	
88	Malavaux (les), l.	93	
89	Malavaux (les Bas), d.	168	
90	Malavaux (les Hauts), d.	168	
91	Mal-bâtie (la), l.	11	
92	Maleforêt, m.	8	
93	Malefosse, d.	164	
94	Malemouche, f.	69	
95	Malenau (grand), d.	74	
96	Malenau (petit), d.	74	
97	Malenauts (les), d.	283	
98	Malengoux, h.	106	
99	Malentrée (la), d.	104	
8000	Malerai, d.	12	
1	Malerée (la), d.	230	
2	Maleret, d.	5	
3	Malet (loge), l.	9	
4	Malet, l.	150	
5	Maletaverne, h.	135	
6	Malette, l.	27	
7	Malettes (les), d.	190	
8	Malfait, l.	90	
9	Malférat, d.	112	
10	Mal garnie (la), h.	47	
11	Mal garnis (les), h.	101	
12	Malechère, d.	82	
13	Malicorne, l.	63	

8014	Malicorne, d.	99	
15	MALICORNE, vge.	151	
16	Malicorne, d.	282	
17	Maline (la), l.	261	
18	Malissats (les), d.	148	
19	Malivain, l.	174	
20	Mallet, l.	311	
21	Mallets (les grands), d.	129	
22	Mallets (les petits), d.	129	
23	Mallets (les), d.	266	
24	Mallochets (les), l.	82	
25	Mallochets (les), d.	148	
26	Mallot, h.	160	
27	Malonière, d.	27	
28	Malouez, d.	280	
29	Maltière, d.	122	
30	Maltière, h.	169	
31	Maltrier, d.	102	
32	Malvas, h.	212	
33	Malvau, d.	53	
34	Malvau (louage), l.	100	
35	Malvau (la tuilerie de).	127	
36	Malvau, d.	151	
37	Malvegniés (les), d.	293	
38	Manche (la), h.	150	
39	Mandais (les), h.	3	
40	Mandets (les), h.	218	
41	Mandot, d.	132	
42	Mandran, h.	127	
43	Mandron (la), l.	60	
44	Manherbe (le petit), d.	256	
45	Mangonnette (la), d.	275	
46	Manillière (la), h.	209	
47	Mans (le), d.	22	

8048 Mansan, h.	54	8080 Maraux (les), d.	152
49 Mansard, l.	160	81 Maraux (les). d.	181
50 Manse (le), d.	186	82 Marca (le), l.	216
51 Mansion, h.	66	83 Marçai, f.	123
52 Manson, d.	77	84 Marçai (le grand), f.	56
53 Manteaux (les), d.	97	85 Marçai (le petit), l.	56
54 Maquins (les), l.	142	86 Marcas (les), vge.	70
55 Maque (la), d.	39	87 Marcassa, l.	111
56 Marais (le), h.	16	88 Marcaterie (la), l.	31
57 Marais (le), h.	10	89 Marceaux (les), d.	20
58 Marais (le), d.	30	90 Marceaux (les), d.	91
59 Marais (le), h.	36	91 Marceaux (les), vge.	102
60 Marais (le), d.	49	92 Marceaux (les), d.	270
61 Marais (le), h.	111	93 Marcelange, ch. et d.	130
62 Marais (le), vig.	123	94 Marcelange, ch. et f.	237
63 Marais (le), l.	170	95 Marcelisons (les), d.	151
64 Marais (le), f.	231	96 Marcenat, h.	58
65 Marais, h.	232	97 MARCENAT-SUR-ALLIER, vge.	155
66 Marais (le), l.	231	98 Marchand, d.	9
67 Marais (les), l.	232	99 Marchandière(le grand) d.	117
68 Marais (le petit), f.	118	8100 Marchandière (le petit), l.	117
69 Marais de la Péras (les), h.	107	1 Marchands (les), h.	73
70 Marais de Leu (le), h.	290	2 Marchands (les), d.	225
71 Marais de Pontratier (les).	59	3 Marchats (les), d.	18
72 Marais des Dinets (le), h.	78	4 Marche (la), d.	60
73 Marais d'Ussel (le), l.	290	5 MARCHE (LA PETITE), vge.	230
74 Marais Lorange, f.	107	6 Marchereaux (les), vig.	272
75 Marandois (les), d.	223	7 Marches (les), vig.	71
76 Maraude (la), d.	314	8 MARCILLAT, b.	156
77 Marauds (les), d.	56	9 Marcofaille, h.	117
78 Maraux (les), d.	63		
79 Maraux (les), h.	146		

8110	Marcoing, d.	190	8143	Marin, moul.	316
11	Marcons (les), d.	121	44	Maringots (les), d.	71
12	Marcots (les), d.	23	45	Mariniers (les), d.	237
13	Marcu, f.	263	46	Marionnats (les), h.	70
14	Mardelle (la), moul.	240	47	MARIOL, vge.	158
15	Mardons (les), d.	151	48	Marioles (les), h.	302
16	Mardoux, d.	32	49	Mariots (les), l.	102
17	Mare (le grand), d.	32	50	Maris (les), d.	117
18	Mare (le vieux), d.	32	51	Marlières (les), h.	80
19	Mare (la), l.	209	52	Marlinat, vge.	298
20	Maréchaude (la), h.	108	53	Marmagne, d.	41
21	Maréchauds (les), h.	33	54	Marmagne, d.	97
22	Maréchauds (les), h.	101	55	Marmenaille, d.	311
23	Maréchauds (les), d.	132	56	Marmenaille (petit), d.	311
24	Maréchauds (les), h.	187	57	Marmettes (les), l.	161
25	Maréchauds (les), l.	192	58	Marmes (les), d.	287
26	Maréchauds Neufs (les), f.	192	59	Marmignolles, vge.	96
			60	Marmin, d.	234
27	Marées (les), d.	153	61	Marminières, l.	12
28	Margeat, f.	117	62	Marminotte, l.	114
29	Margeat, moul.	248	63	Marmont, l.	22
30	Margots (les), h.	105	64	Marmot, moul.	30
31	Margougneaux (les), d.	193	65	Marnat, h.	270
32	Marguilliers (les), h.	149	66	Maron, l.	117
33	Marguillons (les), f.	25	67	Marondière, d.	97
34	Mariancard, d.	213	68	Maronniers (les), h.	183
35	Marias (les), d.	117	69	Marquet, d.	199
36	Mariatte (la), h.	203	70	Marqueterre, étang.	4
37	Maridet (chez), h. et m.	6	71	Marquetous (les), ch. et d.	133
38	Maries (les), f.	38			
39	MARIOXI, vge.	157	72	Marquisat (le), d.	16
40	Marignon, d.	180	73	Marquisat (le), d.	200
41	Marignon, l.	190	8174	Marquisat (le), h.	213
42	Marin, h. et m.	199	75	Mars, d.	121

8176	Marseigne, vge.	133	8209	Martins Blancs (les), f.	84
77	Marsin, h.	46	10	Martis (les), vge.	276
78	Marsin, d.	66	11	Martot, h.	217
79	Marsolle (la), d.	73	12	Martouret, vig.	123
80	Marsolle (la), d.	300	13	Martrai (le), d.	18
81	Marsolles (les), l.	275	14	Martrai (le), l.	213
82	Martel, d.	6	15	Martraud, l.	271
83	Martellière (la), f.	155	16	Marzat, vge et ch.	318
84	Martilli, h.	19	17	Mas (le), m. et d.	6
85	Martilli, d.	311	18	Mas (le), d.	22
86	Martin, h.	6	19	Mas (le), d.	63
87	Martin, d.	11	20	Mas (le), d.	64
88	Martin, h.	152	21	Mas (le), d.	70
89	Martin, l.	202	22	Mas (le), l.	141
90	Martin, d.	222	23	Mas (le), h.	156
91	Martinans (les), h.	106	24	Mas (le), m.	156
92	Martinant, d.	138	25	Mas (le), ch.	208
93	Martinat, d.	90	26	Mas (le), h.	228
94	Martinat, l.	115	27	Mas (le), ch. et d.	276
95	Martinatière (la), d.	115	28	Mas (le), h.	278
96	Martinet, h.	222	29	Mas (le), d.	285
97	Martinets (les), l.	161	30	Mas (le grand), d.	213
98	Martinets (les).	315	31	Mas (le petit), l.	215
99	Martinets Carriaux (les) h.	21	32	Mas (le petit), d.	278
8200	Martinges, vge.	28	33	Mas (les), d.	146
1	Martinière (la), d.	35	34	Mas (les), h.	217
2	Martinière, t.	137	35	Masan, m.	307
3	Martinière, d.	160	36	Masardière, d.	222
4	Martinière (la), d. et m.	199	37	Masbillon (le), d.	117
5	Martinière (la), h.	219	38	Maseau (le), h.	20
6	Martinière, h.	279	39	Maseau (le), d.	253
7	Martins (les), l.	16	40	Maseau (le grand), d.	29
8	Martins (les), l.	101	41	Maseau (le grand), f.	82
			42	Maseau (le petit), d.	29

N°	Nom	Page	N°	Nom	Page
8243	Maseau (le petit), d.	82	8277	Matère, d.	193
44	Maseau (le petit), d.	148	78	Materés (la), ch.	272
45	Maseliers (les), f.	281	79	Materée (la grande), d.	272
46	Maselle, d.	132	80	Materée (la petite), d.	272
47	Masellers (les), l.	80	81	Mathé, d.	9
48	Maserat, vge.	223	82	Mathés (les), d.	18
49	Masère, vge.	162	83	Mathés (les), l.	33
50	Masère, l.	218	84	Mathés (les), d.	121
51	Maserie (la), f.	312	85	Mathiaux (les), d.	260
52	MASERIÉ, vge.	161	86	Mathonats (les), d.	101
53	Mascrolle (la), d.	210	87	Mathonats (les), d.	266
54	Mases (les), d.	112	88	Mathonnière, f.	145
55	Maset (le), h.	106	89	Mathurins (les), d.	297
56	Masières, ch. et f.	39	90	Matichard, h.	113
57	Masières (les), d.	190	91	Matilots (les), f.	312
58	Masioux, h.	113	92	Matinats (les), h.	203
59	Masioux (scierie de), m.	245	93	Matissant, d.	280
60	MASINAT, vge.	162	94	Mativin, l.	199
61	Masolin, l.	40	95	Matonnière, h.	220
62	Masou, l.	6	96	Matras (les), d.	133
63	Massant, l.	76	97	Matras, d.	239
64	Massats (les), d.	237	98	Matrats (les), h.	142
65	Masse, h.	167	99	Mâtres (les), d.	17
66	Masseret, l.	130	8300	Maubette (la), l.	111
67	Masseton, d.	28	1	Mauchalon, h.	187
68	Massin, l.	216	2	Mauchamp, d.	113
69	Masson, l.	247	3	Maugaret, d.	8
70	Massonnats (les), vge.	279	4	Maugaret, m. et l.	54
71	Massonnet, h.	113	5	Maugarnie (la), d.	4
72	Massue (la), d.	173	6	Maugenest, d.	132
73	Matagot (le), d.	103	7	Mauguins (les), d.	71
74	Matelot (chez), h.	6	8	Mauguins (les), d.	192
75	Matelots (les), vig.	25	9	Maumegnots (les), l.	137
76	Matelots (les), d.	264	10	Maupas (le), d.	81

8311 Maupas (le), l.	186
12 Maupas (le), h.	255
13 Maupertuis, d. et ch.	100
14 Maupis (le), l.	16
15 Mauplin, d.	279
16 Maurand (les), d. et l.	216
17 Maurat, h.	171
18 Maurepas, d.	99
19 Maurices (les), l.	33
20 Maurs, d.	197
21 Maussans (les), vge.	42
22 Maussat, moul. et f.	127
23 Mauturat (le), l.	58
24 Mauvais, d.	175
25 Mauvais, d.	251
26 Mauvaise herbe (la), d.	246
27 Mauvais Pas (le), l.	174
28 Mauvais Pas (le), mét.	226
29 Mauvernet, d. et moul.	217
30 Mauvesin, d.	160
31 Mauvésinière, d.	29
32 Mauvet, d.	13
33 Mauvise, d. et h.	68
34 Mauvise, d.	93
35 Maux, l.	174
36 Mayençatte (la), vig.	25
37 Mayençatte (la), f.	90
38 Mayences (les), d.	51
39 Mayet de Biesse (le), l.	213
40 MAYET-D'ÉCOLE (LE), vge.	159
41 MAYET-DE-MONTAGNE (LE), b.	160
42 Mayolet (le), d.	45
8343 Mayots (les), l.	24
44 Mayots (les), d.	63
45 Mayottes (les), d.	237
46 Méage (le), vge.	100
47 Méage (le), ch.	213
48 MEAULNE, vge.	161
49 Méchin (le), moul.	250
50 Méchine (la), d.	272
51 Mechins (les), d.	112
52 Méchins (les), d.	142
53 Meclet (le), f.	235
54 Méclier (le), h.	36
55 Méclier (le), d.	306
56 Mécliers (les), d.	225
57 Megnots (les), f.	137
58 Megnauts (les), f.	214
59 Megnins (les), d.	272
60 Meignée (la), l.	199
61 Meilheurat (les), h.	23
62 Meilheurat (les), d.	101
63 MEILLARD, vge.	161
64 Meillard, d.	213
65 Meillats (les), f.	71
66 Meilleraude (la), d.	227
67 Meillerauds (les), d.	197
68 Meillereux (les), d.	212
69 Meillerin (le), l.	216
70 Meillerots, h.	227
71 MEILLERS, vge.	165
72 Meillets (les), d.	223
73 Melets (les), f.	195
74 Melets (les petits), f.	195
75 Mélissier, l.	176
76 Melleraî, d.	172

8377	Melleret, h.	101	8410	Mérin (le), d.	64
78	Mellier (le), d.	150	11	Méris (les), d.	112
79	Mellière, d.	276	12	Méris (les), d.	113
80	Ménade (la), h.	156	13	Mérite (le), l.	114
81	Ménager, l.	62	14	Merlande (la), d.	39
82	Ménards (les), d.	72	15	Merlande (la), d.	46
83	Ménat, d.	190	16	Merlassière (la), l.	274
84	Ménerolle, f.	273	17	Merlatière (la), d.	46
85	Ménevaux, d.	190	18	Merlatière, d.	117
86	Méniau (le), h.	156	19	Merlaude (la), h.	125
87	Ménichamps (les), d.	305	20	Merlauds (les), h.	278
88	Ménières (les grandes), d.	101	21	Merle (le), d.	6
			22	Merle (le), f.	234
89	Meniers (les), ch. et f.	247	23	Merlerie (la), vge.	79
90	Menitroux (les), d.	127	24	Merlerie (la), d.	128
91	Menus (les), d.	33	25	Merles (les), l.	55
92	Menutons (les), h.	201	26	Merles (les),	102
93	Mérats (les), d.	316	27	Merlière (la), d.	205
94	Mercier, l.	51	28	Merlières (les), f.	119
95	Merciers (les), h.	43	29	Merlin, l.	152
96	Merciers (les grands), d.	114	30	Merlin, d.	109
97	Mercurol, vge.	105	31	Merlins (les), d.	175
98	Merci, vig.	21	32	Merlon, h.	15
99	Merci, vig.	130	33	Merlon, h.	79
8400	MERCI, vge.	166	34	Merlon, l.	80
1	Méri (le), h.	67	35	Merlot, h.	247
2	Méri (le), h.	76	36	Mérolle, l.	122
3	Méri (le), h.	99	37	Merviel (le), h.	156
4	Méri (le), l.	162	38	Mésamblin, h.	150
5	Méri (le), d.	210	39	Mésangi, vge.	207
6	Méri (le), d.	215	40	Meschatin (le grand), d.	272
7	Méri (le), d.	266	41	Meschatin (le petit), d.	272
8	Méri (le), l.	232	42	Mescles, d.	282
9	Mérigat (le), d.	309	43	Mesilles, d.	239

8444	Mesle, f. et moul.	226		8177	Miarte (la), l.	77
45	Meslier (le), d.	129		78	Mi-Bonnet, d.	233
46	MESPLES, vge.	167		79	Mie, f.	302
47	Messagon, d.	151		80	Micand, d.	155
48	Messarges, éc.	165		81	Micaudière, d.	168
49	Messarges, h.	272		82	Micauds (les), l.	18
50	Métairie (la), f.	217		83	Michalet, d	232
51	Métairie (la), d.	254		84	Michards (les), d.	201
52	Métairie basse (la), m. d'éclusier.	188		85	Michauds (les), d.	6
				86	Miche (la), vig.	38
53	Métairie basse (la), l.	291		87	Michées (les), d.	192
54	Métairie haute (la), h.	183		88	Michel Duret, d.	31
55	Métairie Neuve (la), d.	239		89	Michelins (les), d.	85
56	Métairies (les), d.	82		90	Michet (les), h.	146
57	Métairies (les), d.	167		91	Michet, f.	217
58	Méténerie (la), h.	191		92	Michon (le moulin), d.	177
59	Méténerie (la), l.	141		93	Michon (le), moul.	203
60	Méteneries (les), f.	49		94	Michonnats (les), d.	52
61	Météneries (les), l.	257		95	Midi (le), l.	129
62	Météneries (les), l.	289		96	Midi (le), l.	216
63	Méténier, l.	129		97	Midi (le), d.	217
64	Métiers (les), d.	237		98	Miez (les), d.	262
65	Meuble (le), ch.	18		99	Mignance (la), d. et ch.	168
66	Meulières (les), l.	253		8500	Mignance (la), d.	288
67	Meunier (le), d.	64		1	Mignard, v.	113
68	Meunier (le), l.	176		2	Mignauds (les), d.	102
69	Meunier (le), d.	227		3	Mignonnets (les), d.	149
70	Meunière, h.	93		4	Mignons (les), d.	297
71	Meuniers (les), d.	154		5	Mijarnier, d.	175
72	Meuniers (les), d.	260		6	Milandeaux (les), l.	234
73	Meuniers (les), l.	207		7	Milandeux, h.	3
74	Meusi (le), l.	215		8	Milandrant, d.	235
75	Miallet, l.	107		9	Milatière, tuil.	101
76	Miards (les), h.	204		10	Mille hommes, d.	32

8311	Millepertuis, d.	130	8343	Minesert, f.	140
12	Milles (les), d.	12	44	Minets (les), d.	69
13	Millets (les), h.	38	45	Mineurs (les), d.	133
14	Millets (les), d.	72	46	Mingot, f.	122
15	Millets (les), d.	100	47	Mingues (les), l.	55
16	Millets (les), d.	121	48	Minier, h.	64
17	Millets (les), l.	121	49	Minière (la), d.	122
18	Millets (les), tuil.	205	50	Minière (la), l.	311
19	Millets (les), d.	224	51	Miniers (les), ch. d. et m.	247
20	Millets d'en bas (les), d.	250			
21	Millets d'en haut (les), d.	250	52	Minoderie (la), l.	131
22	Millets (les), d. et f.	254	53	Minons (les), d.	150
23	Milliard, h.	264	54	Miques (les), d.	90
24	Milliens (les), d.	297	55	Mirabeau h.	41
25	Milliers (les), d.	280	56	Mirabel, d.	255
26	Millottes (les), l.	34	57	Mirabelles (les), d.	58
27	Mimis (les), h.	236	58	Mirambelle, h.	59
	Mimonerie (la), d. voy. Limonerie (la).	33	59	Miraude, l.	121
			60	Micomps, h.	278
28	Mimorins (les), d.	150	61	Mire (le), d.	43
29	Mimorins (les), d.	192	62	Mirebeau, l.	120
30	Minarde (la), l.	288	63	Mirebeau, ch. et f.	237
31	Minards (les), d.	15	64	Mirebeau, ch. et vge.	303
32	Minards (les), d.	25	65	Mirgois, d.	191
33	Minards (les), d.	51	66	Mirolet, d.	27
34	Minards (les), h.	69	67	Misère (la), l.	87
35	Mindot (lieu), d.	308	68	Miseris (les), d.	100
36	Mine (la), vig.	37	69	Miserolle (la), h.	213
37	Mine (la), h.	102	70	Mistadins (les), l.	69
38	Mine (la), h.	176	71	Mistolles (les), d.	34
39	Mine (la), m. fs.	187	72	Mitier, l.	296
40	Minerai (le), loc.	262	73	Mitiers (les), d.	119
41	Minères, vge.	254	74	Mitiers (les), d.	138
42	Miners, h.	199	75	Mitonnière (la), d.	126

8576	Mitral, d.	131	
77	Mits (les), h.	196	
78	Mitte (la), d.	211	
79	Mivoie (la), d.	116	
80	Mivoie (la), d.	250	
81	Modé, h.	61	
82	Modère, d.	97	
83	Modières (les), d.	313	
84	Moinards (les), d.	45	
85	Moineau, l.	288	
86	Moine (le), l.	23	
87	Moine (le), l.	262	
88	Moine (le), l.	296	
89	Moinerie d'en bas (la), d.	267	
90	Moinerie d'en haut (la), l.	267	
91	Moines (les), h.	137	
92	Moines (les), d.	151	
93	Moines (les), d.	189	
94	Moirat (le), d.	275	
95	Moladier, f.	23	
96	Molanchats (les), d.	61	
97	Molanchats (le tureau des), d.	236	
98	Molard, moul.	27	
99	Molet, d.	119	
8600	Molets (les), l.	272	
1	Molifet, d.	316	
2	MOLINET, vge.	168	
3	Molissards (les), d.	309	
4	Mollard, d.	232	
5	Molle, l.	60	
6	Molle (la rue), h.	61	
7	Molles (les), d.	10	
8608	Molles, l.	113	
9	MOLLES, vge.	169	
10	Molles (les), d.	201	
11	Molles (les), l. et tuil.	225	
12	Mollets (les), f.	29	
13	Momiers (loges), l.	230	
14	Momins (les), d.	106	
15	Monat, l.	113	
16	Monbraux, l.	163	
17	Monceau (le), l.	218	
18	Monceau (le grand), d.	2	
19	Monceau (le petit), d.	2	
20	Monceaux, d.	45	
21	Moncelat, d.	170	
22	Moncelet, l.	46	
23	Monchoix, h.	41	
24	Monciant, h.	40	
25	Monciant, l.	103	
26	Monciau (le), l.	191	
27	Monciau (le), h.	225	
28	Monciau (le grand), d.	31	
29	Monciau (le petit), l.	31	
30	Mondadon, d.	262	
31	Mondelet (le), d.	5	
32	Mondet, d.	4	
33	Mondins (les), d.	23	
34	Mondois, h.	214	
35	Mondri, vge.	97	
36	Mondrugeon, d.	194	
37	MONESTIER, vge.	170	
38	MONÉTAI-SUR-ALLIER, vge.	171	
39	MONÉTAI-SUR-LOIRE, vge.	172	

8640	Mongadon, l.	88	
41	Mon Gardin, d.	36	
42	Mon Gardin, h.	247	
43	Mongon, h.	22	
44	Mongon, ch. et d.	218	
45	Mongoux, d.	72	
46	Monicaud, d.	152	
47	Monimes (les), vig.	193	
48	Monins (les), d.	197	
49	Monins (les), d.	203	
50	Monjai, d.	191	
51	Monjournal, h.	264	
52	Monnaie (la), d.	224	
53	Monnerie (la), d.	237	
54	Monnet (le), d.	68	
55	Monnet, l.	270	
56	Monnet (le), d.	288	
57	Monnets (les), d.	168	
58	Monnets (les), d.	296	
59	Monniers (les), d.	113	
60	Monnins (les), h.	80	
61	Monnins (les), d.	114	
62	Monnot, l.	40	
63	Monots (les), d.	69	
64	Monouses (les), h.	1	
65	Monoux (le), h.	76	
66	Monoyeux (les), d.	157	
67	Mon Plaisir, vig.	37	
68	Mon Plaisir, d.	53	
69	Mon Plaisir, h.	96	
70	Mon Plaisir, l.	100	
71	Mon Plaisir, l.	199	
72	Mon Plaisir, d.	200	
73	Mon Plaisir, l.	230	
8674	Mon Plaisir, d.	262	
75	Mon Plaisir, l.	288	
76	Monpré, l.	18	
77	Monrevoir, l.	299	
78	Mont (le), d.	46	
79	Mont (le), vge.	79	
80	Mont (le), h.	117	
81	Mont (le), h.	120	
82	Mont (le), d. et ch.	129	
83	Mont (le), h.	139	
84	Mont (le), d.	148	
85	Mont (le), h.	151	
86	Mont (le), d.	156	
87	Mont (le), d.	215	
88	Mont (le), ch. et h.	275	
89	Mont (le), d.	277	
90	Mont (le), d.	279	
91	Mont (le), d.	280	
92	Mont (le), d.	285	
93	Mont (le), d.	306	
94	Montagne (chez), d.	32	
95	Montagne (la), l.	237	
96	MONTAIGUET, vge.	173	
97	MONTAIGU-LE-BLIN, vge.	174	
98	Montaigut, h.	83	
99	Montaigut (les), d.	306	
8700	Montais (le), h.	39	
1	Montais (le), h.	99	
2	Montais, vge.	213	
3	Montais (les), d.	259	
4	Montais (les), h.	267	
5	Montalimbert, d.	235	
6	Montaloyer, d.	290	

8707 Montandraud, d.	45	8739 Mont Choisi, f.	73
8 Montanon, h.	41	40 Montclavet (le), l.	186
9 Montaret, d.	272	41 Montclavet, d.	250
10 Montassiégé, d.	190	42 Montcombroux, vge.	176
11 Montat, d.	18	43 Mont Coquier, h.	171
12 Montats (les), vge.	316	44 Mont Corbon, h.	186
13 Montauban, f.	19	45 Mont Coulon, d.	163
14 Montauban, l.	56	46 Mont Courtais, h.	180
15 Montauvin, l.	76	47 Mont Couyoux, h.	106
16 Montavant (le grand), h.	123	48 Montcuin, f.	198
17 Montavant (le petit), h.	123	49 Mont David (le), h.	105
18 Montbarnier, d.	190	50 Monte à Peine, l.	34
19 Montbatterie, moul.	87	51 Monte à Peine, l.	55
20 Montbeugny, vge.	175	52 Monte à Regret, l.	262
21 Montbillon, d.	257	53 Montèche, d.	192
22 Montbrien, f.	131	54 Montée (la), l.	36
23 Montbrient, d.	257	55 Montée (la), f.	38
24 Montbrigon, f.	28	56 Montée (la), h.	46
25 Montbris, d.	129	57 Montée (la), d.	60
26 Montbuisson, l.	74	58 Montée (la), l.	83
27 Montceau, h.	285	59 Montée (la), h.	101
28 Montcel (le), d.	257	60 Montée (la), l.	281
29 Montcenoux, f.	314	61 Montée (la), l.	289
30 Mont Chabris, vge.	79	62 Montée aux Lièvres (la), l.	272
31 Mont Chenin, d.	72	63 Montée des Vignes (la), l.	314
32 Mont Chenin, d.	126	64 Montée du Loup (la), h.	58
33 Mont Chenin, l.	173	65 Montée du Vin (la), d.	64
34 Mont Chenin, l.	199	66 Montée Merlin (la), l.	283
35 Mont Chenin, f.	283	67 Montée Perlris (la), vig.	283
36 Mont Chenins (les), vig.	38	68 Montée Péron (la), vig.	195
37 Mont Chereux, l.	218	69 Montée Rouge (la), l.	218
38 Mont Chevrier, d.	188	70 Montefin, l.	218

8771	Montégut, vig.	193	8803	Montifaut, vig.	261
72	Monteignet, d.	43	4	Montifaut, l.	271
73	MONTEIGNET, vge.	173	5	Montifaut, d.	288
74	Monteil (le), h.	201	6	Montignat, h.	203
75	Monténiers (les), d.	4	7	Montigni, d.	39
76	Monteniers (les), d.	297	8	Montigni, vge.	171
77	Montet (le), d.	6	9	Montigni, d.	190
78	Montet (le), d.	64	10	Montillards (les), d.	151
79	Montet (le), vge.	167	11	MONTILLI, vge.	170
80	Montet (le), h.	214	12	Montinard, l.	14
81	Montet (le), h. et f.	223	13	Montjonnière, d.	235
82	Montet (le), d.	268	14	Mont Jouant, h.	316
83	Montet (le), d. et l.	126	15	Mont Journal, d.	17
84	MONTET-AUX-MOI-		16	Montleau, f.	193
	NES (LE), ville.	178	17	Montlebet, d.	20
85	Montets (les), h.	98	18	Montledoux, d.	175
86	Montfan, f. et m.	144	19	Montliauds (les), d.	312
87	Montfou, d.	121	20	Montlieu, l.	31
88	Montfraichis (les), h.	30	21	Montlieu, h.	277
89	Montfroid, l.	6	22	Montlobier, f.	34
90	Mont gaché, d.	73	23	Mont Loubet, l.	293
91	Mont Gachier, h.	96	24	MONTLUÇON, ville.	180
92	Mont Garnaud, f.	193	25	Montluisant, d.	59
93	Mont Garni, l.	126	26	Montmalard, d.	37
94	Mont Garni, d.	291	27	Mont malin, l	61
95	Mont Gason, d.	157	28	Montmaraud, l.	151
96	Mont Georges, d.	68	29	MONTMARAUD, ville.	181
97	Mont Georges (le pet-		30	Montméraud, d.	206
	tit), h.	68	31	Montmiant, h.	109
98	Montgiffre, d.	101	32	Montmolins, l.	214
99	Mont Gilbert, d.	115	33	Montmorillon, d.	6
8800	Monthomier, d.	86	34	Montmort, d.	223
1	Montifaut, h.	136	35	Montmouche, d.	83
2	Montifaut, d.	163	36	Montmurier, d.	101

8837	Montoldre, b.	182	8871	Morat, d.	131
38	Montolin, h.	286	72	Morats (les), h.	93
39	Monton, vge.	183	73	Morceraud, d.	121
40	Montourmentier, d.	172	74	Moreau, d.	237
41	Montpassé, vge.	63	75	Moreaux (les), h.	11
42	Montpensin, f.	111	76	Moreaux (les), d.	221
43	Montperoux, vge.	230	77	Moreaux (les), d.	51
44	Mont Pertuis, d.	17	78	Moreaux (les), d.	55
45	Mont Pertuis, vge.	36	79	Moreaux (les), d.	121
46	Mont Pertuis, h.	307	80	Moreaux (les), d.	131
47	Mont Plaisant, l.	68	81	Moreaux (les), d.	157
48	Montprefaix, h.	63	82	Moreaux (les), h.	171
49	Mont Robert, vge.	7	83	Morel, vge.	6
50	Mont Roe, l.	7	84	Morel (Pont), d.	6
51	Mont Rocher, d.	101	85	Morel, l.	40
52	Mont Rochet, l.	211	86	Morel, l.	132
53	Mont Rognon, d.	106	87	Morel, m.	217
54	Mont Roi, vge.	52	88	Moreliers (les), d.	133
55	Mont Rousset, h.	112	89	Morelle, moul.	158
56	Mont Rousset, d.	297	90	Morelles (les), f. et ch.	14
57	Montru, l.	172	91	Moret (chez), d.	221
58	Monts (les), d.	138	92	Morets (les), d.	174
59	Monturière (la), h.	279	93	Morets (les), d. et l.	61
60	Montvernet, d.	232	94	Morgat, moul.	11
61	Montvernet, d.	316	95	Moriaud, l.	51
62	Monxvic, b.	181	96	Moriaux (les), d.	280
63	Montvrin, h.	193	97	Moricauds (les), d.	70
64	Moquerie (la), d.	70	98	Morignat, d.	107
65	Morais (les), d.	25	99	Morillons (les), d.	205
66	Morand, vge.	8	8900	Morillons (les), d.	271
67	Morandes (les), h.	49	1	Morillons (les), d.	312
68	Morands (les), d.	13	2	Morin, d.	61
69	Morands (les), d.	86	3	Morin, h.	103
70	Morantins (les), l.	174	4	Morin, h.	272

8905 Morinaux (les), d.	225	
6 Morinerie (la), d.	317	
7 Morinets (les), l.	191	
8 Morins (les), d.	25	
9 Morins (les), f.	63	
10 Morins (les), d.	138	
11 Morins (les), d.	201	
12 Morins (les), d.	250	
13 Morins (les), d.	262	
14 Moriots (les), h.	295	
15 Morises (les).	18	
16 Morises (les), f.	100	
17 Morlands (les), d.	25	
18 Morlat, h.	306	
19 Morlette, l.	68	
20 Morlot, d.	40	
21 Morlot, f.	247	
22 Mornier, d.	160	
23 Mortaret, d.	70	
24 Mortes (les), l.	113	
25 Mortillon, ch. et d.	84	
26 Mortiers (les), l.	69	
27 Mortiers (les), l.	110	
28 Mortiers (les), f.	163	
29 Mortraux (les), d.	271	
30 Morts (les), d.	192	
31 Morvent (le), d.	92	
32 Moselles (les), l.	153	
33 Mosnier, h.	6	
34 Mothe (la), h.	102	
35 Mothe (la), d.	115	
36 Mothe (la), h.	130	
37 Mothe (la), vgne.	139	
38 Mothe (la), d.	147	
8939 Mothe (la), l.	212	
40 Mothe (la), d.	225	
41 Mothe (la), ch. et f.	214	
42 Motte (la), f.	7	
43 Motte (la), d.	11	
44 Motte (la), f.	16	
45 Motte (la), d.	18	
46 Motte (la), m.	21	
47 Motte (la), ch. d. et m.	51	
48 Motte (la), d.	52	
49 Motte (la), d.	63	
50 Motte (la), vig.	71	
51 Motte (la), d.	72	
52 Motte (la), d. et moul.	106	
53 Motte (la), f.	124	
54 Motte (la), vig.	141	
55 Motte (la), d.	148	
56 Motte (la).	152	
57 Motte (la), l.	174	
58 Motte (la), d.	179	
59 Motte (rue de la), vig.	185	
60 Motte (la), l.	233	
61 Motte (la), l.	239	
62 Motte (la), d.	250	
63 Motte (la), d.	270	
64 Motte (la), d.	280	
65 Motte (la), d.	283	
66 Motte (la), h.	296	
67 Motte (la), d.	217	
68 Motte Audin (la), d.	219	
69 Motte aux Morts (la), l.	199	
70 Motte aux Morts (la), l.	234	
71 Motte Bonvin (la), h.	34	
72 Motte Champiat, f.	41	

8973	Motte Chaudron (la), l. 174	9006	Moule (la), d. 149
74	Motte Chési (la), l. 74	7	Moule (le), d. et l. 161
75	Motte Culin (la), l. 93	8	Moulicots (les), l. 51
76	Motte d'Arçon (la), 399	9	Moulin (le), h. 23
77	Motte de Brout (la), d. 41	10	Moulin (le), d. 58
78	Motte Motte (la), d. 40	11	Moulin (le), m. 116
79	Motte Monnet (la), l. 78	12	Moulin (le), l. 145
80	Motte Mourgon (la). 237	13	Moulin (le), d. 173
81	Motte Varenne, l. 2	14	Moulin (le), d. 199
82	Motte-Verger (la), l. 318	15	Moulin (le), d. 225
83	Mottes (les), d. 155	16	Moulin (le), m. 235
84	Mottets (les), d. 119	17	Moulin (le), m. 261
85	Mop, mét. 226	18	Moulin (le grand), l. 46
86	Mouche (la), d. 138	19	Moulin (le petit), l. 112
87	Mouche (la), vig. 230	20	Moulin (le petit), f. 315
88	Mouche à miel (la), l. 10	21	Moulin (le vieux), l. 171
89	Mouchon (paturail), l. 174	22	Moulin à vent (le), h. 93
90	Mouilleaux (les), h. 204	23	Moulin à vent (le), f. 100
91	Mouillère (la), h. 44	24	Moulin à vent (le), l. 129
92	Mouillère (la), d. 46	25	Moulin à vent (le), vig. 130
93	Mouillère (la), f. 117	26	Moulin à vent (le), mét. 237
94	Mouillère (la), d. 294	27	Moulin à vent (le), l. 278
95	Mouillère (la grande), d. 12	28	Moulin Berlet (le), l. 202
96	Mouillère (la petite), d. 12	29	Moulin Boudet (le), d. 108
97	Mouillères (les), d. 34	30	Moulin Brulé (le), m. 26
98	Mouillères (les), d. 145	31	Moulin Brulé (le), l. 34
99	Mouillères (les), d. 229	32	Moulin Brulé (le), l. 44
9000	Mouillères (les), l. 270	33	Moulin Burat (le), h. 263
1	Mouillères, l. 280	34	Moulin Chereux (le), vig. 38
2	Mouillers (les), h. 163	35	Moulin de Fragne (le), l. 29
3	Mouillettes (les), l. 251	36	Moulin de Gris (le), m. 180
4	Moulards (les), d. 106	37	Moulin de la Rivière (le), m. 163
5	Moulauds (les), l. 287		

9038	Moulin de Montvernet, l. 217	9067	Moulin Pérard (le), l. 8
39	Moulin d'en haut (le), m. 158	68	Moulin Pierre (le), l. 113
40	Moulin des Bruyères (le). 131	69	Moulin Pointu (le), d. 73
41	Moulin des Jones (le), l. 284	70	Moulin Prunet (le). 157
42	Moulin des Meniers (le), f. 217	71	Moulin Renaud (le), l. 126
43	Moulin Dieu (le), &c. 50	72	Moulin Renon (le), f. 275
44	Moulin du Bois (le), l. 211	73	Moulins (les), m. 28
45	Moulin du Lion (le), l. 257	74	Moulins (les), m. 40
46	Moulin du Mas (le), h. et m. 163	75	Moulins (les), l. 90
47	Moulin du Milieu (le), m. 14	76	Moulins (les), l. 101
48	Moulin du Pin (le), m. 203	77	Moulins (les), l. 146
49	Moulin du Vent (le), l. 146	78	**MOULINS**, ville. 185
50	Mouline (la), moul. 311	79	Moulins (les), m. 190
51	Moulinet, d. 22	80	Moulins (les), vig. 208
52	Moulin Jolivet (le), loc. 156	81	Moulins (les), d. 250
53	Moulin Masan, l. 42	82	Moulins (les), d. 263
54	Moulin Mercier (le), m. 139	83	Moulins (les), f. 277
55	Moulin Moennal, d. 231	84	Moulins (les), m. et l. 310
56	Moulin Montant (le), l. 18	85	Moulin Vaque (le), d. 295
57	Moulin Néni (le), l. 156	86	Moullois (les), d. 101
58	Moulin Neuf (le), m. 11	87	Mouraille (la), l. 12
59	Moulin Neuf (le), h. 63	88	Mourat (la), d. 211
60	Moulin Neuf (le), l. 97	89	Mourat (la), d. 258
61	Moulin Neuf (le), m. 113	90	Mourgon, m. et l. 152
62	Moulin Neuf (le), m. et l. 137	91	Mousat, l. 34
63	Moulin Neuf (le), m. 223	92	Mouselat, h. 318
64	Moulin Neuf (le), m. 234	93	Mousière, l. 307
65	Moulin Neuf (le), d. 283	94	Mousliene, l. 221
66	Moulin Neuf (le), m. 308	95	Moussais, h. et d. 223
		96	Moussais (le petit), d. 223
		97	Mousse (la), l. 34
		98	Mousse (la), d. 193
		99	Mousseau (le), f. 67
		9100	Mousseau (le), f. 297

9101	Mousseaux (les), d.	186	9124	Mues (les), d.	39
2	Mousseluts (les), f.	102	25	Muette (la), h.	201
3	Mousserin, d.	6	26	Mules (les), l.	75
4	Mousserin, l.	64	27	Murailles (les grandes), d.	110
5	Mousserin, h.	209			
6	Mousset, l.	150	28	Murailles (les petites), d.	110
7	Mousset, f.	164			
8	Mousset, d.	9	29	MURAT, vge.	186
9	Moussets (les), d.	37	30	Murat, h.	263
10	Moussets (les), f.	90	31	Murat (le), d.	273
11	Moussière (la), h.	113	32	Murat, h.	294
12	Moussière (la petite), d.	113	33	Murat, moul.	306
13	Moussin (le), l.	186	34	Muratons (les), h.	82
14	Moussons (les), h.	125	35	Muratons (les), l.	115
15	Moussons (les), d.	220	36	Mures (les), l.	64
16	Moussot, d.	164	37	Mures (les), l.	113
17	Mouiat (le), d.	89	38	Mures (les), d.	136
18	Moutet (le), d.	40	39	Muret, d.	169
19	Moutet (le), d	132	40	Muriers (les), l.	261
20	Moutier (le), f.	21	41	Murs du Temple (les), h.	43
21	Moutier (le), vge.	281	42	Mursin, h.	46
22	Moutiers (les), d.	238	43	Musard, d.	64
23	Mouthière (la), f.	217	44	Mutiaux, l.	60

N

9145	Naconnes (les), h.	231	9151	Nanci, f.	261
46	NADES, vge.	187	52	Nantigni, d.	39
47	Nafour, f.	259	53	Nantilles (les), h.	92
48	Nage (la), h.	52	54	Nantillière, h.	286
49	Nalère, h.	6	55	Nardière, d.	27
50	Naluchets (les), éc.	129	56	Nargout, m.	8

9157	Narses (les), d.	43	
58	Narses (les), l.	169	
59	Narses (les grandes), h.	64	
60	Narses (les grandes), 2 sc.	113	
61	Nasaries (les), h.	17	
62	Nasse (la), m.	41	
63	Nassigni, vge.	188	
64	Nau (la), d.	213	
65	Naubourlin, d.	312	
66	Naudins (les), h.	39	
67	Naudins (les), h.	46	
68	Naudonnière, d.	97	
69	Nauds (les), d.	31	
70	Nauds (les), d.	129	
71	Nauds (les), d.	262	
72	Nauds (les), d.	260	
73	Nauds (les), l.	282	
74	Nauds (les grands), h.	169	
75	Nauds (les petits), d.	169	
76	Naumains (les), d.	55	
77	Nausarin, d.	66	
78	Naute (la), h.	7	
79	Naute (la), f.	208	
80	Nautes (les), h.	152	
81	Naveraux (les), d.	15	
82	Naves, vge.	189	
83	Nebout, l.	65	
84	Néglot, d.	40	
85	Nélie (la), l. h. et sc.	113	
86	Nélin, f.	43	
87	Nêmes (les), d.	65	
88	Nêmes (les), d.	269	
89	Nérart, d.	103	
9190	Nerdre, vge.	190	
91	Nérignet, vge.	19	
92	Néris, ville.	190	
93	Néris, h.	291	
94	Néron, l.	17	
95	Néron, l.	199	
96	Néronde, h.	309	
97	Nérons (les), d.	43	
98	Nerviers (les), h.	220	
99	Nesson (le), d.	132	
9200	Nétais (les), d.	67	
1	Neufonts, vig.	24	
2	Neuglise, f.	24	
3	Neuillets, vig.	25	
4	NEUILLI-EN-DONJON, vge.	191	
5	NEUILLI-LE-RÉAL, b.	192	
6	Neure, vge.	193	
7	Neureux, ch. et d.	150	
8	Neurière, d.	34	
9	Neuréglise, vig.	127	
10	Neuvi, vge.	193	
11	Neuvi (route de), d.	193	
12	Neuvial, vge.	21	
13	Neuville, f.	132	
14	NEUVILLE, vge.	194	
15	Neuville, d.	195	
16	Neuville, d.	221	
17	Neuville, d.	232	
18	Neuville, ch. et d.	276	
19	Nevelle, d.	129	
20	Nevelon, d.	231	
21	Neverdière (le grand), f.	129	

9222	Neverdière (le petit), d.	129	
23	Niagnes (les), d.	87	
24	Nicauds (les), vge.	180	
25	Niclards (les), d.	251	
26	Nicolas, f.	81	
27	Nicolas (chez), f.	237	
28	Nicolet, l.	227	
29	Nid de Geai (le), l.	34	
30	Nid de Merles (le), l.	88	
31	Nières (les), d.	22	
32	Nigauds (les), d.	46	
33	Nigeras, l.	73	
34	Nigotière (la), d.	46	
35	Ninérolle, d.	191	
36	Ninerolle, d.	311	
37	Ninous (les), d.	282	
38	Nioloup, l.	111	
39	NISEROLLES, vge.	196	
40	Nisière (la), l.	15	
41	Nisière (la), d.	11	
42	Nisons, d.	244	
43	Nivière, l.	54	
44	Noailli, m.	92	
45	Noailli, ch. et d.	152	
46	Noblets (les), d.	21	
47	Noblets (les), f.	84	
48	Noblin, l.	308	
49	Noc, vge.	197	
50	Nodonne (la), l.	85	
51	Noël Bois, d.	150	
52	Noire (la), l.	18	
53	Noire Terre, d.	222	
9254	Noirs (les), h.	111	
55	Noisettes (les), f.	244	
56	Noix (les), vig.	63	
57	Noix (les), ch. et d.	90	
58	Noix (les), h.	230	
59	Noix (les), vge.	250	
60	Noix (les), d.	272	
61	Nomard, d.	97	
62	Nomasi, h.	185	
63	Nomont, d.	115	
64	Nonettes (les), d.	257	
65	Nonetton, h.	163	
66	Nord Vent, m.	98	
67	Noriatte (la), l.	85	
68	Noriaux (les), d.	150	
69	Normands (les), d.	288	
70	Notre-Dame des Prés, h.	93	
71	Notre-Dame du Bois de Sou, d.	190	
72	Noue (la), d.	11	
73	Noue (la), d.	205	
74	Noue (la), l. m. is.	226	
75	Nourissats (les), d.	51	
76	Nousilliers (les), d.	314	
77	NOYANT, vge.	197	
78	Noyer, h.	146	
79	Noyer Froid, l.	229	
80	Noyers (les), f.	122	
81	Nulles (les), l.	271	
82	Nusil, vge.	244	
83	Nusil (le grand), d.	244	

O

9284	Obrats (les), d.	51	
85	Odenins (les), d.	21	
86	Odiles (les), vig.	195	
87	Odilons (les), d.	166	
88	Odilons (les), d.	283	
89	Odins (les), h.	291	
90	Odonins (les), mét.	226	
91	Odris (les), h.	91	
92	Oies (les), m.	21	
93	Oies (les), d.	56	
94	Oiseau (l'), h.	238	
95	Oiseau (l'), d.	239	
96	Oiseau (l'), l.	268	
97	Oiseau (le grand), d.	112	
98	Oiseau (le petit), d.	112	
99	Oiseaux (les), d.	223	
9300	Olagnier, d.	160	
1	Olagnons (les), d.	307	
2	Olières (les), d.	113	
3	Olive (l'), h.	100	
4	Omresat, h.	53	
5	Ombre (l'), h.	279	
6	Ombret (l'), d.	137	
7	Opéra (l'), l.	281	
8	Orangerie (l').	91	
9	Orceri (l'), d.	216	
10	Ordins (les), d.	121	
11	Origni, ch. d. et vig.	195	
12	Orillat (l'), d.	232	
13	Oris (les), d.	67	
14	Orléans, d.	113	
9315	Orléat, d.	237	
16	Orme (l'), d.	33	
17	Orme (l'), h.	36	
18	Orme (l'), h.	67	
19	Orme (l'), h.	73	
20	Orme (l'), d.	99	
21	Orme (l'), l.	221	
22	Orme (l'), d.	250	
23	Orme (l'), h.	264	
24	Orme (l'), d.	290	
25	Orme (le coin de l'), d.	289	
26	Orme (la rue de l'), h.	77	
27	Ormes (les grands), d.	213	
28	Ormes (les petits), d.	213	
29	Ormet (l'), d.	292	
30	Ormière (l'), h.	213	
31	Ors (les), m. et l.	317	
32	Orvalet, d.	151	
33	Oscambre (l'), rue et pl.	50	
34	Oserains (les), d.	175	
35	Osières (les), d.	130	
36	Ouche (l'), d.	38	
37	Ouche (l'), f.	82	
38	Ouché (l'), f.	107	
39	Ouche (l'), d.	179	
40	Ouche (l'), vge.	208	
41	Ouche du Bost (l'), h.	181	
42	Ouche Chauvet (l'), d.	142	
43	Ouche Fort (l'), d.	232	
44	Ouches (les), d.	267	

9345	Ouches Auroux (les), h.	20		9356	Oyards (les), l.	149
46	Ouches (les petites), h.	68		57	Oyasse (l'), h.	101
47	Ouche Tirat (l'), ch.	21		58	Oyasse (l'), vge.	195
48	Oudris (les), vge.	231		59	Oyats (les), d.	251
49	Ouille (l'), d.	137		60	Oyon (l'), d.	43
50	Oullières (les), h.	128		61	Oyon (l'), vge.	54
51	Ours (l'), f.	231		62	Oyonne (l'), vig.	195
52	Outre Sioule, h.	105		63	Oyons (l'), d.	202
53	Oyard (l'), d.	158		64	Oyons d'en bas (les), d.	202
54	Oyards (les), vge.	95		65	Oyons d'en haut (les), d.	202
55	Oyards (les), l.	109		66	Ozerolles (les), l.	235

P

9367	Pacages (les), l.	21		9385	Paillards (les), d.	317
68	Pacaudière (la), ch.	35		86	Paillerets (les), d.	51
69	Pacauds, d. et m.	18		87	Paillers (les), h.	272
70	Pacauds (les), d.	38		88	Pailles (faubourg des), h.	129
71	Pacauds (les), vge.	111		89	Paillet, h.	173
72	Pacauds (les petits), h.	111		90	Pailleton (la loge), c.	192
73	Pacauds (les), vge.	201		91	Paillonnaire, f.	91
74	Pacha (le), h.	307		92	Paillots (les), d.	18
75	Paclots (les), d.	121		93	Paillots (les), l.	60
76	Pacotcus (les), d.	281		94	Paillots (les), d.	133
77	Padeliers (les), d. et l.	101		95	Pailloux, d.	119
78	Pagards (les), d.	309		96	Pain (le), l.	129
79	Pagats (les), d.	174		97	Painchaud, l.	117
80	Page (le), d.	150		98	Painfoux, f.	83
81	Pages (les), l.	272		99	Paire (la), l.	129
82	Pagneaux (les), vig.	195		9400	Paire (la), d.	163
83	Pagnons (les), f.	287		1	Paire (la), d.	165
84	Paillanges, l.	31				

9102	Paire (la), d.	315		9136	Pallevesin, d.	300
3	Paires (les grands), h.	56		37	Pallière, l.	31
4	Paires (les petits), d.	56		38	Pallière, h.	197
5	Paires (les), d.	186		39	Pallière (petit), l.	31
6	Paires (les), d.	191		40	Palois (le), l.	199
7	Paires (les), d.	212		41	Palonnière, d.	317
8	Pajan, d.	113		42	Palourdes (les), d.	272
9	Pajer, sc.	113		43	Paltras (les), h.	250
10	Pajot, l.	162		44	Palue (la), h.	30
11	Pal (le), f. et t.	231		45	Paluet, faubourg.	250
12	Palabost, d.	91		46	Pancarte (la), l.	223
13	Palais (le), d.	102		47	Panessière, ch. et d.	121
14	Palais-Royal (le), l.	138		48	Panétrise (la), l.	173
15	Palais (vieux), m. is.	210		49	Panier Siclé (le), l.	150
16	Palancher, l.	130		50	Panloue, h. ch. et f.	130
17	Palansin, d.	266		51	Panloue (la chaume de), vig.	130
18	Palaquins (les).	182				
19	Palayon, d.	41		52	Papelottière, vge.	44
20	Palbost, d.	103		53	Papeterie (la), h.	82
21	Palbost, d.	203		54	Papeterie (la), us.	93
22	Palio (la), l.	205		55	Papeterie (la), us.	301
23	Palissards (les), d.	54		56	Papillonnerie (la), h.	83
24	Palisse (la), h.	148		57	Papillons (les), l.	149
25	Palisse (la), vig.	103		58	Papillons (les), d.	223
26	**PALISSE (LA)**, ville.	199		59	Papillons (les), d.	281
27	Palisse (le grand), d.	188		60	Papon, h.	6
28	Palisse (le petit), d.	188		61	Papon, h.	199
29	Palisserie (la), d.	46		62	Papon, l.	247
30	Pallards (les), d.	210		63	Paponnats (les), d.	260
31	Pallauds (les), d.	86		64	Papote (la), m.	3
32	Palle (la), d.	215		65	Paput (les), h.	8
33	Palle (la), h.	291		66	Paquet, d.	51
34	Palles (les), h.	274		67	Paquette (la), h.	34
35	Palleteau (le), l.	234		68	Paquiers (les), d.	176

9169 Paracot, d. 111
70 Paradis (le), l. 14
71 Paradis (le), l. 27
72 Paradis (le), d. 90
73 Paradis (le), l. 195
74 Paradis (le), l. 200
75 Paradis (le), l. 271
76 Parai, d. 21
77 Parai, f. 52
78 Parai, d. 262
79 Parai, l. 302
80 Parai-le-Frésil, vge. 200
81 Parai-sous-Briailles, vge. 201
82 Parats (les), d. 175
83 Paraudes (les), l. 41
84 Paravis, l. 91
85 Parc (le), d. 15
86 Parc (le), d. 43
87 Parc (le), l. 72
88 Parc (le), l. 101
89 Parc (le), h. 123
90 Parc (le), ch. et d. 130
91 Parc (le), l. 227
92 Parc (le), l. 231
93 Parc (le), f. 273
94 Parc (le), h. 280
95 Parents (les), l. 23
96 Parents (les), f. 237
97 Parents (la croix des), d. 237
98 Paret, d. 42
99 Par hasard, l. 132
9200 Pariauds (les grands), l. 301

9201 Pariauds (les petits), l. 301
2 Parière, l. 192
3 Parillauds (les), d. 102
4 Paris, d. 25
5 Paris, d. 31
6 Paris (petit), h. 199
7 Parisets (les), d. 236
8 Parisets (les), d. 297
9 Parisiens (les), d. 163
10 Parme, d. 43
11 Parochettes (les), h. 118
12 Paroisse (la), h. 27
13 Parot, l. 113
14 Parot, moul. 131
15 Parpaillet, h. 307
16 Parro, vge. 79
17 Part (le), l. 120
18 Parterre (le), d. 113
19 Partho (la), d. 307
20 Parvenus (les), d. 101
21 Parvula, d. 230
22 Pascauds (les), d. 14
23 Pasquis, d. 180
24 Passachère, d. 183
25 Passage (le), l. 111
26 Passage à niveau (le), l. 27
27 Passat, h. et ch. 259
28 Passeau (le), d. 223
29 Passé Colère, d. 130
30 Passe Colère, d. 263
31 Passelière, h. 23
32 Passerin, d. 270
33 Passets (les), d. 117
34 Passets (les petits), l. 117

9535	Passevite, h.	101	
36	Passot, l.	65	
37	Passot, q.	184	
38	Passot, vig.	308	
39	Passou, f.	90	
40	Passou, l.	262	
41	Pastansol, l.	174	
42	Patache (la), l.	27	
43	Patache (la), m.	297	
44	Patin (loge), l.	263	
45	Patins (les), d.	100	
46	Patouillère, l.	4	
47	Patouillet (le), m.	256	
48	Patoux, d.	18	
49	Patoux, h.	100	
50	Patri, f.	193	
51	Patron, d.	247	
52	Patru, d.	46	
53	Paturail (le), vig.	67	
54	Paturail (le), d.	69	
55	Paturail (le), d.	75	
56	Paturail (le), l.	92	
57	Paturail (le), d.	170	
58	Paturail (le), h.	253	
59	Paturail (le vieux), h.	56	
60	Paturaux (les), f.	110	
61	Paturaux (les), h.	217	
62	Paturaux (les), d.	279	
63	Paturaux (les), d.	293	
64	Paula (le), d.	85	
65	Paulette (la), h.	184	
66	Pauliat (le grand), h.	285	
67	Pauliat (le petit), h.	285	
68	Pauline (la), f.	190	
9569	Pauvrets (la), d.	307	
70	Pavé (le).	3	
71	Pavé (le), d.	180	
72	Pavé (le champ du), l.	211	
73	Pavillon (le), d.	11	
74	Pavillon (le), l.	16	
75	Pavillon (le), d. et ch.	23	
76	Pavillon (le), l.	24	
77	Pavillon (le), vig.	25	
78	Pavillon (le), f.	38	
79	Pavillon (le), l.	39	
80	Pavillon (le), m. f.	46	
81	Pavillon (le), d.	51	
82	Pavillon (le), h.	56	
83	Pavillon (le), d.	59	
84	Pavillon (le), h.	64	
85	Pavillon (le), d.	82	
86	Pavillon (le), d.	111	
87	Pavillon (le), l.	114	
88	Pavillon (le), l.	126	
89	Pavillon (le), d.	143	
90	Pavillon (le), ch. et d.	151	
91	Pavillon (le), d.	169	
92	Pavillon (le), l.	173	
93	Pavillon (le), d.	179	
94	Pavillon (le), vig.	193	
95	Pavillon (le), l.	200	
96	Pavillon (le), d.	202	
97	Pavillon (le), l.	219	
98	Pavillon (le petit), d.	219	
99	Pavillon (le), l.	231	
9600	Pavillon (le), d.	237	
1	Pavillon (le), d.	254	
2	Pavillon (le), d.	281	

9603	Pavillon (le), vig.	283	9637	Peilleraux (les), d.	272
4	Pavillon (le), d.	308	38	Peillons (les), l.	61
5	Pavillon d'en bas (le), t.	63	39	Pejaudier, h.	316
6	Pavillon d'en haut (le), l.	63	40	Pejoux (les), h.	69
7	Pariots (les), d.	112	41	Péjoux (les), d.	252
8	Pariots (les), l.	272	42	Pelauds (les), h.	127
9	Pariots (les), h.	296	43	Pelbous, l.	257
10	Péage (le), h.	163	44	Pelets (les), d.	179
11	Péage (le grand), d.	280	45	Pelle (la), f.	190
12	Péager (le), h.	41	46	Pelle-Bise, d.	311
13	Péalneix, l.	210	47	Pellejons (les), d.	90
14	Peau de Rat, d.	117	48	Pellet, l.	137
15	Pêche Audin (la), l.	15	49	Pelletier (chez), d.	33
16	Pêche Balie (la), h.	91	50	Pelletiers (les), d.	18
17	Pêche Cafeton (la), d.	289	51	Pelletiers (les), d.	71
18	Péchenin, h.	275	52	Pellière, d.	12
19	Pêcherie (la), d.	117	53	Pelliers (les), d.	33
20	Pêcherie (la), l.	231	54	Pelloterie (la), d.	219
21	Pêches (les).	113	55	Pelouse (la), d.	250
22	Péchin (le), d.	190	56	Pelouses (les), d.	56
23	Péchin (le), d.	272	57	Penaix (les), d.	307
24	Péchin (le), l.	296	58	Penards (les), h.	222
25	Péchins (les), d.	121	59	Pénaud, h.	261
26	Pécut, h.	122	60	Pencet, d.	268
27	Pégaud, l.	121	61	Penderies (les), h.	4
28	Pégauderie (la), l.	85	62	Pendu (le), d.	46
29	Pégauds (les), h.	80	63	Pendu (le), l.	275
30	Pégut (le), h.	230	64	Pendus (les), h.	95
31	Peiges (les), h.	5	65	Penenciaux (les), d.	41
32	Peignaux (les), d.	85	66	Penneboul, d.	80
33	Peignets (les), d.	193	67	Pennebout, l.	314
34	Peigneurs (les), vge.	200	68	Pennins (les), f.	278
35	Peillo (la), h.	208	69	Penétaux (les), d.	302
36	Peilleaux (les), d.	46	70	Penot (le), l.	186

9671	Pépie (la), d.	26
72	Pépie (la), l.	27
73	Pépie (la), h.	136
74	Pépie (la), l.	138
75	Pépie (la), l.	174
76	Pépie (la), l.	231
77	Pépie (la), vig.	263
78	Pépie (la), h.	295
79	Pépinière (la), d.	129
80	Pépinière (la), l.	218
81	Pépins (les), d.	63
82	Péraclos, vge.	76
83	Pérard, d.	48
84	Pérard, h.	113
85	Pérard, d.	269
86	Pérard, d.	271
87	Pérards (les), h. et m.	8
88	Pérards (les), d.	25
89	Pérards (les), d.	174
90	Pérards (les), h.	226
91	Péras (la), h.	107
92	Pérassier, h. et m.	190
93	Pératons (les), ch. et d.	230
94	Pératons (les), d.	231
95	Perçais (le grand), l.	301
96	Perçais (le petit), d.	301
97	Perçats (les), d.	115
98	Percé, d.	216
99	Perchats (les), h.	282
9700	Perche (la), f.	287
1	Percher (les), d.	147
2	Perches (les), d.	224
3	Perches (les), d.	269
4	Perci, f.	168
9705	Percière, l.	100
6	Percière, l.	270
7	Perçon, d.	117
8	Perdeux, vge.	197
9	Père arse, vge.	48
10	Péreguine, d.	259
11	Pérelle (la), d.	29
12	Pérelle (la), h.	99
13	Pérelle (la), d.	313
14	Père Mathieu, h.	80
15	Père Mathieu, h.	104
16	Pères Bonnets (les), d.	92
17	Pères en Champ (les), l.	12
18	Péret, d.	32
19	Périau (le champ), l.	179
20	Périaux (les), h.	140
21	Périaux (les petits), f.	140
22	Péricard, d.	202
23	Périchet, m.	270
24	Périchon, m. et d.	6
25	Périchon, d.	132
26	Périchon, d.	227
27	Périchons (les), d.	126
28	Périer (chez), b.	4
29	Périère (la), l.	168
30	Pérignats (les), d.	301
31	Périgxi, c.	202
32	Périgons (les), d.	37
33	Périns (les), vig.	272
34	Périot (le), l.	131
35	Périsse, l.	63
36	Périsse, d.	227
37	Perles (les), d.	179
38	Pernelats (les), d.	63

9789	Pernets (les), d.	152		9773	Perré (le), h. et m.	245
40	Pernets (les), d.	173		74	Perreaux (les), d.	65
41	Pernier, h.	46		75	Perrets (les), f.	16
42	Pernier, vge.	312		76	Perrets (les), d.	200
43	Pernière, h.	186		77	Perrets (les), f.	233
44	Pernin, d.	26		78	Perrets (les), d.	296
45	Pernin, d.	221		79	Perrets (louage des), l.	200
46	Pernins (les), d.	23		80	Perriaux (les), d.	18
47	Pernins (les), l.	231		81	Perrière (la), l.	40
48	Pérochans, d.	176		82	Perrière (la), l.	146
49	Péroches (les), d.	311		83	Perrière (la), f.	233
50	Pérodats (les), d.	38		84	Perrin (chez), l.	17
51	Pérogne (le bois de), h.	289		85	Perrin, d.	54
52	Pérolle (la), l.	131		86	Perrin (le), h.	246
53	Pérolles (les), l.	12		87	Perrins (les), d.	4
54	Perolles (les), vge.	118		88	Perrins (les), d.	26
55	Péronne, d.	193		89	Perrins (les grands), d.	14
56	Péronneaux (les), d.	153		90	Perrins (les petits), d.	14
57	Péronnet, d.	152		91	Perron (le), l.	94
58	Péronnins (les).	226		92	Perron (le), h.	38
59	Pérons (les grands), d.	126		93	Perron (le), d.	136
60	Pérons (les petits), vig.	126		94	Perron (le), d.	176
61	Pérotins (les), d.	129		95	Perron (le), f.	312
62	Pérots (les), d.	166		96	Perron (le petit), l.	27
63	Pérotte (la), l.	205		97	Perrons (les), d.	231
64	Péroux (le), d.	169		98	Perrot, d.	40
65	Péroux (le), f.	173		99	Perrots (les), d.	80
66	Péroux, h.	213		9800	Perrots (les grands), d.	202
67	Perrauds (les), h.	45		1	Perrots (les petits), l.	202
68	Perraud, l.	122		2	Perrots de Saint-Révérien (les), d.	297
69	Perraud, f.	217				
70	Perraude (la), h.	163		3	Perrots de Vaumas (les), d.	297
71	Perrauds (les), h.	75				
72	Perrauds (les), d.	301		4	Perrou, d.	60

9805	Perroui, d.	29	9837	Peu (le), h.	139
6	Perroyer (le), d.	98	38	Peu (le), d.	143
7	Persat, vig.	25	39	Peu (le), vig.	171
8	Persenat, h.	16	40	Peu (le), d.	199
9	Pertuis-Grussot (le), d.	132	41	Peu (le), vge.	203
10	Pertuis de Lombre (le), d.	129	42	Peu (le), d.	311
11	Péruseau, d.	311	43	Peu Blanc (le), d.	53
12	Péseriaux (les), d.	25	44	Peu Blanc (le), l.	63
13	Péseriaux (les grands), d.	272	45	Peu Blanc, l.	101
14	Péseriaux (les petits), l.	272	46	Peu Blanc, h.	271
15	Pessiaux (les), d.	172	47	Peu Chenu, d. et l.	53
16	Pessière (la), d.	244	48	Peuchets (les), d.	20
17	Pessis (le), vig.	308	49	Peuchevrier, f.	52
18	Pessonnets (les), ch.	286	50	Peu-de-Bor (le), l.	313
19	Pétard, vge.	77	51	Peu-de-Vaux (le), d.	299
20	Pète-Loup, l.	100	52	Peu-du-Sault (le), d.	208
21	Pète-Loup, d.	151	53	Peufeilloux, f.	294
22	Petiots (les), d.	176	54	Peugère (le vieux), d.	231
23	Pétigni, d.	18	55	Peugère neuf (le), d.	231
24	Petignot, d.	36	56	Peugravier, f.	131
25	Petillons (les), d.	81	57	Peulerat, l.	285
26	Pétillons (les), d.	124	58	Peulet, l.	101
27	Petiot (chez), d.	32	59	Peulins (les), d.	232
28	Petit Champ (au), l.	129	60	Peu long, d.	64
29	Petit Lieu (le), l.	150	61	Peument, h.	256
30	Petit Moulin (le), h.	104	62	Peu-Milan (le), m.	139
31	Petit Pré (le), vig.	94	63	Peu-noir, l.	271
32	Péton (le), d.	10	64	Peu-pelé, d.	216
33	Pétrassin, d.	6	65	Peu-petit, l.	109
34	Petreaux (les), d.	121	66	Peu-plat, h.	230
35	Petrot (le), l	18	67	Peu-rond, d.	164
36	Peu (le), d.	10	68	Peuvet, d.	314
			69	Peux (les), h.	89
			70	Peux (les), d.	173

9871 Peux (les), l. 197
72 Peux (les), h. 230
73 Peux (les), m. is. 285
74 Phalanstère (le), l. 231
75 Philippas (les), d. 212
76 Piade (la), d. 276
77 Pialères (les), l. 222
78 Piarroux (les), vig. 25
79 Piat, d. 113
80 Piatères (les), d. 160
81 Piau, d. 4
82 Piau, m. d'écl. 188
83 Piaults (les), d. 283
84 Piautes (les), h. 184
85 Piautrai, d. 97
86 Pible (le), l. 152
87 Pible (le), d. 229
88 Pible (le), l. 270
89 Picandets (les), d. 128
90 Picandots (les), l. 121
91 Picarde (la), h. 182
92 Picardie (la), l. 248
93 Picards (les), d. 101
94 Picards (les), d. 102
95 Picards (les), h. 172
96 Picards (les), h. 184
97 Picards (les bruyères des), l. 184
98 Picards (les). 283
99 Picards (les), h. 303
9900 Picassonnes (les), l. 102
1 Picaud (le), d. 203
2 Picaudelles (les), h. 50
3 Picauds (les), d. 308

9904 Pichards (les), d. 312
5 Pichards (les), d. 231
6 Pichot, d. 158
7 Pichot, d. 296
8 Pie-Oiseau, l. 165
9 Picornerie, l. 46
10 Picotte (la), vig. 100
11 Picotte (la), d. 237
12 Pictière, d. 253
13 Pie (la), l. 137
14 Pièce Blanche (la), l. 132
15 Pièces (les grandes), f. à ch. 4
16 Piécet (loge), l. 266
17 Pied-Berlin, h. 290
18 Pied-Chevalin (le), d. 219
19 Pié d'chi (le), l. 127
20 Pied-de-Biche (le), d. 150
21 Pied-de-Biche (le), d. 231
22 Pied de la Forge (le), d. 275
23 Pied de l'Augère (le), l. 46
24 Pied de l'Ombre (le), h. 132
25 Pied de l'Ombre (le), d. 293
26 Pied-de-Mars (le), h. 284
27 Pied de Nid (le), l. 219
28 Pieds de Bœufs (les), d. 283
29 Piégut, b. 43
30 Piégut, d. 176
31 Piégut (la loge), d. 176
32 Piéguts (les), f. 84
33 Pierdons (les), d. 37
34 Pierre (la), l. 46
35 Pierre (la), h. et m. 59
36 Pierre (la), d. 93

9937 Pierre (la), d.	113	
38 Pierre (la), l.	137	
39 Pierre (la), d.	165	
40 Pierre (la), l.	198	
41 Pierre (la), l.	231	
42 Pierre (la), d.	280	
43 Pierre (la), d.	312	
44 Pierre (le moulin de la), l.	131	
45 Pierre Barteline (la), h.	92	
46 Pierrebault, h.	44	
47 Pierre Billot, d.	36	
48 Pierre Blanche (la), l.	111	
49 Pierre Blanche (la), d.	197	
50 Pierre Bure (la), d.	29	
51 Pierre Corbe, h.	81	
52 Pierre Croisée (la), l.	215	
53 Pierre d'Argent (la), h.	113	
54 Pierre d'Argent (la), m. de g.	170	
55 Pierredets (les), d.	231	
56 Pierrefitte, vge.	167	
57 PIERREFITTE, vge.	204	
58 Pierrefitte, d.	214	
59 Pierrefolle (la), l.	217	
60 Pierre Magnia (la), l.	4	
61 Pierre Noire (la), l.	41	
62 Pierre Percée (la), h.	67	
63 Pierre Percée (la), h.	198	
64 Pierrerie (la), l.	216	
65 Pierres (les), m.	50	
66 Pierres Blanches (les), l.	237	
67 Pierres Brulées (les), l.	76	
68 Pierres de Salles (les), l.	12	

9969 Pierre Servière (la), d.	305	
70 Pierrière (la), vig.	25	
71 Pierrière (la), h.	126	
72 Pierrière (la), d.	137	
73 Pierrots (les), d.	72	
74 Pierrots (les), d.	149	
75 Pies (les), f.	220	
76 Pies (les), d.	290	
77 Piessat, l.	199	
78 Piessat (les), h. et d.	202	
79 Piétons (les), d.	37	
80 Piétot (le), h.	96	
81 Piètre (le louage), l.	226	
82 Pieuse (la), l.	100	
83 Pieux (les), d.	90	
84 Pigeard, l.	40	
85 Pigeonnier (le), l.	127	
86 Pigeonnier (le), f.	281	
87 Pigeonnière (la), d.	318	
88 Pigeons (les), l.	114	
89 Pigeron, d.	54	
90 Pigerons (les), l.	4	
91 Pigerons (les), d.	142	
92 Pigerons (les), l.	173	
93 Pignachat, l.	145	
94 Pignié, h.	92	
95 Pignon (chez), d.	213	
96 Pignon blanc (le), l.	311	
97 Pigots (les), d.	138	
98 Pilard, vge et m.	113	
99 Pilarderie (la), d.	301	
10000 Pilet, d.	313	
1 Pilet (louage), l.	131	
2 Pilets (les), l.	175	

10003	Pillard (lieu), d.	2	10037	Pins (les), l.	222
4	Pillaud, h.	6	38	Pins (les), l.	239
5	Pillaud, f.	247	39	Pins (les grands), d.	220
6	Pillauderie (la), l.	119	40	Pins (les petits), d.	220
7	Pillaudier (le), l.	56	41	Pinson (le), l.	283
8	Pillaudin, d.	15	42	Pinsonne (la), d.	202
9	Pillet (le), d.	15	43	Pintenet, l.	51
10	Pilonnière (la), d.	46	44	Pintenets (les), h.	183
11	Pilotat, d.	282	45	Pioles (les), l.	212
12	Pilote, m.	112	46	Pion, d.	64
13	Pin (le), h.	92	47	Pion, vge.	113
14	Pin (le), d.	145	48	Pion, vge.	232
15	Pin (le), h.	196	49	Pionnats (les), vig.	25
16	Pix (LE), vge.	205	50	Pionnats (les), vig.	38
17	Pin (le), l.	313	51	Pioulet (le), h.	202
18	Pinasset, l.	117	52	Pioux, d.	42
19	Pinasson, h.	92	53	Piquejal, h.	255
20	Pinatet, l.	173	54	Pique-Mort, l.	199
21	Pinatets (les), l.	137	55	Piquenotière, d.	129
22	Pinaud, d.	168	56	Piques (les), d.	121
23	Pincots (les), d.	172	57	Pique Satin (les), l.	88
24	Pindons (les), d.	18	58	Piquin, l.	182
25	Pineaux (les), d.	33	59	Piquoi, l.	174
26	Pingon (le), d.	2	60	Pirai, d.	201
27	Pinguelles (les), h.	101	61	Pirai (le grand), d.	153
28	Pinot (louage), l.	100	62	Pirai (le petit), d.	153
29	Pinots (les), d.	100	63	Piraube (la), d.	170
30	Pinots (les), d.	158	64	Piraudins (les), d.	69
31	Pinots (les), d.	166	65	Piré, d.	266
32	Pinots (les grands), d.	166	66	Pirène (le), l.	174
33	Pinots (les petits), l.	166	67	Pirlingue (la), l.	7
34	Pinottes (les), d.	58	68	Pirochon, l.	247
35	Pinottes (les), h.	302	69	Piroi, d.	264
36	Pins (les), l.	137	70	Piroir, d.	38

10071	Pirolin (le), l.	216	10104	Places (les), d.	23
72	Pirons (les), f.	267	5	Places (les), h.	48
73	Pirot, d. et étang.	131	6	Places (les), d.	117
74	Pirouette, moul. et l.	12	7	Places (les), d.	131
75	Pise, h. et f.	289	8	Places (les), d.	136
76	Pisse-Loup, h.	82	9	Places (les), l.	137
77	Pisse-Loup, d.	124	10	Places (les), d.	145
78	Pissepots (les), l.	60	11	Places (les), h.	152
79	Pisserat (les), l.	283	12	Places (les), f.	163
80	Pissevache, l.	13	13	Places (les), d.	192
81	Pissotet (le), m.	318	14	Places (les), l.	202
82	Pitaliers (les), f.	39	15	Places (les), h.	227
83	Pitaliers (les), h.	220	16	Places (les), d.	232
84	Pitards (les), d.	179	17	Places (les), h.	253
85	Pitrault, d.	86	18	Places (les), h.	264
86	Pivots (les), l.	61	19	Places (les), l.	270
87	Place (la), l.	12	20	Places (les), l.	288
88	Place (la), h.	90	21	Placettes (les), l.	83
89	Place (la), d.	122	22	Placiers (les), d.	205
90	Place (la), l.	237	23	Plain (le), d.	83
91	Place (la), f.	247	24	Plaine (la), l.	24
92	Place (la), d.	262	25	Plaine (la), f.	193
93	Place (le champ de la), vig.	272	26	Plaine, d.	255
			27	Plaine des Grivats, l.	98
94	Place de l'Ouche (la), h.	91	28	Plaines (les),	313
95	Place de Vaux (la), l.	270	29	Plaintes (les), l.	31
96	Place Fournier (la), d.	27	30	Plaisance, d.	23
97	Place Hervier (la), f.	220	31	Plaisance, l.	130
98	Place Labrosse (la), h.	32	32	Plaisants (les), d.	271
99	Place Lardet (la), l.	122	33	Plaisir (le), l.	160
10100	Place Lerbet (la), l.	220	34	Plaisir (le), l.	192
1	Place Lirat (la), l.	229	35	Plaisir (le), l.	231
2	Place Nique (la), l.	27	36	Plaix (le), d.	2
3	Places (les grandes), h.	11	37	Plaix (le), f.	30

10138	Plaix (le), l.	40	10172 Planche Coindre(la), l.	222
39	Plaix (le), ch. et d.	49	73 Planche Jalignat (la),	
40	Plaix (le), f.	58	l.	107
41	Plaix (le), d.	90	74 Planches (les), d.	12
42	Plaix (le), d.	115	75 Planches (les), d.	41
43	Plaix (le), f.	129	76 Planches (les), d.	112
44	Plaix (le), h.	163	77 Planches (les), l.	208
45	Plaix (le), d.	203	78 Planches (les), m.	301
46	Plaix (le), d.	212	79 Planche Torse (la), l.	140
47	Plaix (le), d.	223	80 Planchette (la), l.	84
48	Plaix (le), d.	224	81 Planchette (la), d.	205
49	Plaix (le), d.	274	82 Planchettes (les), d.	270
50	Plaix (le), h.	293	83 Planchine (la), h.	46
51	Plaix (le), l.	314	84 Planelle (la), d.	292
52	Plaix (les), l.	29	85 Planelles (les), h.	253
53	Plamont, l.	156	86 Planfait, h.	4
54	Plan (le), d.	27	87 Planfois, d. et l.	100
55	Plan (le), h.	64	Plans (les), l. voy. Vas-	
56	Planais (les), h.	274	sart.	32
57	Plan Cabotin (le), d.	113	88 Plans (les), l.	137
58	Planchards (les), d.	71	89 Plans (les), h.	142
59	Planchards (les), d.	130	90 Plans (les), l.	166
60	Planche (la), d.	20	91 Plans (les), l.	169
61	Planche (la), h.	100	92 Plans (les), d.	237
62	Planche (la), d.	128	93 Plans Corbes (les), d.	257
63	Planche (la), h.	137	94 Plantais (les), ch. et d.	101
64	Planche (la), l.	150	95 Plantat, d.	101
65	Planche (la), l.	168	96 Plante (la), l.	85
66	Planche (la), l.	182	97 Plante (la), l.	90
67	Planche (la), h.	234	98 Plante (la), d.	228
68	Planche (la), m.	248	99 Plante à l'aute, l.	70
69	Planche (la), d.	283	10200 Plantée (la), l.	113
70	Planche (la grosse), d.	39	1 Plantes (les), l.	148
71	Planche au Chat (la), l.	46	2 Plantes (les), d.	100

10203	Plantes (les), l.	271	
4	Plantes (les), l.	272	
5	Plantes (les), vig.	283	
6	Plantes Molles (les), l.	174	
7	Plantières (les), l.	83	
8	Planton (le), l.	18	
9	Plantricot, l.	299	
10	Plants (les), d.	217	
11	Plassard, d.	152	
12	Plassière, d.	279	
13	Plassu, l.	217	
14	Plat (le), l.	129	
15	Platenas, d.	142	
16	Platrière (la), h.	150	
17	Pleidit, d.	113	
18	Pleix (le), h.	19	
19	Pleix (le), h.	53	
20	Pleix (le), ch. et h.	318	
21	Plessis (le), ch. et d.	12	
22	Plessis (le), l.	100	
23	Plessis (le), l.	113	
24	Plessis (le), d.	130	
25	Plessis (le), d.	205	
26	Plessis (le), d.	293	
27	Pligeats (les), d.	37	
28	Plignière, h.	224	
29	Plissonnière, d.	97	
30	Plomb (le), d.	152	
31	Plongeon (le), l.	4	
32	Plongeons (les), d.	51	
33	Plongeons (les), h.	77	
34	Plot (le), d.	162	
35	Plot (le), vge.	283	
36	Ploton, d.	217	
10237	Plotterie (la), d.	34	
38	Plottes (les), l.	18	
39	Ploux, d.	216	
40	Pluchon (le), h.	137	
41	Plugeat, h.	19	
42	Plumaudière (la), f.	267	
43	Plume (la), h.	181	
44	Pochats (les), d.	130	
45	Poche (la), d.	152	
46	Pochonnière, h.	30	
47	Pochonnière, d.	241	
48	Pochons (les), d.	100	
49	Pochots (les), d.	293	
50	Poënat, h.	20	
51	Poënat (grand), d.	27	
52	Poënat (petit), d.	27	
53	POËSAT, vge.	206	
54	Poësat (petit), vge.	118	
55	Poil de Chien, l.	120	
56	Poinbras, l.	46	
57	Point du Jour (le), l.	46	
58	Point du Jour (le), d.	86	
59	Point du Jour (le), l.	101	
60	Point du Jour (le), l.	106	
61	Point du Jour (le), l.	113	
62	Point du Jour (le), l.	135	
63	Point du Jour (le), l.	150	
64	Point du Jour (le), l.	160	
65	Point du Jour (le), vig.	193	
66	Point du Jour (le), h.	209	
67	Point du Jour (le), d.	219	
68	Point du Jour (le), d.	220	
69	Point du Jour (le), d.	248	
70	Point du Jour (le), l.	256	

10271	Pointet (le), h.	41
72	Pointet (le), h.	197
73	Pointu, l.	207
74	Poirier (le), h.	41
75	Poirier (le), d.	274
76	Poirier fondant (le), l.	160
77	Poirier Gras (le), vig.	214
78	Poirier Morial (le), l.	31
79	Poiriers (les), d.	2
80	Poiriers (les), d.	15
81	Poiriers (les), d.	98
82	Poiriers (les), vig.	299
83	Poissons (les), d.	9
84	Poiteau (le), éc.	29
85	Polardière (la), d.	31
86	Polaterie (la), l.	46
87	Polaterie (la), d.	290
88	Polka (la), vig.	25
89	Polka (la), l.	83
90	Pollié, h.	313
91	Pologne (la), h.	46
92	Pomai, ch. f. et t.	151
93	Pommeraie (la), ch.	2
94	Pommeraie (la), l.	18
95	Pommeraie (la), l.	68
96	Pommeraie (la), d.	83
97	Pommeraie (la), l.	131
98	Pommeraie (la), l.	222
99	Pommereaux (les), d.	264
10300	Pommereux (les), l.	235
1	Pommerie (la), d.	113
2	Pommet (le), d.	316
3	Pommetot, f.	247
4	Pommets (les), d.	137
10305	Pommiers (les), d.	30
6	Ponai, d.	11
7	Ponai (louage de), l.	11
8	Ponce (la), d.	313
9	Poncenat, h. et m.	174
10	Poncet, h.	48
11	Poncets (les), d.	100
12	Ponchoir (le), l.	85
13	Pondephate (le), l.	32
14	Pondrillard, d.	4
15	Ponnards (les), h.	189
16	Ponsu, ch. et d.	263
17	Ponsut, ch. et d.	26
18	Ponsut (le), ch. et d.	62
19	Pont (le), vig.	25
20	Pont (le), l.	27
21	Pont (le), d.	33
22	Pont (le), vig.	37
23	Pont (le), h.	46
24	Pont (le), l.	74
25	Pont (le), l.	81
26	Pont (le), l.	83
27	Pont (le), d.	88
28	Pont (le), l.	113
29	Pont (le), d.	131
30	Pont (le), d.	197
31	Pont (le), l.	214
32	Pont (le), l.	218
33	Pont (le), d.	275
34	Pont (le), h.	305
35	Pont (le), d.	307
36	Pont (le grand), h.	150
37	Pont (le petit), l.	150
38	Pont (maison du), d.	296

10339	Pont (les maisons du), vge.	150
40	Pont (le vieux), l.	15
41	Pont aux Canards (le), l.	131
42	Pont aux Vaches (le), d. et h.	29 et 95
43	Pont Baraux, d.	261
44	Pont Billard, d.	213
45	Pont Bras, l.	46
46	Pont Canon, h.	231
47	Pont Cellier, d.	235
48	Pont Charrault, ch. f.	3
49	Pont Chinard, l.	185
50	Pont Clavel, m. et l.	40
51	Pont Cognet, l.	54
52	Pont de Bois (le), vig.	127
53	Pont de Bois (le), l.	130
54	Pont de Fer (le), d.	161
55	Pont de la Belette (le), éc.	180
56	Pont de la Mule (le), h.	232
57	Pont de la Salle (le), l.	311
58	Pont de Montciant (le), m. et l.	40
59	Pont de Pierre (le), l.	232
60	Pont des Fonts (le), h.	213
61	Pont des Vaches (le), f.	29
62	Pont de Thiel (le), l.	18
63	Pont du Bost (le), d.	129
64	Pont du Richardet (le), l.	156
65	Pontenat (loges de), vge.	280
10366	Pontères (les), d. et m.	33
67	Pontet (le), d.	76
68	Pontet (le), l.	111
69	Pontet (le), ch. et d.	117
70	Pontet (le), d.	250
71	Pontet (le), l.	289
72	Pontet (le), d.	294
73	Pontets (les), h.	273
74	Pont Fort, d.	97
75	Pont Fort (les bruyères de), l.	97
76	Pontillard, l.	22
77	Pontlung, f.	129
78	Pont Marais, l.	239
79	Pont Pacaud (le), l.	306
80	Pont Ratier, h.	59
81	Pont Renon (le), d.	318
82	Pont Ringuet (le), éc.	180
83	Pontus (les), f.	182
84	Pontus (les), d.	191
85	Popelière, h.	190
86	Popeline, d.	119
87	Poquetière, d.	112
88	Poquetière, d.	129
89	Pora (le), d.	132
90	Porcher, d.	40
91	Porchère (la), d.	4
92	Porcheresse (la), d.	223
93	Porcherie (la), d.	85
94	Porcherons (les), d.	173
95	Port (le), l.	15
96	Port (le), h.	58
97	Port (le), d.	61
98	Port (le), h.	100

10399	Portail (le), l.	15	10431 Potet (le), d.	149
10400	Portail (le), m.	24	32 Potet (le), l.	225
1	Portail (le), d.	231	33 Potiers (les), d.	101
2	Port Barreau (le), l.	238	34 Potiers (les), d.	166
3	Port de St-Aubin (le), h.	100	35 Potiers (les), d.	280
			36 Potignat, l.	142
4	Port de Sept-Fonts (le), l.	98	37 Potin, d.	113
			38 Potins (les), d.	14
5	Porte (la), d.	16	39 Potonis (les), d.	33
6	Porte (la), d.	29	40 Potrets (les), d.	192
7	Porte (la), d.	30	41 Pouant, l.	91
8	Porte (la), d.	62	42 Poubaux (les), d.	117
9	Porte (la), d.	81	43 Poudet, m.	193
10	Porte (la), d.	82	44 Poudris (les), l.	237
11	Porte (la), l.	146	45 Pouge (la), d.	23
12	Porte (la), d.	150	46 Pouge (la), d. et ch.	69
13	Porte (la), d.	230	47 Pouge (la), h.	156
14	Porte (la), d.	277	48 Pouge (la), d.	181
15	Porte (la), d.	285	49 Pouge (la), d.	217
16	Portes (les), l.	46	50 Pougni, m.	280
17	Port St-Georges (le), l.	119	51 Pouiliccane, l.	237
18	Positeaux (les), d.	200	52 Pouillerenard, h.	235
19	Posque, m.	234	53 Pouillouses (les), d.	316
20	Poste (la vieille), l.	63	54 Pouilloux (les), h.	173
21	Poste (la vieille), l.	231	55 Poulailler (le), d.	32
22	Poste (la vieille), l.	283	56 Poulailler (le), l.	225
23	Poteau (le), l.	49	57 Poulandré, d.	25
24	Poteau (le), l.	68	58 Poulangeard, d.	77
25	Poteau (le), l.	93	59 Poulangeon, l.	232
26	Poteau (le), l.	284	60 Poulards (les), d.	69
27	Poteau (le), l.	285	61 Poulards (les), d.	133
28	Poterie (la grande), h.	83	62 Poulayon, l.	122
29	Poterie (la petite), l.	83	63 Poule (la), h.	163
30	Potet (le), d.	61	64 Poulèvre, h.	81

10465	Poulèvre, vge.	305	10498	Poussards (les), d.	33
66	Poulien, d.	32	99	Poussat (le), d.	29
67	Poulies (les), l.	308	10500	Pousse-Loup, h.	176
68	Poulinier, l.	227	1	Pousse-Loup, l.	199
69	Poulossiers (les), h.	91	2	Pousserons (les), d.	24
70	Poupet, l.	33	3	Poustiau, l.	225
71	Poupetière, d.	101	4	Pouterne (la), l.	101
72	Poupetière, d.	279	5	Poutier, vge et m.	51
73	Pourche (le), l.	202	6	Pouveux, d.	35
74	Pourcheroux, h.	80	7	Poux (les), d.	34
75	Pourchoux (les), d. et m.	236	8	Poux (le), d.	127
			9	Poux (le petit), d.	186
76	Pourrats (les), h.	80	10	Poux d'en bas (les), d.	34
77	Pourrats (les), d.	138	11	Poux d'en haut (les), f.	41
78	Pourrats (les), d.	306	12	Pradeaux (les), h.	136
79	Pourret (le), d.	247	13	Pradette, l.	107
80	Pourrets (les), d.	6	14	Pragon, d.	73
81	Pourrets (les), d.	280	15	Praignats (les), h.	78
82	Pourrière, h	64	16	Prairie (la), l.	32
83	Pousat, d.	183	17	Prairie (la), l.	172
84	Pousat, d.	268	18	Prairie (la), d.	286
85	Pouse, l.	269	19	Praline, h.	92
86	Pouserattes (les), l.	209	20	Praline, h.	93
87	Pouserol (le), h.	258	21	Pralon, l.	93
88	Pouseux, d.	90	22	Pran (la), l.	32
89	Pouseux, vig.	130	23	Prand (la), h.	41
90	Pousi, vge.	208	24	Prand (la), l.	199
91	Pousieux (le grand), d.	153	25	Pras (les), d.	101
92	Pousieux (le petit), d.	153	26	Prat (la), m.	86
93	Pouson, l.	4	27	Prat (le), d.	174
94	Pouson (le), d.	202	28	Prat (la), l.	218
95	Pousoux, l.	40	29	Prat (la), ch. et d.	232
96	Pousoux (le), h.	234	30	Prat (la), l.	252
97	Poussards (les), l.	14	31	Prat, vge et m.	276

10532	Prat (la), d.	307		10566	Prédoré, d.	35
33	Prat d'Airat (la), d.	22		67	Pré du Four (le), h.	141
34	Prate (la), h.	196		68	Prée (la), d.	99
35	Prats (les), ch. et d.	84		69	Prée (la), d.	218
36	Prats (les), f.	93		70	Pré Gontier, l.	83
37	Prats (les), f.	100		71	Prégoux, f.	308
38	Praud (la), h.	56		72	Preignes (les), h.	221
39	Praudière (la), h.	145		73	Preissat, d.	243
40	Praux (les), d.	26		74	Préjames, l.	209
41	Praux (les), d.	157		75	Préjevau, d.	312
42	Pravet, f.	267		76	Pré Laplanche, l.	113
43	Pravier, ch.	165		77	Prélaterie (la), d.	85
44	Pravots (les), l.	199		78	Prélaud, d.	218
45	Pré (le), m.	118		79	Prélier, vig.	311
46	Pré (grand), l.	113		80	Pré Long, d.	126
47	Pré (grand), l.	209		81	Prélots (les grands), l.	100
48	Pré (grand), l.	307		82	Prélots (les petits), l.	100
49	Préamont, h.	93		83	Pré Maçon (le), l.	82
50	Préau (le), vge.	96		84	Première, h.	152
51	Préau (le), d.	115		85	PRÉMILHAT, vge.	208
52	Préau (la), d.	148		86	Pré Monier, l.	160
53	Préaux (les), d.	13		87	Prémort, d.	113
54	Préaux (les), d.	157		88	Prénat (le), d.	72
55	Préaux (les), ch. et d.	168		89	Prénat (le), d.	213
56	Pré Bignon (le), l.	209		90	Prénat (le), d.	221
57	Pré Bonnet (le), d.	209		91	Prénat (le), d.	262
58	Pré Carré (le), d.	23		92	Prends-y-Garde, l.	38
59	Pré Carré (le), d.	288		93	Prends-y-Garde, l.	151
60	Préchambon (le), l.	83		94	Prend-y-Garde, l.	289
61	Pré Charmeil (le), l.	158		95	Pré Neuf, l.	18
62	Pré Colas (le), d.	250		96	Pré Neuf (le), l.	113
63	Précontent, l.	6		97	Pré Neuf, d.	221
64	Précord, ch.	296		98	Pré Perret, l.	113
65	Prédiaux (les), l.	3		99	Prépinets (les), h.	316

10600	Préreal, ch. et d.	297	
1	Prés (chez), d.	32	
2	Prés (les), l.	131	
3	Prés (les), d.	200	
4	Presbytère (le), éc.	136	
5	Président (le), d.	77	
6	Président (le), l.	130	
7	Présidente (la), éc.	136	
8	Presle (la), d. et l.	22	
9	Presle (la), d. et ch.	32	
10	Presle (la), h.	48	
11	Presle (la), l.	83	
12	Presle (le moulin de la), l.	83	
13	Presle (la), m. et ch.	93	
14	Presle (la), vge.	102	
15	Presle (la), d.	174	
16	Presle (la), f.	217	
17	Presle (la), h.	316	
18	Presles (les), d.	131	
19	Presles (les), l.	138	
20	Presles (les), d.	149	
21	Presles (les), l.	275	
22	Preslier, d.	2	
23	Prés Menat (les), m.	298	
24	Prés Mous (les), d.	32	
25	Pressoir (le), l.	111	
26	Pressoir (le), éc.	129	
27	Pressoir (le), h.	256	
28	Pressoir (le grand), f.	193	
29	Pressoir (le petit), vig.	38	
30	Pressoir (le petit), vig.	105	
31	Pressoir (le vieux), l.	174	
32	Pressoir Ban (le), d.	25	
10633	Pressoir Moret (le), d.	250
34	Prétier, l.	209
35	Prétignard, l.	69
36	Prétins (les), d.	33
37	Prêtre (le), d.	114
38	Prêtres (les), d.	113
39	Preugne (la), vge.	70
40	Preugne (la), f.	117
41	Preuille, ch. et vig.	10
42	Preux (les), d.	130
43	Preux, d.	307
44	Préveraud, l.	166
45	Prévost (les), d.	217
46	Priaut, m.	168
47	Prieuré (le), d.	114
48	Prieuré (le), vge.	231
49	Prieuré (le), f.	216
50	Prieuse (la), l.	3
51	Prieuse (la), l.	31
52	Primaux (les), d.	250
53	Primbost, d.	285
54	Pringi, ch.	2
55	Pringi (le petit), d. et l.	88
56	Printomet, l.	197
57	Prioland, l.	195
58	Privaux (les), l.	24
59	Prion de Fosse, l.	36
60	Procurat, d.	77
61	Prodat (gr. et petit), d.	272
62	Prodins (les), vig. et d.	130
63	Promenade (la), h.	179
64	Prophète (le), d.	41
65	Protat (les), d.	77
66	Protat, h.	83

10667	Prote,	117
68	Protière, d.	85
69	Prots (les), f. et ch.	226
70	Prots (les), d.	297
71	Prots (les), d.	312
72	Prout (loge), l.	262
73	Proux (les), d.	72
74	Proux (les), d.	283
75	Provenchère, h.	12
76	Providence, l.	37
77	Pruges (les), vge.	216
78	Prugnaud, m.	210
79	Prugnaudons (les), h.	162
80	Prugne (la), h.	47
81	Prugne (la), d.	88
82	Prugne (la), d.	155
83	Prugne (la), d.	202
84	Prugne (LA), vge.	209
85	Prugne (la), h.	211
86	Prugne (la), ch.	269
87	Prugneau (le lieu), d.	85
88	Prugneau, l.	121
89	Prugne Bertrand (la), d.	188
90	Prugneries (les), h.	136
91	Prugnes (les), h.	86
92	Prugnes (les), f.	93
93	Prugnes (les), vig.	99
94	Prugnes (les), d.	148
95	Prugnes (les), l.	267
96	Prugnes (les), h.	294
97	Prugnes (les), l.	313
98	Prugnolle (la), d.	184
99	Prugnolle (la), l.	212
10700	Prunes (les), d.	108
1	Prunet, vge.	99
2	Prunet, vig.	127
3	Prunier (loge), l.	262
4	Pruniers (les), d.	168
5	Pruraux (les), d.	176
6	Puel aux Pâques, l.	307
7	Pués (les), d.	90
8	Pucet (la loge), l.	172
9	Pui (le), d.	113
10	Pui (le), vge.	189
11	Pui (le), d.	237
12	Pui Ranel, l.	22
13	Pui Béchard, d.	6
14	Pui Beraud, d. et m.	160
15	Pui Besseau, h.	93
16	Pui Bouillard, d.	70
17	Pui Château (le), l.	311
18	Pui Chatonin (le), d.	184
19	Pui Chavé, l.	144
20	Pui Chevrier (le), h.	285
21	Pui Clamaux (les), d.	142
22	Pui Clavau, h.	156
23	Pui de l'Arau (le), h	97
24	Pui de la Reine (le), h.	218
25	Pui de l'Ane (le), d.	197
26	Pui de Mazerier (le), h.	118 et 161
27	Pui de Meillard (le), h.	164
28	Pui de Meillard (le bas), l.	164
29	Pui de Meillard (le haut), l.	164
30	Pui d'en bas (le), l.	46

17031	Pui d'en haut (le), l.	46	10751	Puissardier, d.	160
32	Pui Digon (le), d.	174	52	Puitre, d.	231
33	Pui Foi, h.	77	53	Puits (le), d.	311
34	Pui Giraud (le), l.	20	54	Puits (le), d.	312
35	Pui Giraud (le), l.	30	55	Puits (le petit), d.	241
36	Pui Guillon, ch. m. et d.	306	56	Puitsbonne-eau (le), h.	16
37	Pui Maret, 2 l.	113	57	Puits Moulin (le), f.	311
38	Pui Marien, ch. et h.	93	58	Pui Vacher, vge.	105
39	Pui Martin, h.	97	59	Pui Vallée, d.	291
40	Pui Mas, h.	104	60	Pui Vergent, éc.	202
41	Pui Menaci, l.	216	61	Purgatoire (le), d.	90
42	Pui Morin, d.	186	62	Pusigni, d.	130
43	Pui Némin, l.	174	63	Put (le), d.	247
44	Pui Pochin, vge.	184	64	Putai, h.	93
45	Pui Rambaud, m.	174	65	Putai, l.	101
46	Pui Raveau, vig.	126	66	Puyade, d.	156
47	Pui Ravel, h.	113	67	Puyau, h.	256
48	Pui Roger, l.	260	68	Puyeau (le), l.	169
49	Puisandreau, d.	186	69	Puyet (le petit), d.	260
50	Puisards (les), d.	121	70	Pyramide (la), d.	106

Q

10771	Quaire (la), h.	298	10781	Quarrets (les), d.	41
72	Quaissons (les), d.	201	82	Quarts (les), l.	18
73	Quart (le), f.	107	83	Quatre-Aigles (les), d.	101
74	Quartelées (les), d.	42	84	Quatre-Chemins (les), l.	14
75	Quartier (le), d.	5	85	Quatre-Ris (les), m.	17
76	Quartier (le), l.	22	86	Quatre-Vents (les), d.	9
77	Quartier (le), l.	64	87	Quatre-Vents (les), vig.	37
78	Quartier (le), l.	289	88	Quatre-Vents (les), vig.	38
79	Quartier (le petit), l.	122	89	Quatre-Vents (les), d.	55
80	Quartonnée (la), l.	160	90	Quatre-Vents (les), d.	117

10791	Quatre-Vents (les), l.	162	10816 Quernet, l.	218
92	Quatre-Vents (les), l.	169	17 Queudre (la), d.	35
93	Quatre-Vents (les), h.	181	18 Queue de l'Etang (la), l.	34
94	Quatre-Vents (les), f.	219	19 Queue de l'Etang (la), d.	101
95	Quatre-Vents, l.	220	20 Queue de l'Etang (la), l.	160
96	Quatre-Vents (les), d.	225	21 Queue de l'Etang de la Motte (la), l.	296
97	Quatre-Vents (les), d.	232	22 Queue de la poële (la), l.	97
98	Quatre-Vents (les), l.	243	23 Queune (la), ch. vig. et d.	193
99	Quatre-Vents (les), d.	250	24 Queuri (le), d.	22
10800	Quatre-Vents (les), d.	262	25 Queuri, h.	184
1	Quatre-Vents (les), l.	272	26 Queuri du Mas (le), d.	102
2	Quatre-Vents (les), d.	315	27 Queusi (le), d.	148
3	Quentins (les), d.	268	28 Quillets (les), d.	288
4	Queille (la), ch. et d.	182	29 Quinaude (la), h.	174
5	Queille (la), h.	256	30 Quinaux (les), d.	39
6	Quellerie, l.	18	31 QUIYSSAIXES, vge.	210
7	Querelle (la), l.	25	32 Quinssat, ch. et h.	1
8	Querelles (les), l.	223	33 Qui qu'en grogne, vig.	28
9	Quéret, d.	173	34 Quirielle, l.	17
10	Quérets (les), h.	142	35 Quirielle, d.	69
11	Quériaux (les), d.	89	36 Quirielle, d.	142
12	Queribée (le), d.	202		
13	Quérie (la), h.	28		
14	Quérie (la), h.	177		
15	Querille, éc.	268		

R

10837	Ra (la), l.	22	10843 Ra (champ de la), l.	213
38	Ra (la), d.	27	44 Ra (la), d.	227
39	Ra (la), l.	40	45 Ra (la), ch. et f.	229
40	Ra (la), d.	114	46 Ra (le bois de la), l.	207
41	Ra (la), d.	136	47 Rabanaux (les), d.	307
42	Ra (la), d.	174	48 Rabanon, d.	232

10849 Rabi, h. et m.	6	10883 Raimonds (les), d.	138
50 Rabière, d.	148	84 Raimonds (les), h.	172
51 Rabillots (les), d.	124	85 Raimonds (les), f.	193
52 Rabineau (le plan), d.	113	86 Raimonds (les), f.	229
53 Rabotine (la), t. et d.	231	87 Raimonds (les), t.	231
54 Rabots (les), d.	14	88 Raimonds (les), d.	307
55 Rabots (les), d.	204	89 Raimonerie (la), d.	2
56 Rabouets (les), d.	179	90 Rainand, f.	206
57 Rabrunins (les), l.	234	91 Rainauds (les), d.	80
58 Raburnin (la), h.	255	92 Rainauds (les), h.	224
59 Racaud, (le), h.	203	93 Rais (les), d.	24
60 Rachalier, h.	250	94 Rais (les), d.	119
61 Racherie (la), h. et d.	81	95 Rais (les), d.	142
62 Racines (les), d.	79	96 Rais (les), d.	237
63 Raclat, (le), vge. et d.	18	97 Rais (les), h.	263
64 Racquetière, d.	172	98 Rais (les), m.	304
65 Racquets (les), d.	172	99 Raisins (les).	284
66 Racton, d.	77	10900 Raisu, d.	40
67 Radde, d.	247	1 Ramas (la), d.	307
68 Raduriers (les), vge.	91	2 Ramas (les), d.	113
69 Radurons (les), vge.	218	3 Rambaud, d.	152
70 Raffin, d.	169	4 Rambaudière (la), d.	314
71 Rafignots, (les), d.	83	5 Rambauds (les), vge.	
72 Raflots (les), d.	14	d. et t.	271
73 Rageasse, l.	6	6 Rambert, d.	77
74 Rageot, d.	168	7 Rambert, l.	270
75 Ragonnets (les), d.	315	8 Rambourg, d.	32
76 Ragonnière (la), d.	39	9 Rambourg, d.	220
77 Ragonnière (la), d.	56	10 Rameaux (les), vig.	10
78 Ragonnière (la), d.	289	11 Rameaux (les), f.	23
79 Ragot, d.	270	12 Rameaux (les), l.	234
80 Rai (la), d.	39	13 Rameaux (les), d.	248
81 Raimond, d.	113	14 Rameaux (les), h.	262
82 Raimonds (les), d.	81	15 Ramées (les), d.	214

10916	Ramelets (les), f.	22	10950 Ratier (scierie), m.	245
17	Ramesin, l.	262	51 Ratiers (les), d.	81
18	Ramillard, h.	48	52 Ratillard, m. is.	69
19	Ramille, d.	113	53 Ratilles (les), l.	174
20	Ramillons (les), d.	71	54 Ratinier, l.	209
21	Rampaillet, l.	307	55 Rativet (la croix), b.	98
22	Ranche (la), d.	46	56 Ratoire (la), d.	46
23	Ranche (la), l.	64	57 Rats (les), d.	316
24	Ranci, d.	12	58 Rats (maillerie des), l.	316
25	Ranci, d.	130	59 Ratte (la), f.	262
26	Ranci, d.	305	60 Ravat (le), f.	247
27	Ranciat, vge.	7	61 Ravat (le petit), f.	247
28	Ranciat, d.	30	62 Ravateau (le), d.	4
29	Ranciats (les), d.	141	63 Ravats (les), l.	33
30	Ranci Grési, r.	151	64 Ravauds (les), d.	289
31	Rançuts (les).	202	65 Ravereux (les), d.	272
32	Randier (le), d.	113	66 Ravier, l.	234
33	Rangoux, d.	283	67 Ravière (la), d.	209
34	Rannot, d.	232	68 Réal, d.	173
35	Râpe (la), l.	6	69 Réaux (les), d.	190
36	Rapiats (les), d.	85	70 Rebattes (les), d.	1
37	Raquet, h.	23	71 Rebeillon, d.	102
38	Raquins (les), d.	36	72 Rebillière (la), d.	279
39	Rase (la), l.	271	73 Rebirière, h.	196
40	Rases (les), l.	16	74 Rebis (les), d.	132
41	Rases (les), vge.	219	75 Rebourgeons (les), d.	23
42	Raset, d.	277	76 Rebrion (chez), d.	91
43	Raset (grand), d.	42	77 Rebusset, d.	93
44	Raset (le petit), h.	42	78 Recaut, d.	113
45	Raseure, d.	93	79 Récollets (les), h.	3
46	Rasibié (la), vig.	305	80 Recreux, d.	68
47	Rasière (la), d.	52	81 Reculat, vge et ch.	285
48	Rasinière, d.	239	82 Reculière (la), d. et f.	34
49	Rateau (le), d.	54	83 Redan (le), ch. et d.	202

10984	Redan (le), h.	232	11016	Renards-Barrats (les), d.	286
85	Regard (le), vig.	130	17	Renauderie (la), d.	85
86	Regards (les), d.	78	18	Renaudière (la), d.	161
87	Regaude (la), l.	154	19	Renauds (les), d.	12
88	Regnauds (les), d.	297	20	Renauds (les), d.	200
89	Regnault, h.	117	21	Renauds (les), d.	205
90	Regnaults (les), d.	2	22	Renauds (les), d.	236
91	Regni, l.	166	23	Rencontre (la), h.	150
92	Regnier, h.	196	24	Renet, d.	211
93	Regret (le), d.	221	25	Renière, d.	283
94	Reignaud, l.	51	26	Repelats (les), l.	43
95	Reignier, d.	247	27	Repeloux, d.	262
96	Réjaunière (la), l.	118	28	Repentin (la), d.	151
97	Remanier (la), l.	66	29	Repéroux, h.	289
98	Réméré (à), l.	221	30	Reposeau (le), h.	93
99	Remille (la), l.	23	31	République (la), f.	83
11000	Remilles (les), l.	121	32	Requille (la), vge.	104
1	Rémond, h.	196	33	Rérai (le), d.	9
2	Rémondin, h.	92	34	Réserve (la), f.	236
3	Rémondins (les), h.	1	35	Ressenards (les), d.	55
4	Rémondins de Chale et des Places (les), vge. et d.	296	36	Retaillé, d.	100
5	Rémorets (les), h.	80	37	Retats (les), h.	30
6	Renard, d.	311	38	Retord, h.	48
7	Renard (loge), l.	231	39	Retords (les), h.	78
8	Renarde (la), vig.	179	40	Retour, vge.	106
9	Renardier, l.	174	41	Reugni, d.	112
10	Renardière (la), d.	68	42	Recoxi, vge.	211
11	Renardière (la), m. is.	226	43	Reuillat, d.	318
12	Renardière (la), l.	317	44	Reure (la), m. et h.	6
13	Renards (les), f.	46	45	Reure, h.	231
14	Renards (les), d.	168	46	Reux (le), h.	3
15	Renards (les), d.	250	47	Rêve (la), l.	18
			48	Reveaux (le), vge.	104

11019	Reverdon (le), vge.	105	
50	Reverets (les), d.	288	
51	Reviraux (les), vge.	221	
52	Rez (la goutte de), t. et l.	293	
53	Rez de la Chèvre (le), d.	132	
54	Rez de Landier (le), h.	132	
55	Rez des Bessies (le), l.	113	
56	Rez des Ecoliers (le), d.	6	
57	Rèze (la), d.	77	
58	Rez l'Oyon (le), l.	51	
59	Rhulière, m.	91	
60	Riage (le), ch.	174	
61	Riage (le), h.	275	
62	Riaires (les), l.	169	
63	Rialet, l.	196	
64	Riatère, vge.	301	
65	Riau (le), ch. d. et m.	11	
66	Riau (le), d.	72	
67	Riau (le), h.	98	
68	Riau-Bignon (le), l.	290	
69	Riau-Ménat (le), l.	193	
70	Riau-Pigot (le), d.	52	
71	Riaux (les), d.	8	
72	Riaux (les), l.	38	
73	Riaux (les), l.	90	
74	Riaux (les), l.	166	
75	Riaux (les), d.	191	
76	Ribatière (la), d.	314	
77	Ribatonnière, d.	293	
78	Ribaudes (les), d.	48	
79	Ribaudière (la), d.	297	
80	Ribe (la), l.	126	
11081	Ribe (la).	256	
82	Ribière (la), m.	93	
83	Ribières basses (les), h.	156	
84	Ribières hautes (les), h.	156	
85	Ribiers (les), h.	112	
86	Rible (la), f.	82	
87	Rible (la), h.	256	
88	Riboulet, h.	8	
89	Richardet (le), h.	156	
90	Richardet (le), d.	228	
91	Richardière, d.	169	
92	Richardière (la), d.	182	
93	Richards (les), d.	55	
94	Richards (les), h.	143	
95	Richebourg, h.	210	
96	Richemont, f.	29	
97	Ricoire, d.	89	
98	Ricros, vge.	99	
99	Rif (le), f. et m.	161	
11100	Rifaudière (la grande), d.	39	
1	Rifaudière (la petite), d.	39	
2	Riffarderie (la), d.	290	
3	Rifs (les), h.	41	
4	Rifs (les), d.	275	
5	Rigauds (les), d.	38	
6	Rigauds (les), d.	149	
7	Rigni, h.	32	
8	Rigni, d. et l.	174	
9	Rigolets (les), d.	21	
10	Rigollée (la), f.	13	
11	Rigollons (les), d.	205	

11112 Rigon (la), d.	307
13 Rigondet, h.	17
14 Rigondet, d.	262
15 Rigouillat, l.	318
16 Rilhat, vge. et ch.	78
17 Rilhat (le marais de), vge.	78
18 Rillat, h.	208
19 Rillat, h.	230
20 Rimard, d.	180
21 Rimasoir, ch. et d.	12
22 Rimbaude (la), d.	150
23 Rimords (les), vig.	99
24 Rinçai, h.	100
25 Rio (le), l.	127
26 Riolet (le), l.	313
27 Riolon, l.	307
28 Riousse, d.	183
29 Riquets (les), d.	99
30 Ris (le), vig.	37
31 Ris, d.	62
32 Ris (le), d.	110
33 Ris (le), vge.	127
34 Ris (le), l.	281
35 Ris (le), h.	290
36 Ris (les), vig.	63
37 Ris (les), d.	220
38 Ris (les), d.	270
39 Ris (les), d.	291
40 Ris (les), d.	312
41 Ris Batier (le), f.	13
42 Ris Bonnet (le), l.	23
43 Ris des Rois (le), d.	296
44 Risière (la), d.	179
11145 Ris Maron (le), d.	212
46 Risquetout, l.	77
47 Risseau (le), d.	186
48 Rivalais, h. et m.	306
49 Rivalles (les), d.	190
50 Rivau-Rouge (le), l.	49
51 Rivaux (les), h.	219
52 Rivelin (le), d.	216
53 Rivereux, vig.	33
54 Rives (les), d.	213
55 Rivets (les), d.	93
56 Rivière (la), m.	3
57 Rivière (la), d.	40
58 Rivière (la), d.	50
59 Rivière (la), d.	57
60 Rivière (la), h.	96
61 Rivière (la), vge.	105
62 Rivière (la), d.	150
63 Rivière (la fabrique de la), h.	150
64 Rivière (l'Ile de la), d.	150
65 Rivière (la), l.	199
66 Rivière (la), d.	222
67 Rivière (la), l.	224
68 Rivière (la), l.	308
69 Rivières (les), d. et m.	17
70 Rivières (les), d.	83
71 Rivières (les), d.	119
72 Rivières (les), d.	272
73 Robert, m.	39
74 Robert, d.	69
75 Robert, m.	201
76 Roberts (les), d.	64
77 Roberts (les), d.	190

11178	Roberts (les), f.	264	
..79	Robet, m.	130	
80	Robier (le), l.	279	
81	Robin, d.	113	
82	Robin, h.	137	
83	Robin, d.	199	
84	Robin, m.	253	
85	Robinats (les), d.	24	
86	Robine (la), d.	201	
87	Robine (la), l.	295	
88	Robinerie (la), d.	219	
89	Robinet (le), m.	139	
90	Robinets (les), vig.	130	
91	Robinette (la), f. à ch.	69	
92	Robinette (la), l.	202	
93	Robinière, d.	186	
94	Robins (les), d.	56	
95	Robins (les), h.	172	
96	Robins (les), h.	222	
97	Robins (les), f.	226	
98	Robins (les), d.	262	
99	Robins (les), d.	273	
11200	Roblins (les), h.	62	
1	Roc (le), d.	27	
2	Roc (le), vig.	37	
3	Roc (le), m.	54	
4	Roc (le), l.	103	
5	Roc (le), d.	142	
6	Roc (le), m.	160	
7	Roc (le), d.	284	
8	Roc (le), l.	318	
9	Roc de Faitière (le), l.	247	
10	Roc de la Grand Croix (le), d.	223	
11211	Roc de la Pierre folle (le), d.	247	
12	Roche (la), d.	7	
13	Roche (la), f.	9	
14	Roche (la), h.	22	
15	Roche (la), h.	25	
16	Roche (la), vge.	36	
17	Roche (la), l.	54	
18	Roche (la), d.	56	
19	Roche (la), l.	67	
20	Roche (la), m.	67	
21	Roche (la), l.	75	
22	Roche (la), d.	79	
23	Roche (la), h.	113	
24	Roche (la), m.	126	
25	Roche (la), ch. et d.	126	
26	Roche (la), d.	129	
27	Roche (la), ch. et d.	160	
28	Roche (la), vge.	161	
29	Roche (la), l.	174	
30	Roche (la), m.	180	
31	Roche (la), vig.	193	
32	Roche (la), ch. et h.	220	
33	Roche (la), h.	240	
34	Roche (la), m.	262	
35	Roche (la).	270	
36	Roche (la), d.	285	
37	Roche (la), d.	288	
38	Roche (la), d.	289	
39	Rochebon, mét.	226	
40	Rochebut, d.	276	
41	Rochefolle, m. is.	147	
42	Rochefort, d.	25	
43	Rochefort, vge.	218	

11244	Roche Guillebaud (la), d.		53
45	Rochelle (la),		113
46	Rochelle (la), f.		272
47	Rochelle (la), l.		296
48	Rochelles (les), h.		115
49	Rochelles (les), l.		202
50	Rochelles (les), l.		275
51	Roche Milet (la), l.		133
52	Rocher (le), h.		103
53	Rocher (le), l.		301
54	Rochères (les), h.		279
55	Rocherolle (la), h.		146
56	Roches (les), d.		13
57	Roches (les), l.		19
58	Roches (les), h.		23
59	Roches (les), d.		43
60	Roches (les), d.		65
61	Roches (les), l.		220
62	Rochetête, l.		45
63	Rochette (la), d.		114
64	Rochette (la), d.		282
65	Rochette (la), l.		293
66	Rochon, l.		188
67	ROCLES, vge.		212
68	Rocs (les), d.		13
69	Rocs (les), d.		20
70	Rocs (les) l.		22
71	Rocs (les), d.		50
72	Rocs (les), l.		54
73	Rocs (les), d.		132
74	Rocs (les), m. is.		217
75	Rocs (les), d.		247
76	Rocs (les), vig.		305
11277	Rocs Fayet (les), h.		6
78	Rodé (la), d.		45
79	Roderie (la), d.		131
80	Rodillons (les), d.		98
81	Roger, d.		113
82	Roger, ch. et d.		231
83	Rogier, l.		280
84	Rogne Pieds, d.		221
85	Rogne Pieds, l.		296
86	Rognon, d.		166
87	Rognons (les), d.		71
88	Roi des Bois, d.		117
89	Roingères (les), éc.		165
90	Rois (les), d.		72
91	Rois (les), d.		165
92	Rois (les), vge.		254
93	Rois (le rif des), d.		254
94	Rois d'en bas (les), d.		17
95	Rois d'en haut (les), d.		17
96	Roitiers (les), l.		222
97	Roitiers (les), l.		245
98	Rolland, d.		173
99	Rolland (le), d.		297
11300	Rollat, ch. et d.		255
1	Rollats (les), d.		272
2	Rollins (les), d.		15
3	Rollins (les), vig.		38
4	Romage, l.		166
5	Romagère (la), h. et m.		156
6	Romagère (la), ch. et d.		256
7	Romagère aux Osiers (la), h.		156
8	Romagné, d.		126

11309	Romane, h.	162		11341	Rosange (place), l.	32
10	Rome, d.	119		42	Rose (la), moul.	6
11	Romnés (les), l.	38		43	Rosé (le), f.	32
12	Rompais (le), d.	112		44	Rose (la), d.	38
13	Rondards (les), d.	216		45	Rose (la), éc.	68
14	Rondars (les), d.	157		46	Roseaux (les), f.	233
15	Rond du Bouchand (le), h.	163		47	Roses (les), l.	253
16	Rond de Morat (le), l.	219		48	Roset (le), h.	16
17	Rond du Chevreuil (le), l.	35		49	Roset (le), f.	100
				50	Roset, h.	137
18	Ronde (la), d.	77		51	Roset (le), h.	302
19	Ronde (la), d.	128		52	Rosettes (les), d.	61
20	Ronde (la), ch.	130		53	Rosier, vge.	57
21	Ronde (la), h.	293		54	Rosier (le), d.	221
22	Ronde (la), f.	309		55	Rosier, d. et m.	199
23	Rondepierre, h.	112		56	Rosière, vge.	85
24	Rondet (le), l.	120		57	Rosière (la), d.	119
25	Rondet (le), h.	155		58	Rosière (la), d.	163
26	Rondet (le), d.	182		59	Rosière, l.	200
27	Rondet (le), f.	211		60	Rosiers (les), d.	6
28	Rondet (le moul.), h.	76		61	Rosiers (les), h.	286
29	Rond gardien (le), l.	131		62	Rossignat, d.	132
30	Rondiers (les), f.	2		63	Rossigneux, m.	219
31	Rondiers (les), vge.	298		64	Rossignol (le), h.	103
32	Ronfaud, d.	199		65	Rotards (les), d.	163
33	RONGÈRES, vge.	213		66	Rotats (les), d.	223
34	Rongères, ch. et f.	233		67	Roti (le), f.	264
35	Ronneri, h.	97		68	Rotières, d.	137
36	RONNET, vge.	214		69	Roubeau, l.	239
37	Ronze (la), d.	93		70	Roubière, h.	273
38	Ronze (la), h.	221		71	Rouchat, l.	286
39	Ronzières, h.	141		72	Rouchat (le), l.	306
40	Roquet (le), d.	131		73	Rouchats (les), d.	190
				74	Rouche (la), l.	117

11375	Rouche (la), vig.	195	11409	Rousière (la), d.	202
76	Rouche Baugis (la), l.	216	10	Roussol, d.	237
77	Rouches (les), l.	257	11	Roustaillon, d.	263
78	Rouchons (les), h.	43	12	Roussat (le), m.	182
79	Roudais (le), m.	228	13	Roussat (le), m.	244
80	Roudon (le), m.	138	14	Rousse (la), l.	222
81	Rondon (le), d.	176	15	Rousseaux (les), d.	90
82	Roue (la), l.	221	16	Rousseaux (les), d.	271
83	Rouélon (le), d.	153	17	Rousseaux (les), d.	283
84	Rouer, d.	113	18	Rousseaux (les), h.	296
85	Rouère, d.	68	19	Roussel, éc.	6
86	Rouère, h.	117	20	Rousset (le), h.	20
87	Rouère, h.	129	21	Rousset (le), l.	213
88	Rouères (les), d.	220	22	Rousset (le), h.	309
89	Roueton (le), l.	34	23	Roussets (les), h. et d.	64
90	Rouflère, h.	153	24	Roussets (les), f. et m.	226
91	Roufine, vig.	179	25	Roussets (les), d.	299
92	Rouge (la), h.	221	26	Roussets (l'écluse des).	299
93	Rougerie (la), h.	203	27	Roussier, d.	64
94	Rouhéron, d.	10	28	Roussier, d.	269
95	Rouinaire, d.	165	29	Roussille (la), f.	22
96	Roulans (les), h.	288	30	Roussille (la), d.	115
97	Roule (le), m.	106	31	Roussille (la), d.	223
98	Rouliers (les), d.	205	32	Roussille (la), h.	299
99	Roullet, vge.	210	33	Route (la), h.	205
11400	Roulon (chez), h.	79	34	Route (la), h.	213
1	Roumaux (les), h.	146	35	Route de Genat (la), ch. et d.	93
2	Roumier (chez), h.	221	36	Route de la Gare (la), l.	199
3	Roures (les), d.	304	37	Route de Malicorne (la), h.	80
4	Rouri, d.	129	38	Route de Saint-Hilaire (la), l.	289
5	Rousards (les), d.	172	39	Route de Vichi (la), h.	93
6	Rousat (le), d.	118			
7	Rousat, h. et m.	218			
8	Rouselets (les), d.	200			

11440	Roux (les), h.	43	11463 Rue du Bois (la), d.	153
41	Roux (les), l.	160	64 Ruelle (la), d.	270
42	Roux, d.	166	65 Ruelle (la), h.	27
43	Roux, d.	200	66 Rue pavée (la), h.	93
44	Roux, d.	231	67 Rues (les), l.	114
45	Rouyots (les), d.	25	68 Rues (les), d.	164
46	Royer, d.	270	69 Rues (les), h.	171
47	Royers (les), d.	179	70 Rues (les), f.	305
48	Royers (les), d.	182	71 Ruet, d.	174
49	Ruat (la), l.	309	72 Rue Tousat, h. 36 et 144	
50	Rubis (les), mét.	226	73 Ruets (les), d.	288
51	Ruchots (les), d.	205	74 Ruiliers (les).	218
52	Rue (la), h.	33	75 Ruisseau (le), d.	72
53	Rue (le), vge.	92	76 Ruisseau (le), d.	115
54	Rue (la), l.	111	77 Ruisseau (le), h.	148
55	Rue (la), d.	201	78 Ruisseau (le), d.	255
56	Rue (la), d.	271	79 Ruisseau du Mont	
57	Rue (la), d.	289	(le), h.	120
58	Rue Basse (la), l.	281	80 Ruisseau Verne (le), l.	51
59	Rue (la grand), l.	183	81 Russe (le), l.	83
60	Rue des Ormes (la), d.	112	82 Russon (le), d.	221
61	Rue d'en haut (la), h.	111	83 Rusière, d.	34
62	Rue de Vallière (la), h.	224	84 Ruterre, d.	145
			85 Rutin (le), h. et m.	46

S

11486	Sable (le), h.	116	11492 Sablons (les), l.	30
87	Sablière, l.	289	93 Sablons (les), m. is.	217
88	Sablon (le), l.	77	94 Sablons (les), l.	221
89	Sablon (le), l.	137	95 Sablons (les), d.	282
90	Sablon (le), d.	271	96 Sablot (le), d.	54
91	Sablon (le), l.	293	97 Sablouse, l.	234

11198	Sabot de bois (le), d.	111	
99	Saboterie (la), d.	163	
11300	Sabotière (la), h.	174	
1	Sabotiers (les), d.	11	
2	Sabotiers (les), h.	202	
3	Sabots (les), d.	72	
4	Saboulets (les), d.	236	
5	Saboureux (les), h.	309	
6	Sac (le), h.	126	
7	Sacards (les), f.	129	
8	Sacards (les), mét.	226	
9	Sacré-Cœur (le), f.	130	
10	Sacré-Cœur (noviciat du), c. h.	232	
11	Sacrots (les), ch.	2	
12	Sagne (la), l.	60	
13	Sagne (la), d.	102	
14	Sagne (la), d.	202	
15	Sagnes (les), éc.	45	
16	Sagotière, d.	85	
17	Saignes (les), h.	201	
18	Saillant, m.	48	
19	Saillant, h.	207	
20	Saillut, h.	36	
21	Saint-Allire, vge.	232	
22	Saint-Allire, ch.	263	
23	SAINT-ANGEL, vge.	215	
24	Saint-Argier, d. roy. Champtargier.	101	
25	SAINT-AUBIN, vge.	216	
26	Saint-Augustin, ch. et f.	62	
27	Saint-Benin, h.	3	
28	Saint-Bonnet, h.	130	
11329	SAINT-BONNET DE FOUR, vge.	217	
30	SAINT-BONNET DE ROCHEFORT, vge.	219	
31	St-Bonnet de Tizon, vge.	22	
32	SAINT-BONNET-LE-DÉSERT, vge.	218	
33	SAINT-CAPRAIS, vge.	220	
34	Saint-Charles, éc.	6	
35	Saint-Charles, q.	183	
36	Saint-Christophe, h.	127	
37	ST-CHRISTOPHE, vge.	221	
38	Saint-Ciprien, h.	233	
39	Saint-Cir, d.	63	
40	Saint-Claude, d.	23	
41	SAINT-CLÉMENT, vge.	222	
42	Saint-Corre, h.	6	
43	Saint-Denis, h.	262	
44	SAINT-DÉSIRÉ, vge.	223	
45	SAINT-DIDIER, vge.	224	
46	SAINT-DIDIER-EN-DONJON, vge.	225	
47	Saint-Dost, h.	256	
48	Sainte-Agathe, chap.	223	
49	Sainte-Agathe, d.	313	
50	Sainte-Anne, d.	129	
51	Sainte-Catherine, l.	83	
52	Sainte-Catherine, b.	130	
53	Sainte-Catherine, vig.	144	
54	Sainte-Foi, h.	105	
55	Sainte-Hélène, l.	190	
56	Saint-Eloi, h.	53	
57	Saint-Eloi, t.	272	
58	Saint-Eloi, h.	316	

11559	Saint-Ennemond, vge.	226	11588	Saint-Gobin, vig.	126
60	Saint-Esprit, f.	27	89	Saint-Hilaire, vge.	235
61	Saint-Esprit, l.	213	90	Saint-Jacques, l.	119
62	Saint-Esprit, vig.	315	91	Saint-James, vge.	105
63	St-Etienne, ch. et d.	232	92	Saint-Jean, l.	22
64	Saint-Etienne-de-Vic, vge.	227	93	Saint-Jean, d. et h.	180
65	Ste-Marguerite, ch. et f.	111	94	Saint-Jean-de-Bouis, d. et u.	219
66	Sainte-Marie, h.	111	95	Saint-Julien, d.	315
67	Sainte-Marie, d.	112	96	Saint-Laurent, l.	62
68	Sainte-Procule, l.	252	97	Saint-Laurent, vig.	63
69	Sainte-Radegonde, d.	168	98	Saint-Lazare, l.	31
70	Ste-Thérence, vge.	258	99	Saint-Léger, l.	175
71	Sainte-Vallière, l.	272	11600	Saint-Léger-des-Bruyères,	236
72	Saint-Fargeol, vge.	228	1	Saint-Léon, vge.	237
73	Saint-Félix, vge.	229	2	St-Léopardin, vge.	238
74	Saint-Fiacre, l.	122	3	Saint-Louis, vig.	37
75	Saint-Fiacre, m. is.	133	4	Saint-Loup, vge.	239
76	Saint François, h.	205	5	Saint-Maillard, f.	27
77	Saint-Genest, l.	79	6	Saint-Maixent, vig.	139
78	Saint-Genest, vge.	230	7	Saint-Mamet, h.	210
79	St-Geran-de-Vaux, vge.	231	8	Saint-Marc, f.	03
80	Saint-Geran-le-Poi, vge.	232	9	Saint-Marcel-en-Marcillat, vge.	240
81	Saint-Gérard, l.	222	10	Saint-Marcel-en-Murat, vge.	241
82	Saint-Gerbaud, h.	49	11	Saint-Martial, d.	139
83	Saint-Gérier, d.	5	12	Saint-Martin, vig.	25
84	Saint-Germain, h.	63	13	Saint-Martin, l.	149
85	Saint-Germain-de-Salles, vge.	233	14	Saint-Martin, h.	232
86	Saint-Germain-des-Fossés, vge.	234	15	St-Martin-des-Lais, vge.	242
87	Saint-Gilbert, h.	224	16	Saint-Martinien, vge.	243

11617	St-Maurice, d. et m.	12	11645	Saint-Roch, l.	129
18	Saint-Mayeul, l.	272	46	Saint-Rondin, d.	25
19	Saint-Mayeul, l.	308	47	SAINT-SAUVIER, vge.	256
20	SAINT-MENOUX, b.	244	48	Saint-Sornin, vge.	52
21	Saint-Mur, ch. d. et t.	194	49	SAINT-SORNIN, vge.	257
22	SAINT-NICOLAS-DES-BIEFS, vge.	245	50	Saint Thibaud, d.	249
			51	Saint Thiorre, vge.	261
23	SAINT-PALAIS, vge.	246	52	SAINT-VICTOR, vge.	259
24	Saint-Pardoux, vge.	203	53	SAINT-VOIR, vge.	260
25	Saint-Pardoux, m.	210		SAINT-YORRE, vge.	261
26	St-Pardoux, vge. et d.	279		roy. Saint-Thiorre.	
27	Saint-Paul, d.	18	54	Sais (les), d.	173
28	Saint-Paul (les), vge.	44	55	Saiseau (le), d.	83
29	Saint-Pierre, l.	4	56	Saladins (les), d.	130
30	ST-PIERRE-LA-VAL, vge	247	57	Salebrune, d.	20
31	SAINT-PLAISIR, vge.	248	58	Salet, d.	40
32	SAINT-PONT, vge.	249	59	Salevert, l	3
33	Saint-Pourçain, h.	151	60	Salgrenière, d.	312
34	SAINT-POURÇAIN, ville.	250	61	Saligni, d.	15
			62	SALIGNI, vge.	262
35	SAINT-POURÇAIN-SUR-BÈBRE, vge.	251	63	Salignon, l.	174
			64	Salin (le), l.	131
36	Saint-Priest, h.	7	65	Salis (les), d.	301
37	Saint-Priest, ch. et l.	12	66	Salitre (le), d.	62
38	SAINT-PRIEST-D'ANDELOT, vge.	252	67	Salitre (le petit), l.	62
			68	Sallards (les), d.	283
39	ST-PRIEST-EN-MURAT, vge.	253	69	Salle (la), d.	2
			70	Salle (la), vig.	37
40	SAINT-PRIX, vge.	254	71	Salle (la), l.	77
41	Saint-Rambaux, h.	102	72	Salle (la), h.	131
42	Saint-Rémi, b.	256	73	Salle (la), éc.	165
43	SAINT-RÉMI-EN-ROLLAT, vge.	255	74	Salle (la), f.	282
			75	Salle (la), h.	310
44	Saint-Roch, l.	3	76	Salle (la), ch. et d.	311

11077	Salle Guérin, d.	85	11711 Sans Raison, d.	216
78	Salles (les), d.	31	12 Sanssat, vge	203
79	Salles (les), h.	127	13 Sante, h.	100
80	Salles (les), ch. et d.	163	14 Sante (petit), d.	106
81	Salles (les), f.	171	15 Santigni, d.	18
82	Salles (les), vge et ch.	233	16 Sapin, l.	77
83	Salles (les Bas), d.	170	17 Sapinière l.	130
84	Salmins (les), l.	138	18 Sapinière, f.	279
85	Salmons (les), f.	287	19 Sapins (les), l.	51
86	Salnins (les), f.	293	20 Sapins (les), d.	101
87	Salodin, l.	216	21 Sapins (les), l.	103
88	Saloin, l.	137	22 Sapins (les), l.	106
89	Salon, d.	113	23 Sapins (les), d.	126
90	Salonnes (les), d.	121	24 Sapins (les), l.	132
91	Salonnes(les petites),f.	231	25 Sapins (les), d.	137
92	Salonnes (les), l.	239	26 Sapins (les), l.	160
93	Salot, d.	269	27 Sapins (les), d.	168
94	Saloup, l.	317	28 Sapins (les).	172
95	Salut, vig.	127	29 Sapins (les), d.	202
96	Salvert, d.	103	30 Sapins, d.	231
97	Salverts (les), d.	99	31 Sapins (les), d.	232
98	Sampère, h.	237	32 Sapins (les), l.	236
99	Sancereux, l.	129	33 Sapins (les), h.	262
11700	Sanciaux (les), d.	287	34 Sapins (les), d.	269
1	Sanciode, vig.	195	35 Sapins (les), vge.	281
2	Sanderet, l.	202	36 Sapins (les), l.	289
3	Sanelle (le pré), h.	21	37 Sapins des Bernards (les), d.	43
4	Sangsues (les), l.	272	38 Sapins Perrin (les), l.	4
5	Sanirelle, d.	17	39 Sapins Prier (les), l.	4
6	Sanne, m. et d.	283	40 Sarasin, f.	288
7	Sans Chagrin, vge.	103, 251	41 Sarassan, d.	2
8	Sartinant, h.	234	42 Sardons (les), f.	107
9	Sans Cri, d.	129	43 Sarlets (les), l.	182
10	Sans Raison, m.	27		

11744	Sarmasse, h.	316	11778	Saulniers (les), d.	192
45	Sarre, d.	30	79	Sault (le), d.	15
46	Sarre (le vieux), d.	30	80	Sault (le gué du), d.	20
47	Sarris (les), d.	100	81	Sault, vge et m.	208
48	Sarrons (les), h.	103	82	Saulzaie (la), f.	234
49	Satrins (les), d.	27	83	Saulzet, d.	74
50	Satrins (les), d.	31	84	Saulzet, f.	91
51	Sauclère (la), l.	62	85	Saulzet (le), d.	116
52	Sauclère, d.	112	86	Saulzet (le), d.	225
53	Saucière, l.	165	87	SAULZET, vge.	265
54	Saucière, d.	308	88	Saulzet, d.	316
55	Saudais (le), d.	2	89	Saulzet (le grand), d.	81
56	Saudais (le), d.	31	90	Saulzet (le petit), d.	81
57	Saudais (le), l.	110	91	Saulzets (les), d.	231
58	Saudais (le), d.	231	92	Saumins (les), vge.	201
59	Saudin, l.	270	93	Saunière (la grande), l.	300
60	Saudois (le), d.	171	94	Saunière (la petite), l.	300
61	Saudois (le), vig.	193	95	Saussure, d.	88
62	Saudois (les).	2	96	Saussus (les), d.	293
63	Saugère, d. et m.	128	97	Sautats (les), l.	200
64	Sauget, d.	240	98	Saute Gournaude, l.	199
65	Sauget (le petit), d.	240	99	Sauteloup, d.	231
66	SAULCET, vge.	204	11800	Sauvage (le), ch.	89
67	Saule (le), m.	32	1	Sauvages (les), f.	20
68	Saule (le), l.	68	2	SAUVAGNI,	266
69	Saule (le), l.	69	3	Sauvards (les), d.	236
70	Saule (le), m.	174	4	Sauvat (le lieu), d.	88
71	Saule (le), l.	202	5	Sauvatte (la), ch. et d.	289
72	Saule (le), l.	213	6	Sauvelour, d.	262
73	Saules (les), d.	183	7	Sauvestre, h.	7
74	Sauljat, h.	259	8	Sauveté (la), d.	85
75	Saulnier, d.	316	9	Sauveuse (la), d.	225
76	Saulnière (la), d.	201	10	Sauzaie (la), d.	20
77	Saulniers (les), h.	23	11	Sauzat (la), d.	223

11812	Saulzat (la), d.	227		11844	Seignat (le), l.	113
13	Sauze (la), d.	162		45	Seignat-Grebost (le), l.	258
14	Sauzeau (la), d.	197		46	Seigne (la), h.	92
15	Sauzeau d'en bas et d'en haut (la), h. et d.	56		47	Seigne (la), l.	222
				48	Seigne de Chacaton (la), l.	253
16	Sauzées (les), vge.	103		49	Seignes (les), d.	196
17	Sauzet (le), d.	97		50	Seignes (les), m. is.	217
18	Sauzi (le), l.	61		51	Seignes des Gants (les), h.	217
19	Sauzue, d.	90				
20	Savernat, h.	213		52	Seigneurie (la), l.	279
21	Savigni, vge.	303		53	Segongne (la), l.	279
22	Savions (les), d.	90		54	Seguin, d.	34
23	Savrière, d.	289		55	Seguin, l.	46
24	Sayets (les), d.	4		56	Seguin (les loges), l.	262
25	Sayets (les), d.	202		57	Seguins (les), h.	226
26	SAZERET, vge.	267		58	Segurets (les), d.	260
27	Sceau (le), d.	29		59	Séjournins (les), h.	1
28	Seauve, d.	63		60	Sellat, vge.	162
29	Sebaud (le lieu), l.	193		61	Sellier, vig.	220
30	Sebillats (les), h.	220		62	Semesutre, vge.	177
31	Séchauds (les), h.	307		63	Séminaire (le), col.	130
32	Sécheresse (la), m.	128		64	Séminaire (le), d.	130
33	Secrétine, l.	272		65	Semins (les), d.	257
34	Sedenis, l.	315		66	Semoux, h.	297
35	Seganges, ch. et d.	13		67	Senant, h. et d.	278
36	Segaud (l'an. moul), d.	283		68	Senant, d.	284
37	Segaud (le bois), l.	283		69	Senarets (les), h.	309
38	Segaudière, d.	257		70	Senat, vge.	275
39	Segauds (les), d.	142		71	Sénatioux (les), d.	312
40	Segauds (les), d.	172		72	Sénepins (les), d.	64
41	Segauds (les), d. et t.	283		73	Sénepins, (les), h.	160
42	Segauds (les bois), l.	172		74	Seneril, vig.	25
43	Segauds Rollins (les), h.	137		75	Septerée (la), l.	170

11878	Septfonds, abb.	98	11909 Signolle (la), l.	90
77	Septfonds (bois de), d.	168	10 Signolles (les), h.	13
78	SERBANNES, vgo.	268	11 Signoux (le), d.	289
79	Serbannes (le petit), vgo.	268	12 Sigurets (les), vig.	21
			13 Silhaume, m.	87
80	Sérignat, h.	139	14 Simon, d.	57
81	Serin, moul.	89	15 Simonet, d.	216
82	Serins (les), l.	120	16 Simonets (les), d.	23
83	Serre (la), f.	21	17 Simonets (les), d.	86
84	Serre, h.	36 et 144	18 Simonin, d.	218
85	Serre (la), l.	118	19 Simonins (les), d.	14
86	Serre (la), h.	119	20 Simonins (les), d.	23
87	Serre (la), d.	138	21 Simons (les), d.	126
88	Serruriers (les), d.	67	22 Siocre, l.	152
89	Serve (le grand), d.	160	23 Siret (la croix), d.	172
90	Servet, f.	260	24 Sirets (les), d.	225
91	Serviers (les), d.	309	25 Siroli, l.	251
92	SERVILLI, vge.	269	26 Sisel, l.	181
93	Setier (le), d.	232	27 Soalhat, l.	93
94	Setiers (les), d.	24	28 Sogne (la), f.	223
95	Seu (le), h.	116	29 Solée (la), l.	130
96	Seu (le), d.	150	30 Soleil (le), d.	123
97	Seu (le), ch. et d.	237	31 Soleil (le), f.	253
98	Seu (le), h.	207	32 Solets (les), d.	72
99	SEUILLET, vge.	270	33 Solitude (la), d.	166
11000	Seure (le), l.	289	34 Sologne, h.	210
1	Sevras (les), d.	70	35 Sorbette (la), l.	191
2	Siacrots (les), f.	236	36 Sorbier (le), d.	70
3	Sibot, l.	89	37 Sorbier (le), l.	174
4	Sigauds (les), h.	40	38 Sorbier (le), h.	186
5	Sigauds (les), f.	152	39 Sorbier (le), d.	192
6	Signablin, h.	61	40 SORBIER, vge.	271
7	Signat-Giraud, d.	190	41 Sorbière (la), vig.	283
8	Signevarine, h.	80	42 Sorbiers (les), d.	129

11913	Sorette, vig.	164	11976	Soudain, l.	31
44	Sorillant, d.	81	77	Soudan (le), h.	102
45	Soriots (les), f.	283	78	Soudard, l.	15
46	Sossignon (le), l.	110	79	Soudier, l.	32
47	Sotivets (les), d.	82	80	Soudrai (le grand), d.	153
48	Sotti (la loge), l.	172	81	Soudrai (le petit).	153
49	Sottis (les), f.	84	82	Souillats (les), d.	63
50	Sottis (les), d.	98	83	Souis (les), d.	45
51	Sou (le), l.	20	84	Souis, ch. et d.	244
52	Sou (le), h.	70	85	Souitte, vge.	250
53	Sou (le), d.	74	86	Soulo (la), d.	231
54	Sou (le), h.	76	87	Soulereux, vig.	179
55	Sou (le), d.	79	88	Soulice, l. et m.	46
56	Sou (le), m.	105	89	Soulice (le grand), d.	46
57	Sou (le), d.	218	90	Soulice (le petit), d.	46
58	Soubrenière, l.	34	91	Soulier (le), d.	50
59	Soubroux, d.	75	92	Soulier (le), l.	113
60	Souche (la), l.	31	93	Souliers (les), d.	192
61	Souche (la), d.	102	94	Souliers (les), d.	312
62	Souche (la), d.	184	95	Soulongis, d.	312
63	Souche (la), m.	314	96	Soumiers (les), d.	102
64	Souche (Henri de la), l.	102	97	Soupaise, h.	74
65	Souche (le pont de la), l.	102	98	Souperons (les loges des), vge.	223
66	Souchère (la), d.	106	99	Sourd (le), d.	15
67	Souchère (la), l.	126	12000	Sourdinières (les), d.	279
68	Souchères (les), l.	108	1	Souroux, d.	72
69	Souches (les), l.	103	2	Sous (les), d.	74
70	Souches (les), h.	113	3	Sous le bois, d.	160
71	Souches (les), l.	132	4	Sous le bois Frobert, l.	64
72	Souchet (le), d.	66	5	Soutron (le), d.	129
73	Souchet (le), d.	132	6	Souvière, d.	129
74	Souchon, m.	246	7	Souvigné, f.	278
75	Souci (le), f.	233	8	SOUVIGNI, ville.	272

12009 Souvignère, d.	97	12024 Suches (le champ des), l.	244
10 Souvigni le Thion, h.	192	25 Suchet (le), d.	223
11 Sourol, vig.	62	26 Suchet (le grand), f.	267
12 Sprato (la).	20	27 Suchet (le), vig.	272
13 Spées (les), d.	279	28 Sugère, h.	256
14 Soyers (les), d.	05	29 Suivière, h.	44
15 Station (la).	68	30 Sur Bord, vig.	164
16 Station (la).	99	31 Sur Chenot.	33
17 Station (la).	255	32 Surets (les grands), d.	33
18 Suave (la), l.	05	33 Surets (les petits), d.	33
19 Suave (la), l.	266	34 Sur la Route, l.	247
20 Suavre (la), d.	301	35 Sur le Champ, h.	13
12021 Suche (la), d.	73	36 Sur le Pré, d.	113
22 Suchelle (la), h.	56	37 SUSSAT, vge.	273
23 Suchères, l.	155	38 Susset, l.	244

T

12039 Ta'arins (les), d.	112	12052 Taille Bottes, f.	37
40 Tabaseau, d.	194	53 Taillefer, d.	152
41 Tacard, m. et l.	132	54 Taillerets (les), d.	130
42 Tachet, d.	85	55 Tailles (les), d.	124
43 Tachette (la), d.	46	56 Tailles (les), f.	129
44 Tachon, l.	6	57 Tailles (les), l.	203
45 Tachon, h. et m.	54	58 Taillis (le), l.	216
46 Tachon, vge.	247	59 Taillis (le), d.	244
47 Tacorins (les), d.	173	60 Taillis (le), vig.	283
48 Tafleur, l.	160	61 Taillis Gras (le), l.	117
49 Taillables (les), vig.	38	62 Taillons (les), d.	13
50 Taillandiers (les), f.	287	63 Tains (les), d.	207
51 Taillard, f.	31	64 Tains d'en bas (les), d.	65

12065	Tains d'en haut (les), d.	65	12098	Target, vgo.	274
66	Tains (le pont des), d.	65	99	Tariant, l.	218
67	Talabas, h.	304	12100	Tarjazet, h.	274
68	Talabert, h.	196	1	Tarlets (les), vig.	71
69	Talbots (les), d.	280	2	Tarnissats (les), d.	2
70	Taleine, h.	84	3	Tarrago (lo), l.	49
71	Talles (les), h.	265	4	Tartarin, d.	37
72	Talon, d.	77	5	Tartasses (les), f.	52
73	Talon, h.	132	6	Tartasses (les), d.	99
74	Talots (les), l.	216	7	Tartasses (les), l.	127
75	Talvat, l.	160	8	Tartelinière, d.	129
76	Tamizière, h.	145	9	Tartet (le), l.	6
77	Tampons (les), l.	112	10	Tartet (le), l.	313
78	Tanière (la), h.	5	11	Tartiget, d.	54
79	Tanière (la), l.	281	12	Tarzi, h.	314
80	Tanières (les), ch. et d.	112	13	Taupe (la), l.	85
81	Taniers (les), d.	280	14	Taupinière (la), d.	85
82	Tannerie (la), l.	100	15	Taureaux (les), vig.	42
83	Tannerie (la), l.	231	16	Taureaux (les), d.	112
84	Tanneries (les), l.	3	17	Tauvanais (les), h.	30
85	Tanneur (le), f.	255	18	Taux (les), d.	41
86	Tanneurs (les), d.	192	19	Taverniers (les), l.	130
87	Tanquat, d.	57	20	Taxat, vgo.	115
88	Tantôt, l.	93	21	Taxat, vgo.	275
89	Taons (les), moul.	113	22	Taxins (les), d.	81
90	Taponne (la), l.	105	23	Tèche, d.	17
91	Taransat, d.	274	24	Teinturière, h.	231
92	Tarde (lo), d.	223	25	Teillat, d.	263
93	Tardes (les), h.	131	26	Teille (la grande), f.	129
94	Tardifs (les), d.	72	27	Teille (la petite), d.	129
95	Tardis (les), d.	203	28	Teilles (les), f.	289
96	Tardivon, d.	244	29	Teillet, vgo.	276
97	Tareplan, l.	23	30	Teilli, d.	262
			31	Teillin, h.	170

17132	Teillot (le), d.	93	
33	Tels (les), h.	215	
34	Tels (les), h.	211	
35	Tels (les), h.	267	
36	Tels (le), d.	274	
37	Teissat, vge.	210	
38	Telet, d.	260	
39	Telins (les), l.	13	
40	Tellière, d.	230	
41	Tellières (les), l.	274	
42	Telot, l.	232	
43	Temple (le), f.	250	
44	Ténière (la), d.	156	
45	Tenots (les), l.	103	
46	TERJAT, vge.	277	
47	Termes (les grandes), d.	122	
48	Termes (les petites), l.	122	
49	Ternat (le), d.	98	
50	Ternière, d.	282	
51	Terrade (la), h.	258	
52	Terrages (les), d.	190	
53	Terrasse (la), d.	15	
54	Terrasse (la), l.	40	
55	Terrasse (la), f.	41	
56	Terrasse (la), l.	215	
57	Terrasse (la), d.	283	
58	Terraudes (les), l.	317	
59	Terreaux (les), d.	86	
60	Terre-Blanche, t.	208	
61	Terre-Forte (la), l.	83	
62	Terre Neuve, f.	99	
63	Terre Neuve, d. et br.	208	
64	Terre Neuve, d. et ch.	271	
13165	Terre Noire, d.	77	
66	Terre Noire, l.	172	
67	Terre Noire, h.	209	
68	Terre Noire, h.	269	
69	Terres (les), l.	113	
70	Terres (les), l.	279	
71	Terres Douces (les), l.	216	
72	Terres Molles (les), d.	230	
73	Terres Noires (les), h.	94	
74	Terres Noires (les), h.	274	
75	Terret (le), h.	277	
76	Terriens (les), d.	119	
77	Terrier (le), d.	155	
78	Terrier du Renard (le), d.	115	
79	Terriers (les), d.	176	
80	Tessat, vge.	135	
81	Têtards (les), d.	191	
82	Tête Noire, 2 sc. m.	113	
83	Tête Noire, d.	199	
84	Têtes (les), l.	222	
85	Tevenet, d.	232	
86	Thebauts (les), mét.	220	
87	Theil, vge.	7	
88	Theil (le), d.	20	
89	Theil (le), d.	165	
90	Theil (le), vge.	243	
91	THEIL (LE), vge.	278	
92	Theil (le), vge.	298	
93	Theils (les), d.	248	
94	THENEUILLE, vge.	279	
95	Thenin (le), f.	129	
96	Thenins (les), d.	143	
97	Thénons (les), h.	236	

12198 Ther, l.	151	12232 Thomarats (les), d.	309
99 Thervin, d.	203	33 Thomas (les), vig.	25
12200 Thet (le), d.	279	34 Thomas, m.	113
1 Theuils (les grands), d.	271	35 Thomas, m.	108
2 Theuils (les petits), d.	271	36 Thomas, d.	202
3 Theux (les), m.	113	37 Thomas (les), d.	237
4 Thévenards (les), d.	283	38 Thomassots (les), h.	100
5 Thévenet, h.	113	39 Thonin (le), d.	121
6 Thévenet, d.	152	40 Thorel (le), d.	4
7 Thévenet (la grange), l.	6	41 Thuelles (les), h.	49
8 Thévenets (les), d.	108	42 Thuelles (le bas des), d.	49
9 Thévenin, d.	263	43 Thuillières, d.	11
10 Thévenins (les), l.	108	44 Tiauleron, riv. et m.	313
11 Thévenins (les), vge.	302	45 Tibi, l.	288
12 Thévenots (les), h.	71	46 Tiffauge, d.	88
13 Thianges, d.	187	47 Tignat, h.	115
14 Thiaux (les), l.	64	48 Tilai, d.	140
15 Thiaux (les), d.	315	49 Tilai, l.	223
16 Thibaud, d.	93	50 Tillerie (la), h.	46
17 Thibaudats (les), d.	312	51 Tillets (les), d.	69
18 Thibaude (la), l.	108	52 Tillot (le), h.	76
19 Thibauds (les), f.	39	53 Tilloux (le), vge.	101
20 Thibauds (les), f.	168	54 Tilloux (les), d.	97
21 Thibauds (les), d.	289	55 Tilli, h.	63
22 THIEL, vge.	280	56 Tilli, m.	118
23 Thierri (les), f.	25	57 Tilli, h.	248
24 Thierri (les), d.	77	58 Tilli, h. et m.	253
25 Thierri (les), l.	165	59 Tinotons (les), f.	90
26 Thiers (les), d.	131	60 Tirago, d.	107
27 Thiolais, d.	198	61 Tire oiseau, d.	255
28 Thiolet, m. f.	46	62 Tireuse (la), ch. et d.	101
29 Thiolets (les), d.	271	63 Tireuse (la), d.	130
30 THIONNE, vge.	231	64 Tire Vinaigre, l.	288
31 Thiot (chez lé), l.	120	65 Tisais (les), d.	37

12266	Tisais, h.	200	12298 Torchats (les), d.	65
67	Tisat, vig. et l.	50	99 Torchons (les), d.	271
68	Tison, h.	22	12300 Torci, ch. et f.	120
69	Tison, h.	109	1 Torrière, d.	120
70	Tison, h.	117	2 Torterats (les), d.	11
71	Tison, d.	152	3 TORTESAIS, vge.	282
72	Tison, vge.	181	4 Tôte (la), h.	15
73	Tison, f.	259	5 Toubrac, l.	151
74	Tisso (le grand et le petit), d. et l.	212	6 Toule (la), h. et ch.	89
75	Tisserons (les), f.	259	7 Toulon, h.	137
76	Tissier, d.	202	8 Toulon, d.	138
77	Tissiers (les), d.	17	9 TOULON, vge.	283
78	Tissiers (les), d.	112	10 Toulon, m.	283
79	Tissiers (les), d.	220	11 Tour (la), d.	1
80	Tivalets (les), d.	101	12 Tour (la), vge.	28
81	Tivalières, ch. et d.	115	13 Tour (le), m.	31
82	Tivelet, l.	4	14 Tour (le), d.	61
83	Tivet, h.	288	15 Tour (la), d.	100
84	Tivoli, d.	90	16 Tour (la), d. et m.	101
85	Tivoli, h.	100	17 Tour (la), d.	186
86	Tixiers (les), d.	119	18 Tour (la), d.	193
87	Tocado (la), l.	210	19 Tour (la), ch. et f.	217
88	Tocants, d.	288	20 Tour (la), m.	248
89	Tocat, f.	91	21 Tour (la), d.	263
90	Togue, f.	136	22 Tour (la), d.	264
91	Toines (les), h.	215	23 Tour (la), m.	272
92	Toinon, h.	113	24 Tourallière, d.	279
93	Tolet, l.	179	25 Tourandière, h.	115
94	Tombe aux Pélerins (la), l.	218	26 Tour du Bouts (la), d.	131
95	Toquins (les), d.	6	27 Touri, ch. et h.	179
96	Toquins (les), vge.	231	28 Touri, f.	193
97	Torards (les), d.	237	29 Touri, d.	231
			30 Touris (les), d.	115

12331	Tourneau de Malicorne (le), d.	282	12364	Tranchepied, l.	99
32	Tourne Bride, l.	100	65	Trancherond, d.	218
33	Tourne Bride (le), l.	213	66	Transéat, h	162
34	Tournemotte, vig.	195	67	Trapière (la), d. et l.	6
35	Tourniers (les), h.	52	68	Trapières (les), d.	193
36	Tournus (les), f.	225	69	Traquin (le), l.	69
37	Tournus (les ponts), d.	225	70	Traux (les), m.	176
38	Tournus (les), h.	230	71	Travaille Coquin, f.	70
39	Tour Pourçain (la), d.	17	72	Travaillots (les), d.	121
40	Tourrière (la), d.	318	73	Traversières (les), l.	145
41	Tours (les), d.	91	74	Trayant, l.	66
42	Tourtière, l.	145	75	TREBAN, vge.	281
43	Touselins (les), d.	195	76	Tréfou, d.	18
44	Tousets (les), d.	63	77	Tréfou, d.	216
45	Tousets (les petits), f.	63	78	Tréfou-Jean, l.	6
46	Toussout, l.	221	79	Tréfouse, d.	151
47	Tout y faut, d.	50	80	Tréfoux, d.	28
48	Tout y faut, d.	138	81	Tréfoux, d.	51
49	Tout y faut, d.	143	82	TREIGNAT, vge.	285
50	Touvant, d.	68	83	Treilhut, d.	64
51	Touvent, f.	195	84	Treilles (les), d.	6
52	Trableine, d. et l.	223	85	Treillis (le), d.	55
53	Trachier, h.	156	86	Treillis (le), &c.	226
54	Traffets (les), d.	182	87	Treize-Vents (les), h.	148
55	Train (le), l.	202	88	Tremblai (le), d.	4
56	Train (le), d.	269	89	Tremblai (le petit), l.	4
57	Train de Loup, l.	34	90	Tremblai (le), d.	27
58	Traine Balais, vge.	208	91	Tremblai (le), l.	61
59	Trait (le), d.	203	92	Tremblai (le), h.	95
60	Tramouilles (les), l.	263	93	Tremblai (le), d.	97
61	Trampière (la), h.	148	94	Tremblai (le), d.	212
62	Tranchais, l.	15	95	Tremblai (le), d.	217
63	Tranchée (la), l.	22	96	Tremblai (le), d.	229
			97	Tremblai (le), d.	315

12398	Tremblais (les), d.	83	
99	Tremble (le), f.	103	
12400	Trembles (les), l.	280	
1	Trembles (les), h.	318	
2	Tremblet (le), l.	150	
3	Trembouille, l.	31	
4	Trembout, d.	288	
5	Trépasse (la), l.	153	
6	Tresseaux (les), h.	218	
7	Trésuble, d.	288	
8	Trétagne, d.	52	
9	Treteau, vge.	286	
10	Treuil (le), d.	25	
11	Treuil (le), d.	149	
12	Treux (le), d.	200	
13	Treux (le), h.	210	
14	Trève (la), l.	209	
15	Trève (le), h.	215	
16	Trève Bonnefond (le), loc.	222	
17	Trève de Radde, l.	217	
18	Trève Gaille, l.	6	
19	Trèves (le grand), d.	151	
20	Trèves (le petit), d.	151	
21	Trevol, vge.	287	
22	Trezelle, vge.	288	
23	Tribouillat, l.	32	
24	Triboulets (les), d.	61	
25	Tribunal (le), h.	126	
26	Tricoule, d.	280	
27	Trilliers (les), h.	79	
28	Trilliers (les), h.	190	
29	Trilliers (les), d.	299	
30	Trimouille (la), f.	7	
12431	Trimouille (la), d.	45	
32	Trimouille (la), vge.	162	
33	Trimouille (la), d.	218	
34	Trimoulet, d.	285	
35	Trios (les), l.	30	
36	Trochère, h.	279	
37	Trocherie (la), l.	129	
38	Trochetière, l.	46	
39	Trois ou le Trait, f.	220	
40	Trois Arbres (les), d.	312	
41	Trois Chênes (les), d.	226	
42	Trois Chênes (les), d.	316	
43	Trois Fourneaux (les), vig.	99	
44	Trois Rigoles (les), d.	202	
45	Trois Rubans (les), d.	13	
46	Trolière (la), ch. et l.	12	
47	Trollière (la), ch.	279	
48	Trompsol, h.	13	
49	Tronçais, h.	219	
50	Tronçais (la), h.	68	
51	Tronçais, l.	100	
52	Tronçais, l.	231	
53	Trône, (le) d.	116	
54	Trône (le), l.	285	
55	Troxoet, vge.	289	
56	Tropvendu, l.	301	
57	Trouplandière, d.	129	
58	Trouvas, d.	213	
59	Truelle (la), h.	50	
60	Truges (les), d.	262	
61	Tuche (la), l.	216	
62	Tuches (les), l.	129	
63	Tueloup, l.	17	

12464	Tueloup, f.	173	12498 Tuilerie (la), l.	200
65	Tuilerie (la), ch.	2	99 Tuilerie (la), t.	205
66	Tuilerie (le), l.	13	12500 Tuilerie (la), l.	220
67	Tuilerie (la), l.	16	1 Tuilerie (la), us.	220
68	Tuilerie (la), vge.	17	2 Tuilerie (la), l.	231
69	Tuilerie (l'ancienne), l.	17	3 Tuilerie (la), l.	235
70	Tuilerie (la), d.	19	4 Tuilerie (la), t.	260
71	Tuilerie (la), d.	22	5 Tuilerie (la), l.	262
72	Tuilerie (la), d.	29	6 Tuilerie (la), d. et l.	271
73	Tuilerie (la), h.	36	7 Tuilerie (la), éc.	275
74	Tuilerie (la), t.	37	8 Tuilerie (la), h.	278
75	Tuilerie (la), d.	40	9 Tuilerie (la), l.	279
76	Tuilerie (la), l.	45	10 Tuilerie (la), d.	295
77	Tuilerie (la), h.	47	11 Tuilerie (la), h.	301
78	Tuilerie (la), l.	50	12 Tuilerie Brulée (la), vig.	193
79	Tuilerie (la), l.	52	13 Tuilerie de l'Étang Sebaud (la), l.	150
80	Tuilerie (la), l.	55	14 Tuilerie de Sarre (la), t.	30
81	Tuilerie (la), éc.	57	15 Tuilerie des Mottes (la), d.	197
82	Tuilerie (la), d.	63	16 Tuilerie de Soupaize (la), vig.	37
83	Tuilerie (la), l.	75	17 Tuilerie des Sards (la), l.	262
84	Tuilerie (la), d.	96	18 Tuilerie Neuve (la), d.	268
85	Tuilerie (la), l.	100	19 Tuileries (les), vge.	93
86	Tuilerie (la), l.	117	20 Tuileries (les), d.	150
87	Tuilerie (la), h.	130	21 Tuileries (les), d.	250
88	Tuilerie (la), t.	132	22 Tuisards (les), d.	147
89	Tuilerie (la), f.	136	23 Tupinier (le), d.	203
90	Tuilerie (la), t.	138	24 Turago, Jacques, l.	65
91	Tuilerie (la), l.	149	25 Turail (le), l.	102
92	Tuilerie (la), h.	151	26 Turau (le), d.	5
93	Tuilerie (la), vig.	179		
94	Tuilerie (la), l.	191		
95	Tuilerie (la), l.	194		
96	Tuilerie (la), l.	195		
97	Tuilerie (la), l.	1		

12327	Turau (le), d.	23	12341	Turaux (les), d.	151
28	Turau (le), d.	61	42	Turaux (les), l.	209
29	Turau (le), d.	112	43	Turaux (les), d.	151
30	Turau (le), l.	128	44	Turaux (les), l.	225
31	Turau (le), l.	149	45	Turaux (les), d.	231
32	Turau (le), d.	236	46	Turgis, l.	93
33	Turau Jaune (le), l.	205	47	Turiers (les), h.	18
34	Turau Jaune, l.	225	48	Turiers (les), d.	100
35	Turau Sec, l.	199	49	Turiers (les), d.	133
36	Turau Sec (le), l.	271	50	Turiers (les), d.	237
37	Turaux (les), h.	79	51	Turiers (les), d.	297
38	Turaux (les), d.	82	52	Turlu, d.	77
39	Turaux (les), h.	84	53	Turne (la), l.	24
40	Turaux (les), l.	106	54	Turne (la), l.	112

U

12355	Unson, d.	228	12360	Usine (l'), m.	236
56	Urçai, vge.	290	61	Usine à gaz (l'), us.	93
57	Urci (la chapelle d'), éc.	154		et	310
58	Urfé, l.	202	62	Usseaux (les), d.	125
59	Usat, h.	147	63	Ussel, h.	291

V

12364	Vacheries (les), h.	156	12370	Vadets (les), d.	165
65	Vacheron, h.	268	71	Vagabon (le), l.	40
66	Vacherot, l.	18	72	Vaillers (les), d.	65
67	Vaches (les), d.	143	73	Vaise, d.	90
68	Vaches (les), m.	221	74	Val (la), f.	20
69	Vachettes (les), d.	217	75	Val (la), d.	227

12576	Val (la), f.	257	12607	Vallée (la), d.	150
77	Valade (la), h.	227	8	Vallée (le moulin de la), l.	150
78	Valade (la), h.	285			
79	Valais (le), vig.	99	9	Vallée (la grande), d.	151
80	Valais (le), l.	102	10	Vallée (la petite), d.	151
81	Valanseau, f.	127	11	Vallée (la), vig.	105
82	Valas (la), vge.	82	12	Vallée (la), m. et l.	108
83	Valas (la), d.	223	13	Vallée (la), mél.	226
84	Valaut (la), d.	128	14	Vallée (la), l.	211
85	Valaux (les), d.	267	15	Vallette (la), d.	2
86	Valencier, h.	197	16	Valleton, l.	220
87	Valençon, l.	113	17	Valliers (les), d.	280
88	Valençon, vge.	182	18	Vallon, l.	61
89	Valère, d.	64	19	Vallon (le), h.	115
90	Valette (la), d.	45	20	VALLON, vge.	291
91	Valette d'en bas (la), d.	267	21	Vallon (le grand), h.	273
92	Valette d'en haut (la), d.	267	22	Vallons (les), l.	274
			23	Vallot, l.	233
			24	Vallotte, l.	18
93	Valette (la), d.	318	25	Valnau, d.	161
94	Valière (le petit), l.	185	26	Valnivau, h.	279
95	Valière, ch. et d.	105	27	Valoin, d.	20
96	Valière, d.	255	28	Valons (les), l.	150
97	Valières, d.	248	29	Valtan, m. ch. et d.	138
98	VALIGNAT, vge.	292	30	Valtanges, h.	198
99	Valignat, m.	309	31	Valtis (les), f.	231
12600	Valigni, vge.	163	32	Vandons (les), h.	287
1	VALIGNI-LE-MONIAL, vge.	293	33	Vangcol, l.	138
			34	Vanneaux (les), l.	119
2	Valin, h.	279	35	Vareille, l.	8
3	Valin (la), l.	309	36	Varenne (la), ch.	41
4	Vallée (la), d.	51	37	Varenne, d.	46
5	Vallée (la), d.	103	38	Varenne (la grande), d.	60
6	Vallée (la), d.	119	39	Varenne (la petite), d.	60

12610	Varenne (la petite), l.	61
11	Varenne (la), d.	255
12	Varenne (la), ch. et t.	262
13	Varenne (la), ch. et d.	266
14	Varenne (la), d.	272
15	Varenne Digue (la), h.	307
16	Varenne Lyonne, d.	108
17	Varennes (les), h.	16
18	Varennes (les), h.	42
19	Varennes (les), h.	58
50	Varennes (les), d.	129
51	Varennes (les), vge.	184
52	Varennes (les), f.	259
53	Varennes (les), f.	280
54	Varennes Bonvin (les), d.	268
55	Varennes du Thurien, d.	18
56	VARENNES-SUR-ALLIER, vil.	295
57	VARENNES-SUR-TÈCHE, vge.	296
58	Varigni, f.	109
59	Varigni, h.	211
60	Varille, f.	120
61	Varins (les), d.	20
62	Varnes (les), l.	120
63	Varniers (les), l.	83
64	Varoux (la), d.	218
65	Varre (la), d.	84
66	Vas (la), f	20
67	Vas (la), l.	68
68	Vas (la), h.	253
69	Vas (la grande), f.	314
12670	Vas (la petite), l.	314
71	Vau (la), d.	2
72	Vau (la), d.	55
73	Vau (la), d.	95
74	Vau (la), vge.	156
75	Vau (la), d.	170
76	Vau (la), l.	192
77	Vau (la), d.	198
78	Vau (la), f.	266
79	Vau (la), d.	279
80	Vau (la), d.	280
81	Vau (la), d.	301
82	Vau (le), l.	93
83	Vau (le), h.	97
84	Vau Blanche (la), f.	117
85	Vaucoulmain (le grand), d.	11
86	Vaucoulmain (le petit), d.	11
87	VAUMAS, vge.	297
88	Vaure (la), h.	219
89	Vaure (grand), f.	43
90	Vaure (grand), f.	118
91	Vaure (petit), f.	118
92	Vaures (les), d.	108
93	Vaures (les), d.	127
94	Vauri (la), vge.	276
95	VAU SAINTE-ANNE (LA), vge.	298
96	Vauvernier, d.	134
97	Vauvre (la), d.	13
98	Vauvre (la), d.	118
99	Vauvre (la), d.	188
12700	Vauvre (la), f.	231

12701	Vauvre (la), h.	281	
2	Vauvre (la), d.	297	
3	Vauvre (la), d.	314	
4	Vauvres (les), d.	148	
5	Vauvres (les), d.	231	
6	Vaux (les), l.	22	
7	Vaux, d.	32	
8	Vaux, vge.	53	
9	Vaux (les), h.	67	
10	Vaux (les), l.	68	
11	Vaux (les), h. et f. à ch.	89	
12	Vaux (les), d.	138	
13	Vaux, d.	169	
14	Vaux, d.	290	
15	Vaux, vge.	299	
16	VAUX, vge.	305	
17	Vaux (les grands), l.	158	
18	Vavrin, l.	46	
19	Vay (la), f.	315	
20	Vayauds (les), d.	192	
21	Vazeille, f.	213	
22	Vazenton, h.	299	
23	VEAUCE, vge.	300	
24	Veillards (les), mét.	226	
25	Veillats, d.	200	
26	Veillauds (les), l.	61	
27	Veillauds (les), d.	191	
28	Veillauds (les), d.	192	
29	Veillon (le), l.	61	
30	Veillon (loge), l.	262	
31	Velatte (la), d.	38	
32	Velatte (la), h.	67	
33	Velatte (la), vge.	279	
34	Vellat, d.	115	
12735	Velles (les), l.	218	
36	Velles (les), l.	279	
37	Venant, m.	274	
38	VENAS, vge.	301	
39	Venas (le bois de), h.	301	
40	Venauds (les), d.	22	
41	VENDAT, vge.	302	
42	Vendat (le vieux), h.	302	
43	Vendats (les), d.	182	
44	Vendée (la), h.	141	
45	Vendeuil, d.	150	
46	Ventaine, d.	153	
47	Vente (la), h.	135	
48	Venteuil, h.	141	
49	Venteuil, vge.	281	
50	Vents (les), l.	216	
51	Ventuile, h.	30	
52	Verbois (le), h. et m.	302	
53	Verdaumas, d.	302	
54	Verdet (le), d.	158	
55	Verdets (les), d.	61	
56	Verdière (la), f.	16	
57	Verdines (les), h.	107	
58	Verdure (la), h.	46	
59	Verdure (la), d.	111	
60	Verge aux Moines (la), l.	216	
61	Verger (le), h.	6	
62	Verger (le), h.	41	
63	Verger (le), ch.	69	
64	Verger (le), l.	81	
65	Verger (le), d.	109	
66	Verger (le), l.	127	
67	Verger (le), h.	156	

12768	Verger (le), l.	202		12802	Vernais (le grand), d.	62
69	Verger (le), ch.	224		3	Vernais (le petit), l.	62
70	Verger (le), d.	216		4	Vernal (la), d.	39
71	Verger (le), d. et t.	260		5	Vernansal, d.	206
72	Verger (le), d.	264		6	Vernassoux (les), h.	146
73	Verger (le), d.	271		7	Vernassoux (la chaume des), l.	146
74	Verger (le), f.	277		8	Vernasseaux (les), d.	90
75	Verger (le grand), d.	130		9	Vernat (le), d.	150
76	Verger (la loge), d.	260		10	Vernats (les), d. et l.	13
77	Verger (le petit), d.	175		11	Vernatte (la), d.	131
78	Vergers (les), h.	28		12	Vernattes (les), d.	312
79	Vergers (les), f.	40		13	Vernaud (la), h.	300
80	Vergers (les), d.	188		14	Verne (le), d.	84
81	Vergers (les grands), f.	272		15	Verne (la), h.	106
82	Vergers (les petits), f.	272		16	Verne (le), d. et l.	149
83	Vergnasson, l.	213		17	Verne (le), f.	244
84	Vergnaud (le), d.	128		18	Verne (le), f.	265
85	Vergnauds (les), d.	191		19	Verne (le), d.	313
86	Vergnaux (les), d.	283		20	Verne (l'étang), l.	51
87	Vergnes (les), l.	45		21	Verne (le moulin), m.	51
88	Véri, h.	269		22	Verne (la petite), d.	129
89	Véri d. et m.	288		23	Verne (le moulin de), m.	216
90	Vério (la), l.	113		24	Verne d'en bas (le), l.	216
91	Vérigni, h.	153		25	Verne d'en haut (le), l.	216
92	Vérine (la), d.	102		26	Vernée (la), l.	138
93	Verines (les), l.	293		27	Vernei (le), d.	97
94	Verjalais, d.	12		28	Verneix (le), h.	104
95	Verlotière (la), d.	272		29	Verneix (le), vig.	239
96	Vermillière, h.	283		30	VERNEIX, vge.	303
97	Vernai (le), f.	19		31	Vernelle (la), l.	165
98	Vernai (le), d.	69		32	Vernelle (la), d. et m.	191
99	Vernai (le), l.	222		33	Vernelle (la), l.	272
12800	Vernai (le), h.	289				
1	Vernaie (la), d.	289				

12834	Vernelles (les), d.	244	12867	Verneuil, ville.	305
35	Vernes (les), d.	11	68	Verneuille (la), d.	42
36	Vernes (les), d.	39	69	Vernier, f.	129
37	Vernes (les), d.	102	70	Vernière (la), l.	113
38	Vernes (les), d.	137	71	Vernière (la), l.	142
39	Vernes (la maison des), h.	69	72	Vernière (la), d.	314
			73	Vernière (loge), l.	262
40	Vernes (les grands), d.	101	74	Vernin, h. et m.	209
41	Vernes (les petits), d.	101	75	Verniole (la), d.	131
42	Vernes (les petits), d.	138	76	Vernisses (les), f.	98
43	Vernet (le), h.	4	77	Vernoille (la), f.	208
44	Vernet (le), d.	9	78	Vernois (le), h.	151
45	Vernet (le), l.	14	79	Vernois (le grand), d.	151
46	Vernet (le), h.	41	80	Vernois (le petit), h.	151
47	Vernet (le), d.	54	81	Vernois (le), d.	181
48	Vernet (le), d.	86	82	Vernois (le), vge.	209
49	Vernet (le), d.	90	83	Vernouillet (le grand), d.	34
50	Vernet (le), vge.	123			
51	Vernet (le), l.	137	84	Vernouillet (le petit), d.	34
52	Vernet (le), vge et t.	163			
53	Vernet (le), d.	176	85	Vernouillet (le prieuré de),	34
54	Vernet (le), d.	216			
55	Vernet (le), l.	217	86	Vernue (la), d.	19
56	Vernet (le), l.	293	87	Vernue (la), d. et m.	161
57	Vernet (le), vgne.	301	88	Vernugeat (le), d.	5
58	Vernet (le grand), d.	282	89	Vernusse, vge.	306
59	Vernet (la grange), d.	101	90	Vernusses, (les), vig.	37
60	Vernet (louage), l.	166	91	Verpi (le), d.	193
61	Vernet (le petit), d.	282	92	Verpillat, d.	132
62	Vernets (les), d.	18	93	Verpillière (la grande), f.	235
63	Vernets (louage des), l.	18			
64	Vernets (les), d.	262	94	Verpillière (la petite), d.	235
65	Verneuil, l.	32			
66	Verneuil, vge.	35	95	Vert Pré, d.	192

12896	Vernio (la), d.	61	
97	Verrerie (la), d.	35	
98	Verrerie (la), d.	141	
99	Verrerie (la), éc.	147	
12900	Verrerie (la), d.	237	
1	Verrerie (la), vge.	245	
2	Verrerie (la), l.	281	
3	Verres (les), f.	85	
4	Verret, d.	74	
5	Verrière, d.	230	
6	Verrière (la), d.	279	
7	Verrins (les), d.	305	
8	Versannes (les), d.	275	
9	Verseilles, ch. et h.	227	
10	Verseilles, h.	255	
11	Vers le Bois, d.	221	
12	Vers les Bois, d.	247	
13	Vert (le), l.	8	
14	Vert (le), d.	167	
15	Vertilière, l.	222	
16	Vert Luisant, h.	301	
17	Verts (les), l.	140	
18	Verts, l.	33	
19	Vervatière, d.	126	
20	Verveaux, h.	53	
21	Verzelle (la), vge.	184	
22	Verzun d'en bas, h.	274	
23	Verzun d'en haut, h.	274	
24	Vésine, d.	260	
25	Vésignat, d.	3	
26	Vésien, d.	3	
27	Vésinière, d.	34	
28	Vésinière, l.	235	
29	Vessai, ch.	245	

12930	Vesse, h. et 2 sc.	113	
31	VESSE, vge.	307	
32	Vesset (les), d.	206	
33	Vesvre (la), h.	40	
34	Vesvre (la), l.	88	
35	Vesvre (la), l.	117	
36	Vesvre (la), l.	120	
37	Vesvres (les), d.	34	
38	Vesvres (les), vig.	37	
39	Vesvres (les), ch. et d.	84	
40	Vesvres (les), f.	130	
41	Vetets (les), d. et m.	237	
42	VEURDRE (LE), ville.	308	
43	Vévin, l.	60	
44	Vialas (la), h.	92	
45	Vialattes (les), h.	13	
46	Vialle (la), h.	139	
47	Viallet, d.	252	
48	Viallets (les), d.	213	
49	Viandons (les), f.	73	
50	Vic, vge.	309	
51	Vicaires, d. et m.	202	
52	Vicairie (la), vig.	195	
53	Vicairie (la), l.	266	
54	VICHI, ville.	310	
55	Vichis (les), h.	101	
56	Videau, m.	301	
57	Vie (la), sc.	113	
58	Vie (la), m.	107	
59	Vieille Chaise, d.	215	
60	Vieilles (les), l.	11	
61	Vieilles Places (les), d.	221	
62	Vieilles Vignes (les), h.	148	

12963	Vieilles Vignes (les), d.	232	
64	Vieille-Vigne, h.	250	
65	Viéni, d.	240	
66	Viennet, d.	113	
67	Viermeux, ch. et d.	93	
68	Vierne (la), h.	250	
69	VIEURE, vge.	311	
70	Vieux Moulin (le), l.	77	
71	Vieux Moulin, l.	260	
72	Vigerot, l.	164	
73	Vigier, d.	8	
74	Vigenère, h.	41	
75	Vigirière, d.	132	
76	Vignaud (le), d.	6	
77	Vignaud (le), vge.	35	
78	Vignaud (le), d.	73	
79	Vignaud (le), l.	98	
80	Vignaud (le), d.	103	
81	Vignaud (le), l.	184	
82	Vignaud (le), d.	221	
83	Vignaud, m. et h.	222	
84	Vignaud (le), h.	227	
85	Vignaude (la), l.	221	
86	Vignauds (les), d.	54	
87	Vignauds (les), vig.	89	
88	Vignauds (les), f.	91	
89	Vignauds (les), l.	174	
90	Vignauds (les), l.	237	
91	Vignauds (les), h.	234	
92	Vignauds (les), h.	283	
93	Vignauds des Bois (les), d.	234	
94	Vigne (la), l.	89	
12995	Vigne (la), l.	128	
96	Vigne (la), l.	129	
97	Vigne (la), l.	132	
98	Vigne (la), d.	133	
99	Vigne (la), d.	181	
13000	Vigne (la), l.	199	
1	Vigne (la), h.	217	
2	Vigne (la), h.	222	
3	Vigne (la), l.	279	
4	Vigne au Bois (la), d	46	
5	Vigne de la Cure (la), l.	148	
6	Vigne Noire (la), l.	193	
7	Vignerons (les), f.	84	
8	Vignes (les), l.	31	
9	Vignes (les), l.	33	
10	Vignes (les), d.	123	
11	Vignes (les), l.	129	
12	Vignes (les), d.	169	
13	Vignes (les), d.	297	
14	Vignes (les grandes), d.	231	
15	Vignes Mortes (les), l.	218	
16	Vignes (rue des), h.	254	
17	Vignes Moutons (les), f.	287	
18	Vignoble (le), l.	138	
19	Vignol, h.	93	
20	Vignolats (les), d.	231	
21	Vignolle (font), l.	113	
22	Vignolle, d.	121	
23	Vignolle (la), l.	156	
24	Vignolle (la), f.	289	
25	Vignoux (le), vge.	99	
26	Vignoux (le), m.	127	

13027	Vignoux (le), d.	174	13060	Villatte (la), h.	45
28	Vigoux (le), d.	256	61	Villatte (la), f.	95
29	Villaceaux d. et l.	279	62	Villatte (la), l.	102
30	Villagneux, h.	285	63	Villatte, d.	127
31	Villaigre, m. et d.	283	64	Villatte (la), d.	156
32	VILLAIN (LE), vge.	312	65	Villatte (la), f.	223
33	Villaine (la), d.	46	66	Villatte (la), vge.	276
34	Villaine (la), d.	86	67	Villatte (la), d.	293
35	Villaine (la), h.	128	68	Villatte (la), d.	312
36	Villaine (la), d.	153	69	Villates (les), d.	100
37	Villaine, b. et d.	155	70	Villateux, h.	277
38	Villaine, d.	303	71	Villaumont, d.	145
39	Villaine, f.	311	72	Ville (la), f.	184
40	Villaine (la), d.	312	73	Ville (la), l.	197
41	Villaire, d.	85	74	Ville (la), f.	212
42	Villanche, d.	264	75	Ville (la), d.	217
43	Villard, d. et t.	9	76	Ville (la), d. et m.	318
44	Villard, d.	108	77	Ville-au-Geai (la), h.	285
45	Villard, d.	244	78	Ville aux Juifs (la), h.	310
46	Villard, h.	263	79	Villeban (le), m. et h.	12
47	Villard, ch. f. et m.	288	80	Villebon, h.	283
48	Villard-les-Bois, vge.	87	81	Villebonnet, h.	228
49	Villards (les), d.	180	82	Villebost, h.	243
50	Villards (les), d.	201	83	Villebouche, ch. et d.	285
51	Villards (les), h.	217	84	VILLEBRET, vge.	313
52	Villards (les), d.	237	85	Ville Brulant (la), h.	256
53	Villards (les), h.	306	86	Ville Bruyère, d.	282
54	Villards (les grands), d.	202	87	Villecort, d.	214
55	Villards (les petits), d.	202	88	Ville d'Armel (la), d. et l.	167
56	Villars (les), s.	20	89	Villedière, d.	129
57	Villars, vig.	99	90	Ville-Dieu, d.	170
58	Villars, f.	315	91	Ville-Dieu, d.	218
59	Villatte (la), l.	29	92	Ville-Dieu (le petit), l.	218

13093	Ville Doumi, h.	223		13126	Villetanges, h.	186
94	Villefont, f.	112		27	Villette (la), h.	26
95	Villefort, d.	64		28	Villette (le grand), d.	86
96	Villefranche, h.	44		29	Villette (le petit), l.	56
97	Villefranche (la), d.	170		30	Villette (la), h.	86
98	Villefranche, vge et d.	250		31	Villette, f.	102
99	Villefranche (la), h.	274		32	Villette (la), l.	295
13100	VILLEFRANCHE, ville.	314		33	Villette d'en bas (la), h.	306
1	Villefroide, h.	150		34	Villette d'en haut (la), d.	306
2	Ville Gabi, d.	20		35	Villette (la), vge.	317
3	Ville Gelée, d.	214		36	Villevaudré (le grand), vge.	70
4	Ville Gué, &c.	93		37	Villevaudré (le petit), h.	70
5	Villejalais, h.	228		38	Ville Vieille, d.	211
6	Villejau, d.	248		39	Villienne (grande), d.	129
7	Ville-Morte, vig.	18		40	Villienne (petite), d.	129
8	Villemouse, d.	19		41	Villier (grand), vge.	45
9	Villemouse (la tour de), h.	201		42	Villier (petit), h.	45
10	Villenau, h.	262		43	Villier (le grand),	129
11	Villenau, h.	205		44	Villiers, l.	46
12	Villenette, h.	7		45	Villiers, d. et ch.	99
13	Villeneuve, h.	105		46	Villiers, d.	145
14	Villeneuve, t.	118		47	Villiers (le grand), vge.	39
15	Ville-Neuve (la), h.	150		48	Villiers (grand), d.	193
16	Ville Neuve (la), d.	242		49	Villiers (petit), d.	39
17	Villeneuve, ch. et d.	248		50	Villiers (petit), h.	193
18	VILLENEUVE, b.	315		51	Villon (loge), l.	262
19	Villenu, d.	153		52	Villonne, h.	10
20	Villepèse, h.	253		53	Villonne (la), d.	45
21	Villeporte, h.	186		54	Villonne, d.	106
22	Ville Raimond (la), h.	256		55	Vincenons (les), d.	214
23	Villerons (les), d.	220		56	Vincent, h.	6
24	Villesavoye, f.	311		57	Vincent, d.	12
25	Ville Soule, h.	303				

13158	Vincent, vge.	240
59	Vincents (les), d.	138
60	Vincents (les), d.	225
61	Vinouse (la), d.	58
62	Vinzelle, vge.	137
63	Violets (les), d.	25
64	Violette (la), l.	181
65	Violon (le), l.	202
66	Violon (le), l.	232
67	Viose (la), l.	279
68	Viots (les), l.	65
69	VIPLAIX, vge.	316
70	Vira (la), l.	113
71	Viralet, d.	301
72	Virand, d.	93
73	Virauds (les), f.	71
74	Virlobier, h. et moul.	253
75	Virlogeux d'en bas (les), d.	212
76	Virlogeux d'en haut (les), d.	212
77	Virot, m.	6
78	Virots (les), vig.	38
79	Virots (les grands), d.	271
80	Virots (les petits), d. et moul.	271
81	Virray, vge.	217
82	Viselles (les), d.	314
83	Visier (le), h.	279
84	Visier, d.	289
85	Visiers (les), h.	21
83	Visiers (les), d.	115
87	Visiers (les), d.	136
88	Visiers (les), l.	269
13189	VITRAI, vge.	317
90	Vitro (le), l.	40
91	Vitri (grand), d.	32
92	Vitri (petit), d.	32
93	Vitri (le grand), d.	213
94	Vitris (les), f.	41
95	Vivant, h.	61
96	Vivère (la), d.	25
97	Vivère (la).	272
98	Vivère (la), d.	283
99	Viviers (les), l.	214
13200	Vivier (le), l.	297
1	Vodot (le), d.	219
2	Vodot, f. et m.	309
3	Voire. m. et loc.	48
4	Voisin (loge), l.	262
5	Voisins (les), d.	51
6	Voisins (les), d.	174
7	Voisins (les), vge.	201
8	Voissières (les), h.	263
9	Volière, h.	278
10	Volive, d.	82
11	Voreille (la), d.	162
12	Vorel, m.	158
13	Vorut, l.	175
14	Voudelle, d.	32
15	Vouevres (les), d.	108
16	Vougands (les), vig.	38
17	Vougon, ch.	3
18	Vouroux, h.	205
19	Vousance (la), m.	142
20	Vousances (les), d.	233
21	Voussac, vge.	218
22	Voûte (la), d.	18

13223	Voûte (la), vge.	237	13227 Vri, d.	174
24	Vozelles, h.	108	28 Vrolle, h.	258
25	Vredins (les), l.	13	39 Vroumat, vge.	309
26	Vregilat, l.	131		

Y

13230 Yonnerie (la), l.   46

Z

13231	Zabiers (les), vig.	25	13235 Zéros (les), d.	284
32	Zamet, d.	186	Zéros (les), voyez les	
33	Zéros (les), d. et m.	32	Aireaux, d.	170
34	Zéros (les), d.	272		

TABLE

1. **ABREST**, canton de Cusset, arrond. de La Palisse. — Canton de Vichi, district de Cusset. — *ABRET*, (*parrochia de*) (1301). — ABRET. — 11. 674. 1195. 1369. 3051. 3708. 4619. 4880. 5023. 5652. 6333. 6581. 7175. 7346. 7499. 8664. 10832. 10970. 11003. 11859. 12311.

2. **AGONGES**, canton de Souvigni, arrond. de Moulins. — Canton de Saint-Menoux, district de Moulins. — *AGONGIA* (1285). — *AGONGIIS* (*parrochia de*) (1155). — GONGES, (*parrochia de*) (1350). — 32. 33. 90. 283. 284. 706. 1293. 1626. 1792. 2099. 2239. 2273. 2335. 2360. 2762. 3052. 3847. 3849. 4293. 4428. 4865. 5027. 5231. 5577. 5656. 5671. 5768. 5769. 5898. 5925. 5928. 6101. 6206. 6288. 6342. 6648. 6973. 6987. 7309. 7470. 7471. 7571. 7589. 7742. 7743. 7874. 8618. 8619. 8981. 10003. 10026. 10136. 10279. 10293. 10622. 10654. 10889. 10990. 11330. 11511. 11669. 11741. 11755. 11762. 12102. 12165. 12615. 12671.

3. **AINAI-LE-CHATEAU**, canton de Cérilli, arrond. de Montluçon. — Canton d'Ainai, district de Cérilli. — *CASTRUM DE AINACO*, (1136). — Ainai-sur-Sologno. — 41. 111. 334. 1057. 1179. 1382. 1456. 1484. 1517. 1764. 2002. 2336. 2403. 2478. 2724. 2792. 2838. 3065. 3203. 3206. 3267. 3397. 3398. 4603. 4973. 4983. 5338. 6279. 6710. 6949. 8040. 8307. 9464. 9570. 10348. 10565. 10650. 10979. 11046. 11156. 11527. 11614. 11659. 12023. 12081. 12026. 13217.

4. **ANDE-LA-ROCHE**, arrond. et canton de La Palisse. — Canton de Montaiguet, district du Donjon. — *ANDA* (*Villafrancha de*); (1218). — 114. 399. 1035. 1317. 2197. 4093. 4326. 4775. 5001. 5110.

5632. 5753. 5813. 5870. 6112. 6155. 6316. 6831. 7059. 7390. 7392. 7632. 8170. 8632. 8774. 9516. 9681. 9725. 9787. 9915. 9960. 9990. 10186. 10231. 10314. 10391. 10493. 10962. 11629. 11738. 11739. 11821. 12210. 12232. 12338. 12389. 12813.

5. ARCHIGNAT, canton d'Huriel, arrond. de Montluçon. — Canton de Saint-Sauvier, district de Montluçon. — *ARCHINIACUS*, (1070-1080). — 27. 170. 736. 1615. 1623. 1796. 1819. 3010. 3922. 4198. 4623. 6004. 6306. 7219. 7531. 7667. 7677. 8002. 8631. 8775. 9631. 10775. 11583. 12078. 12320. 12888.

6. ARFEUILLES, canton et arrond. de La Palisse. — Chef-lieu du 7ᵉ canton, district de Cusset. — *ARFOLIA, ARFOLIÆ*, (1377). — ARFEUILLE. — 15. 140. 169. 193. 282. 652. 675. 783. 834. 906. 1279. 1282. 1302. 1303. 1315. 1467. 1518. 1548. 1566. 1593. 1616. 1616. 1917. 2305. 2312. 2378. 2709. 2730. 2745. 2749. 3712. 3743. 3960. 3982. 4036. 4176. 4329. 4351. 4519. 4666. 4672. 4685. 4717. 4717. 4742. 4930. 5006. 5165. 5176. 5190. 5218. 5338. 5411. 5444. 5717. 5827. 6058. 6009. 6194. 6244. 6201. 6320. 6325. 6361. 6407. 6409. 6558. 6582. 6616. 6740. 6750. 6885. 6913. 7150. 7174. 7329. 7359. 7373. 7428. 7689. 7721. 7752. 7753. 8137. 8182. 8186. 8217. 8262. 8274. 8421. 8485. 8777. 8789. 8833. 8883. 8884. 8935. 9103. 9149. 9160. 9724. 9833. 10004. 10180. 10563. 10713. 10819. 10873. 10935. 11014. 11056. 11277. 11312. 11360. 11419. 11534. 11542. 10244. 12109. 12207. 12295. 12367. 12378. 12384. 12418. 12761. 12976. 13156. 13177.

7. ARPHEUILLE-SAINT-PRIEST, canton de Marcillat, arrond. de Montluçon. — Canton de Néris, district de Montluçon. — *ARFOLIA ARFOLIÆ*, (XIVᵉ siècle). — ARFEUILLE. — 233. 249. 625. 3338. 3891. 3909. 4711. 4806. 5397. 6755. 7062. 8849. 8850. 8942. 9178. 10927. 11212. 11636. 11807. 12187. 12430. 13112.

8. ARRONNE, canton du Mayet-de-Montagne, arrond. de La Palisse. — Canton de Cusset, district de Cusset. — *ARONA*, (1301). — ARONE. — 228. 332. 415. 585. 594. 717. 1089. 1220. 1486. 1732. 2723. 3171. 3322. 3459. 3728. 3980. 4012. 4318. 4319. 4320. 4127.

4512. 4593. 4885. 4934. 5004. 5078. 5323. 5367. 5383. 5440. 5179. 5926. 6313. 6730. 7880. 7992. 8303. 8866. 9067. 9156. 9465. 9687. 11074. 11088. 12035. 12913. 12973.

9. **AUBIGNI**, canton Ouest et arrond. de Moulins. — Canton du Veurdre, district de Cérilli. — *ALBINIACUS*, (1291). — 261. 1180. 1374. 2104. 3131. 4144. 6007. 6785. 7881. 8004. 8098. 8281. 9108. 10283. 10786. 11050. 11213. 12844. 13013.

10. **AUDE**, canton d'Hérisson, arrond. de Montluçon. — Canton d'Estivareilles, district de Montluçon. — *ALDA* (1088). — 267. 377. 1068. 3836. 3842. 3918. 4032. 4075. 4076. 4263. 4327. 4410. 4566. 4867. 5899. 5943. 6012. 6347. 6797. 7200. 7410. 7799. 7850. 7968. 8305. 8607. 8988. 9832. 9836. 9881. 10641. 10910. 11394. 12841. 13043.

11. **AUROUER**, canton Ouest et arrond. de Moulins réunie à Villeneuve (de 1837 à 1880). — Canton de Villeneuve, district de Moulins. — *ORATORIUM*, (1375). — 212. 213. 327. 898. 1617. 2223. 2498. 2713. 2961. 3106. 3363. 3680. 3729. 3794. 3985. 4115. 4741. 4906. 5113. 5371. 5372. 5509. 5718. 6083. 6188. 6526. 6883. 7372. 7875. 7994. 8187. 8913. 9058. 9244. 9372. 10303. 10306. 11065. 12302. 12685. 12686. 12835.

12. **AUTRI-ISSART**, canton de Souvigni, arrond. de Moulins. — Canton de Saint-Menoux, district de Moulins. — *AUTRIACUS*. — 110. 180. 331. 603. 775. 838. 811. 862. 1037. 1124. 1131. 1223. 1221. 1316. 1797. 1972. 2350. 2638. 2985. 3053. 3075. 3120. 3145. 3176. 3329. 3769. 4239. 4420. 4977. 5151. 5826. 5867. 5997. 6336. 7151. 7197. 7315. 7594. 7812. 7813. 7882. 8000. 8101. 8512. 8995. 8996. 9037. 9652. 9717. 9753. 9968. 10074. 10087. 10174. 10221. 10675. 10921. 11019. 11121. 11617. 11637. 12243. 12415. 12794. 13079. 13157.

13. **AVERME**, canton Ouest et arrond. de Moulins. — Canton d'Iseure, district de Moulins.—*ARVERMUS*,(1097).—*ARVERME*, *ARVOIME*, (1300). — *AVERME*, (1408). — *AVERMIA*, (1364). — 88. 332. 992. 3099. 3737. 5811. 6229. 6537. 6790. 6903. 7883.

8333. 10080. 10553. 11110. 11256. 11141. 11268. 11835. 11910. 12033. 12063. 12133. 12118. 12145. 12106. 12697. 12810. 13223.

14. AVRILLI, canton du Donjon, arrond. de La Palisse. — Canton de Lurcé (1790-1792), puis de Luneau (1792-1800), district du Donjon. — *AVRILIACO (parrochia de)*. — 40. 117. 231. 361. 420. 688. 750. 1162. 1265. 1316. 1873. 2229. 2297. 2439. 3218. 3263. 3709. 4029. 4663. 5470. 5915. 5948. 6326. 6445. 6192. 6620. 7080. 7250. 7188. 7525. 8313. 8375 8891. 9017. 9170. 9522. 9573. 9789. 9790. 10103. 10138. 10197. 10781. 10831. 10872. 11302. 11501. 11919. 12317.

15. BAGNEUX, Ouest canton et arrond. de Moulins. — Canton de Saint-Menoux, district de Moulins. — *BAIGNON, BAGNEUX* (1300).— 104. 270. 285. 394. 473. 988. 1247. 1862. 2100. 2564. 7717. 7853. 7873. 7884. 8331. 9181. 9240. 9485. 9615. 10008. 10009. 10280. 10310. 10395. 10899. 11664. 11779. 11977. 11999. 12153. 12362.

16. BARBERIER, Canton de Chantelle, arrond. de Gannat. — Canton de Chantelle, district de Gannat. — *BARBARIACUS*, (XIII⁰ siècle). — BARBERIE. — 510. 1331. 1595. 1774. 3336. 4851. 5006. 5018. 5039. 5995. 6731. 7318. 7732. 7789. 7854. 7912. 7973. 8056. 8172. 8207. 8314. 8911. 9374. 9775. 9308. 10105. 10756. 10940. 11318. 12107. 12617. 12756.

17. BARRAIS-BUSSOLLES, arrond. et canton de La Palisse, formée des des deux paroisses de Barrais et Bussolles en 1833. l'une et l'autre du canton de Montaiguet, district du Donjon. — *BARREY (parrochia de) (1353)*. — *BUSSOLII (parrochia) (1377)*. — 56. 539. 581. 615. 850. 1238. 1629. 1861. 1918. 2298. 2310. 2591. 2603. 2787. 3113. 3184. 3528. 3623. 4003. 4030. 4500. 4552. 4985. 5707. 5754. 6070. 6364. 6386. 6563. 6631. 6670. 7082. 7276. 7277. 7886. 8299. 8315. 8814. 9161. 9162. 9104. 9781. 10785. 10831. 11113. 11169. 11204. 11295. 11704. 12123. 12277. 12339. 12463. 12468. 12469.

18. BEAULON, canton de Chevagnes, arrond. de Moulins. — chef-lieu du troisième canton du district de Moulins. — *BALONE* *(ecclesia de)*. (XII° siècle). — BAULON. — 260. 266. 319. 337. 645. 696. 699. 713. 808. 1026. 1078. 1155. 1163. 1401. 1433. 1505. 1927. 2389. 2440. 2701. 3061. 3313. 3367. 3373. 3651. 3695. 3896. 3897. 1940. 2311. 3915. 4212. 4374. 4936. 5091. 5874. 6014. 6106. 6107. 6469. 6561. 6565. 6761. 6961. 7100. 7328. 7780. 7814. 7815. 7816. 7886. 7985. 8103. 8213. 8282. 8405. 8482. 8676. 8711. 8915. 8945. 9056. 9252. 9369. 9392. 9548. 9650. 9780. 9823. 9835. 10031. 10268. 10238. 10291. 10362. 10595. 10782. 10606. 10863. 11017. 11627. 11715. 12376. 12317. 12366. 12621. 12655. 12862. 12863. 13322.

19. BAYET, canton de Saint-Pourçain, arrond. de Gannat. — Canton de Saint-Pourçain, district de Gannat. — *BAYACUS* (1322). — 190. 253. 256. 763. 1383. 1878. 2306. 2511. 2636. 2803. 2933. 3014 3277. 3556. 3653. 4098. 4943. 5160. 5217. 5252. 6566. 6742. 6920. 7122. 7824. 8057. 8184. 8713. 8867. 9191. 10218. 10241. 11257. 12170. 12707. 12887. 13108. 13152.

20. BEAUNE, canton de Montmaraud, arrond. de Montluçon. — Canton de Montmaraud, district de Montluçon. — *BELNA* (1391). — 276. 687. 763. 809. 1672. 1751. 2141. 2820. 3144. 3557. 4283. 4284. 4686. 4968. 5075. 5251. 5363. 5414. 5719. 6222. 6929. 6954. 6991. 7237. 7279. 7503. 7700. 8089. 8238. 8817. 9315. 9848. 10160. 10250. 10734. 11269. 11420. 11637. 11780. 11801. 11810. 11909. 11931. 12188. 12574. 12627. 12661. 13056. 13102.

21. BÈGUES, arrond. et canton de Gannat. — Canton de Sauzet, district de Gannat. — *BECGUES* (1268), *BEGUES* (1301). — 901. 1215. 2616. 9212. 9292. 11883. 13185.

22. BELLENAVES, canton d'Ebreuil, arrond. de Gannat. — Chef-lieu du quatrième canton, district de Gannat. — *BALANAVIA* (1218). — *BALANAVA* (1322). — BELLENAVE. — 325. 353. 419. 426. 475. 761. 815. 986. 1044. 1534. 1692. 1707. 1730. 2067. 2127. 2205. 2412. 2523. 2517. 2803. 2914. 3115. 3153. 3492. 3596. 3793. 3796. 3941. 4178. 4334. 4361. 5103. 5557. 5617. 5622. 5657. 5661. 5703. 6267. 6659. 6803. 7337. 7508. 7663. 8017. 8103. 8218. 8643. 9031. 9231. 10376. 10533. 10603. 10712. 10776. 10824. 10837. 10916.

11214. 11229. 11270. 11531. 11592. 12266. 12663. 12171. 12706. 12740.

25. BERT, canton de Jaligni, arrond. de La Palisse. — Canton et district du Donjon. — *BERRA* (1315). — *BARRO (parrochia de)* (1147), *BAR* (1373), *BERRE* (1398). — BER. — 417. 873. 960. 1118. 1123. 1175. 1180. 1318. 1630. 1815. 1879. 1951. 2122. 2121. 2113. 2315. 3388. 3820. 3871. 3912. 4210. 4732. 4871. 5511. 5759. 5919. 6216. 6377. 6605. 6610. 6799. 7014. 7477. 7491. 7633. 7870. 8112. 8361. 8586. 9009. 9195. 9531. 9575. 10101. 10130. 10145. 10558. 10937. 10975. 10999. 11142. 11258. 11510. 11916. 12097. 12527.

21. BESSAI, canton de Neuilli-le-Réal, arrond. de Moulins. — Chef-lieu du cinquième canton, district de Moulins. — *BECIACUS* (1300). — BECAI. — 993. 1153. 1219. 1973. 1999. 2107. 2198. 2933. 3581. 3973. 4227. 4116. 4892. 4910. 5081. 5292. 5378. 5852. 5919. 6078. 6133. 6583. 6620. 6997. 7289. 7747. 7879. 8129. 8313. 8398. 8910. 9120. 9201. 9202. 9216. 9285. 9317. 9367. 9176. 9576. 10121. 10100. 10502. 10658. 10893. 11109. 11183. 11702. 11891. 11912. 11919. 12553.

25. BESSON, Canton de Souvigni, arrond. de Moulins. — Canton de Souvigni, district de Moulins. — BERENSON (X° siècle). — *BESSONIO (ecclesia de)*, (1283-1300). — 500. 565. 907. 991. 1170. 1174. 1581. 1747. 1800. 1925. 2128. 2209. 2337. 2386. 2115. 2661. 2703. 2793. 2831. 2871. 2835. 2896. 3037. 3070. 3073. 3094. 3119. 3278. 3170. 3670. 3807. 4061. 4145. 4235. 4261. 4275. 4391. 4569. 4601. 4629. 4723. 4747. 4916. 5526. 5666. 5607. 5862. 5895. 6031. 6170. 6230. 6383. 6403. 6142. 6500. 6584. 6759. 6760. 6762. 7036. 7221. 7670. 8133. 8275. 8336. 8532. 8595. 8865. 8908. 8917. 9203. 9577. 9504. 9688. 9746. 9807. 9812. 9878. 9970. 10019. 10288. 10319. 10457. 10632. 10807. 10911. 11215. 11242. 11445. 11612. 11616. 11777. 11874. 12213. 12233. 12410. 13163. 13196. 13232.

25 (bis). BÉZENET, commune créée en 1880, canton de Montmarault, arrond. de Montluçon, antérieurement comprise dans la commune de Montvic. — BESENET. — 269. 1191. 3713. 3992. 4052. 5196. 5691. 6217. 6253. 6590. 6633. 6939. 7808. 7873. 9537. 9565. 9884. 10535. 11962. 12921. 12981.

26. BILLEZOIS, arrond. et canton de La Palisse. — Canton de La Palice, district de Cusset. — *BILLESIACUS* (1219). — BILLE-SOIS. — 85. 93. 118. 835. 1090. 1243. 1244. 1281. 1535. 1869. 2077. 2104. 2118. 2166. 2169. 3111. 4213. 5351. 5389. 6177. 6189. 8207. 9030. 9671. 9744. 9788. 10317. 10510. 11749. 13127.

27. BILLI, canton de Varennes, arrond. de La Palisse.—Canton de Saint-Gerand-le-Puy, district de Cusset.—*BILLIACUS*, (1300). — *BILHET* (1353). — 27. 599. 966. 1215. 2110. 2938. 3331. 3399. 3444. 3508. 3654. 3770. 4257. 4929. 5599. 5692. 5810. 6061. 6199. 6878. 7404. 7725. 8006. 8027. 8566. 8598. 9155. 9171. 9512. 9526. 9542. 9672. 9796. 10096. 10102. 10154. 10251. 10252. 10320. 10838. 11201. 11465. 11560. 11603. 11710. 12390.

28. BIOSAT, arrond. et canton de Gannat.— Canton de Sauzet, district de Gannat. — 157. 784. 1463. 1525. 1695. 3251. 3502. 4085. 4246. 4447. 5193. 5359. 5680. 5681. 5684. 5875. 5927. 6331. 6852. 6853. 8200. 8724. 10814. 12312. 12778.

29. BIZENEUILLE, canton d'Hérisson, arrond. de Montluçon. — Canton d'Estivareilles, district de Montluçon. — *BUGINOLIO (ecclesia de)*, (1097). — *BUGENOLIO (de)*, (XII° siècle). — *BIGE-NEULHE, BIGENOLHE*, (1301). — *BUGENEULHE*, (1322). *BIGANOLIA*, (1351). — BISENEUILLE. — 7. 91. 159. 202. 391. 888. 1271. 1448. 1656. 1657. 1701. 2143. 2155. 2405. 2927. 2985. 3054. 3261. 3352. 4401. 4411. 7690. 7702. 8240. 8242. 8331. 8612. 9035. 9711. 9805. 9950. 10152. 10361. 10406. 10199. 11096. 12012. 12172. 12666. 13059.

30. BLOMARD, canton de Montmaraud, arrond. de Montluçon. — Canton et district de Montmaraud. — *BLOMART (ecclesia sancti Boniti de)*, (1319). — 84. 146. 1146. 1330. 1736. 1882. 3033. 3082. 3091. 3152. 3360. 3503. 3655. 4353. 4356. 4520. 4750. 5901. 6223. 6615. 6660. 7412. 7887. 8058. 8164. 8788. 9144. 10137. 10246.

10305. 10407. 10735. 10928. 11037. 11492. 11745. 11746. 12117. 12314. 12751.

31. BOST, canton de Cusset, arrond. de La Palisse. — Canton de Saint-Germain-des-Fossés, district de Cusset. — *BOSCO (villafrancha de)*, (1310). — 149. 176. 440. 583. 797. 908. 1601. 1708. 3465. 4330. 4523. 4866. 4902. 5306. 5384. 5507. 6031. 6311. 7043. 7446. 9137. 9139. 11750. 13008.

32. BOUCÉ, canton de Varennes, arrond. de La Palisse. — Canton de Varennes, district de Cusset. — *BOCIACI (ecclesia)*, (1350). — *BOCE* (1342). — *BOCEY* (1322). — *BOUCY* (1388). — 18. 509. 533. 1368. 1767. 2025. 2115. 2192. 2651. 2682. 2817. 3108. 3133. 3306. 3656. 3716. 3854. 3893. 4367. 4867. 5010. 5260. 5348. 5512. 5579. 5983. 6368. 6423. 7217. 7332. 7391. 7487. 7538. 7552. 7634. 7754. 8116. 8117. 8118. 8310. 8694. 9316. 9718. 9827. 10092. 10313. 10455. 10460. 10516. 10522. 10601. 10609. 10621. 10903. 11107. 11311. 11313. 11767. 11979. 12423. 12671. 12708. 12805. 13192. 13214. 13232.

33. BOUCHAUD (LE), canton du Donjon, arrond. de La Palisse. — Canton de Montaiguet, district du Donjon. — 400. 530. 531. 537. 552. 1021. 1048. 1384. 1418. 1191. 1636. 1781. 2208. 2338. 2444. 2546. 2984. 3693. 3771. 3937. 4116. 4434. 4855. 5313. 5336. 5772. 6038. 6237. 6538. 6700. 7254. 8121. 8283. 8319. 8391. 9619. 9653. 10025. 10321. 10366. 10170. 10198. 10636. 10963. 11452. 12031. 12032. 12033. 12917. 13009.

34. BOURBON-L'ARCHAMBAUD, chef-lieu de canton, arrond. de Moulins. — Chef-lieu du quatrième canton du district de Cérilli. — *BURBUNTIS CASTRUM*, (VIII⁰ siècle). — *BURBUNENSE CASTRUM*, (1065). — *BURBURNE*, (XI⁰ siècle). — *BORBONIUM*, (XII⁰ et XIII⁰ siècles). — *BORBONIUM-ARCHEMBALDI*, (XIII⁰-XVII⁰ siècles). — BOURBON-L'ARCHEMBAUD. — Burgos-los-Bains. — 112. 252. 277. 309. 387. 598. 659. 731. 851. 1058. 1201. 1482. 1488. 1559. 1561. 1725. 1746. 1815. 1940. 1960. 1980. 1988. 1989. 1996. 2011. 2047. 2117. 2191. 2195.

2233. 2291. 2311. 2326. 2592. 2593. 2655. 2783. 2786. 2851. 2937.
2993. 3055. 3066. 3103. 3200. 3251. 3715. 4069. 4070. 4288. 4321.
4382. 4173. 4558. 4585. 4789. 4807. 4978. 5358. 5398. 5561. 5760.
6203. 6260. 6265. 6275. 6338. 6151. 6177. 7056. 7065. 7101. 7171.
7297. 7710. 7719. 7888. 8068. 8188. 8520. 8571. 8628. 8629. 8750.
8820. 8822. 8971. 8997. 9031. 9091. 9097. 9169. 9208. 9230. 9381.
9467. 9505. 10129. 10237. 10278. 10285. 10507. 10510. 10651.
10818. 10982. 11389. 11483. 11598. 11678. 11756. 11854. 11958.
11960. 11976. 12031. 12313. 12357. 12403. 12884. 12885. 12886.
12927. 12937.

35. **BRAISE**, canton de Cérilli, arrond. de Montluçon.—Canton d'Ainai, district de Cérilli. — 60. 61. 403. 816. 2130. 2769. 3019. 3191. 4203. 4856. 6092. 7462. 7562. 8201. 9363. 10506. 10566. 10817. 11317. 12264. 12866. 12897. 12977.

36. **BRANSAT**, canton de Saint-Pourçain, arrond. de Gannat. — Canton de Verneuil, district de Montmaraud. — *BRANCIACUS*, (1301). — *BRANCAT*, (XIVe-XVe siècles). — 333. 435. 418. 517. 518. 685. 1039. 1319. 2167. 2233. 2354. 2804. 3321. 3965. 4067. 4190. 4712. 4850. 5129. 5175. 6075. 6567. 6820. 6852. 7482. 7542. 7678. 7739. 8059. 8354. 8513. 8641. 8754. 8815. 9317. 9821. 9917. 10659. 10938. 11216. 11472. 11520. 11883. 12135. 12173.

37. **BRESNAY**, canton de Souvigni, arrond. de Moulins. — Canton de Châtel-Deneuvre, district de Moulins.—*BREHENNACO* (parrochia de) (Xe siècle).—*BRENNACO* (parrochia de), (1097). — *BRENAII* (parrochia), (1301). — BRÉNAI. — 37. 167. 1052. 2202. 2770. 2997. 3043. 3190. 3514. 3558. 3559. 4383. 4630. 5174. 5876. 5920. 6176. 6402. 6443. 7102. 7212. 7227. 7338. 7339. 7595. 7815. 7913. 8536. 8667. 8826. 9109. 9732. 9933. 9979. 10227. 10312. 10676. 10787. 11130. 11202. 11603. 11670. 12052. 12103. 12174. 12316. 12890. 12938.

38. **BRESSOLLES**, canton Est et arrond. de Moulins. — Canton de Toulon, district de Moulins. — *BRECOLIIS, BRECEOLIIS* (parrochia de), (1297). — *BRÉCOLLES*, (1301). — 36. 135.

561. 697. 798. 817. 971. 973. 1231. 1327. 1329. 2317. 2763. 3217.
3855. 4950. 4981. 4982. 5375. 6103. 6202. 6801. 6911. 7226. 7565.
7688. 7772. 7826. 7889. 8138. 8186. 8736. 8755. 9031. 9073. 9336.
9370. 9378. 9750. 10050. 10070. 10592. 10629. 10788. 10833. 11072.
11105. 11153. 11303. 11311. 11314. 12019. 12731. 13178. 13216.

39. **BRETON (LE)**, canton d'Hérisson, arrond. de Montluçon.
— Canton de Meaulne, district de Cérilli. — *BRETON (domus du)*,
(1307). — 329. 812. 817. 1110. 1378. 1765. 2018. 2096. 2228. 2573.
2630. 2835. 3212. 3705. 5604. 5825. 6023. 6050. 6380. 6721. 7758.
7762. 7837. 7810. 8053. 8250. 8111. 8700. 8807. 9121. 9152. 9166.
9579. 10082. 10170. 10830. 10676. 10880. 11100. 11101. 11173.
12219. 12804. 12836. 12817. 12819.

40. **BREUIL (LE)**, arrond. et canton de La Palisse. — Canton
de La Palisse, district de Cusset. — *BROLIO (parrochia de)*,
(XIII° siècle). — *BREUIL (parrochia du)*, (1443). — 17. 501. 665.
812. 866. 869. 1074. 1076. 1529. 1769. 1868. 2092. 2210. 2364. 2508.
2903. 2918. 2926. 3746. 4174. 4537. 4727. 4808. 5102. 5321. 5609.
5761. 6062. 6362. 6171. 6195. 6527. 7161. 7188. 7278. 7779. 7792.
7822. 7890. 8261. 8624. 8662. 8885. 8920. 8978. 9074. 9118. 9184.
9781. 9798. 9984. 10138. 10350. 10358. 10390. 10195. 10839. 10900.
11157. 11658. 11901. 12154. 12175. 12371. 12779. 13090.

41. **BROUT-VERNET**, Canton d'Escurolles, arrond. de Gannat.
— Brout était du canton d'Escurolles, district de Gannat.—Vernet,
du même district, était du canton de Saint-Pourçain. La réunion
en une seule commune est de 1831.— *BROCO (parrochia de)*, (1097).
— *VERNETO (parrochia de)*, (XIII° siècle).— 129. 257. 2015. 2392.
2539. 2782. 3218. 3311. 3700. 4189. 4361. 4591. 4661. 4751. 4887.
4888. 5025. 5172. 5173. 5266. 5309. 5512. 5638. 5892. 5906. 6071.
6831. 7974. 8153. 8355. 8623. 8890. 8972. 8977. 9162. 9119. 9183.
9612. 9665. 9961. 10175. 10271. 10274. 10523. 10661. 10781. 11103.
11628. 12118. 12155. 11636. 12762. 12846. 12960. 12071. 13191.

42. **BRUGHEAT**, canton d'Escurolles, arrond. de Gannat. —
Chef-lieu du neuvième canton du district de Gannat.—*BRUGEACO*

(*parrochia de*), (1091). — BRUGEAT. — 459. 1199. 1438. 1502. 1550. 1562. 2394. 2788. 4121. 4174. 4886. 5267. 5711. 5720. 5829. 5908. 5998. 6503. 8321. 9053. 9498. 10052. 10774. 10913. 10944. 12115. 12618.

43. **BUSSET**, canton de Cusset, arrond. de La Palisse. — Chef-lieu du neuvième canton du district de Cusset. — *BUSSET*, (1366). — 21. 122. 444. 733. 1093. 1094. 1132. 1263. 1321. 1445. 1470. 1704. 1961. 2183. 2982. 3560. 4173. 4312. 4331. 4673. 4884. 4885. 5832. 6117. 6631. 6707. 6805. 6821. 6966. 7497. 7531. 7891. 7944. 8395. 8561. 8868. 9141. 9157. 9186. 9197. 9360. 9486. 9510. 9929. 11016. 11239. 11378. 11440. 11737. 12690. 12915.

44. **BUXIÈRE-LA-GRUE**, canton de Bourbon, arrond. de Moulins. — Canton de Saint-Hilaire, district de Montmarand. — *BUSSERIE, BUXERIE, BUXERIA*, (1017-1408). — BUSSIÈRES-LA-GRUE. — 286. 324. 424. 709. 1259. 1618. 1661. 1709. 1756. 1803. 1893. 1930. 2578. 2606. 3516. 4368. 4174. 4536. 4570. 4667. 5020. 5180. 5931. 7019. 7405. 8708. 8991. 9032. 9152. 9946. 10511. 12029. 13096.

45. **CELLE (LA)**, canton de Marcillat, arrond. de Montluçon. — Canton de Néris, district de Montluçon. — *CELLA*, (1097). — 480. 1356. 1673. 1931. 1969. 2651. 2659. 2806. 2829. 3008. 3009. 3032. 3345. 3110. 3133. 3580. 3624. 3619. 3683. 3785. 3908. 4014. 4045. 4077. 4179. 4350. 4479. 4511. 4828. 5653. 5773. 5809. 6144. 6559. 7422. 8342. 8432. 8581. 8620. 8707. 8772. 9767. 11262. 11278. 11515. 11983. 12304. 12431. 12476. 12590. 13060. 13141. 13142. 13153.

46. **CÉRILLI**, chef-lieu de canton, arrond. de Montluçon. — Chef-lieu de canton et de district.. — *CIRILIACUS CASTRUM*, (1073-1085). — 64. 248. 251. 406. 642. 749. 818. 1113. 1349. 1474. 1628. 1610. 1771. 1791. 1804. 1884. 2018. 2129. 2172. 2209. 2226. 2393. 2396. 2438. 2514. 2569. 2615. 2633. 2676. 2839. 2840. 2878. 3024. 3025. 3063. 3087. 3113. 3135. 3179. 3181. 3279. 3307. 3400. 3579. 3835. 3864. 3997. 4073. 4074. 4117. 4261. 4409. 4420. 4496.

4631. 4714. 4760. 4774. 4813. 5067. 5301. 5330. 5399. 5400. 5433.
5465. 5198. 5510. 5568. 5687. 5700. 6076. 6177. 6231. 6272. 6298.
6452. 6819. 6869. 6926. 7152. 7439. 7537. 7596. 7801. 7838. 7892.
8177. 8415. 8417. 8622. 8678. 8756. 8992. 9018. 9142. 9167. 9232.
9234. 9429. 9552. 9580. 9636. 9662. 9741. 9909. 9923. 9931. 10010.
10171. 10183. 10256. 10257. 10266. 10291. 10323. 10345. 10416.
10730. 10731. 10922. 10956. 11013. 11485. 11855. 11987. 11988.
11989. 12013. 12228. 12250. 12438. 12637. 12718. 12758. 12787.
12933. 13001. 13033. 13014. 13230.

47. CESSET, canton de Saint-Pourçain, arrond. de Gannat. — Canton de Verneuil, district de Montmarault. — *CESSIACUS*, (XIVe-XVe siècles). — *SECCIACUS*, (XIVe siècle). — *CESSET*, (1410). — 206. 1019. 1650. 2358. 2354. 3354. 3797. 4209. 4210. 4418. 7583. 8010. 10680.

48. CHABANNE (LA), canton du Mayet-de-Montagne, arrond. de La Palisse. — Créée en exécution de la loi du 5 décembre 1849. — 160. 328. 985. 1526. 1572. 2162. 2114. 2115. 2714. 2358. 2967. 3582. 6331. 6610. 6628. 7017. 7326. 7427. 7429. 7577. 9683. 9709. 10105. 10310. 10610. 10918. 11038. 11078. 11318. 13202.

49. CHAMBLET, arrond. et canton de Montluçon. — Canton de Marcillat, district de Montluçon. — *CHAMBLETO* (*parrochia de*), (1301). — 501. 626. 978. 1228. 2144. 2339. 2618. 2950. 3740. 3748. 3818. 4318. 4381. 5268. 5480. 6784. 7114. 7683. 7801. 8060. 8460. 10139. 10423. 10550. 10582. 12102. 12210. 12241.

50. CHANTELLE, chef-lieu de canton, arrond. de Gannat. — chef-lieu du sixième canton, district de Gannat. — *CANTILIA*, (IVe siècle). — *CANTELLA CASTRUM*, (VIIIe-XVe siècles). — 462. 600. 909. 1597. 2001. 2619. 3048. 3172. 3101. 3250. 3340. 3563. 3926. 4130. 4148. 4252. 4458. 4602. 4787. 5634. 6101. 6224. 6433. 7015. 8558. 9013. 9333. 9902. 9965. 11158. 11271. 11991. 12267. 12317. 12459. 12478.

51. CHAPEAU, canton de Neuilly-le-Réal, arrond. de Moulins. — Canton de Neuilly-le-Réal, district de Moulins. — *CAPELLIS* (ecclesia de), (1366). — *CHAPEAUS*, (1330). — 69. 615. 880. 910. 1095. 1205. 1637. 2085. 2255. 2310. 2821. 3268. 3269. 3881. 4119. 4563. 4857. 5713. 6131. 6121. 7162. 7369. 7853. 7893. 8338. 8391. 8533. 8877. 8893. 8917. 9008. 9275. 9281. 9386. 9460. 9581. 10013. 10232. 10991. 11480. 12381. 12601. 12820. 12821. 13205.

52. CHAPELLE AUDE (LA), Canton d'Huriel, arrond. de Montluçon. — Canton d'Huriel, district de Montluçon. — *CAPELLA AUDE, DE ALDA, DE ALDIS*, (XIe-XIVe siècles). — 460. 1272. 2175. 2707. 3275. 3800. 3826. 4527. 4995. 5177. 5721. 6010. 6752. 7181. 7417. 7558. 7635. 7891. 8191. 8851. 8918. 9148. 9301. 9177. 9819. 10917. 11070. 11618. 12011. 12107. 12335. 12408. 12179. 12582.

53. CHAPELETTE (LA), canton d'Huriel, arrond. de Montluçon. — Canton de Saint-Désiré, district de Montluçon. — *CAPELLETTA*, (XIVe siècle). — 1696. 1852. 2019. 2557. 2898. 3276. 4138. 5513. 7199. 7517. 8033. 8668. 9813. 9817. 10219. 11211. 11556. 12708. 12920.

54. CHAPELLE (LA), canton de Cusset, arrond. de La Palisse. — Canton de Busset, district de Cusset. — *CAPELLA*, (XIVe siècle). — 567. 591. 887. 1332. 1710. 1916. 1994. 2669. 2859. 3280. 3308. 3321. 3731. 4105. 4117. 4723. 4802. 4937. 5112. 5380. 5188. 5527. 5877. 5955. 6036. 6195. 6376. 6756. 6822. 6927. 6951. 7034. 7157. 7313. 8018. 8301. 9243. 9361. 9423. 9785. 9989. 10331. 10505. 11038. 11203. 11217. 11272. 11496. 11719. 12015. 12111. 12665. 12817. 12986.

55. CHAPELLE-AUX-CHASSES (LA), canton de Chevagnes, arrond. de Moulins. — Canton de Garnat-sur-Loire, district de Moulins. — *CAPELLA CATORUM*, (XIe siècle). — *CHAPELLE-ES-CHAZ (LA)*, (1367-1401). — LA CHAPELLE-AUX-CHASES, (*Casæ, Casarum*). — 839. 980. 1553. 1735. 1911. 2181. 3196. 5335. 5181. 5853. 6303. 6125. 6946. 7665. 7800. 8125. 8189. 8517. 8751. 8878. 9170. 10789. 10919. 11035. 11093. 11385. 11480. 12672.

56. CHAPPES, canton de Montmaraud, arrond. de Montluçon.

— Canton de Villefranche, district de Montmaraud. — *CAPIS (ecclesia de)*, (1097). — Chapos. — 220. 255. 287. 1718. 2901. 3298. 3309. 3515. 3657. 3658. 3755. 3966. 4180. 4398. 4399. 4660. 4690. 5230. 5361. 5529. 5678. 5837. 5965. 6021. 6026. 6373. 6699. 7153. 7413. 8077. 8081. 8085. 8714. 9293. 9103. 9101. 9559. 9582. 9656. 10007. 10538. 10877. 11191. 11218. 11815. 12022. 13128. 13129.

57. **CHAREIL-CINTRAT**, canton de Chantelle, arrond. de Gannat, formées des deux communes réunies en 1830, et toutes deux du canton de Chantelle, district de Gannat. — *CARREDI (parrochia)*, (1301). — *CHAREDI*, (1350). — *CHARELII*, (1322-1350). — *CHARREY*, (1357). — *CINTRAC, SINTRAT, SINTRIACUS*, (1300-1320-1350). — 2. 237. 776. 979. 1092. 1308. 2365. 3316. 3317. 3161. 4009. 5103. 8367. 11159. 11353. 11914. 12087. 12481.

58. **CHARMEIL**, canton d'Escurolles, arrond. de Gannat. — Canton d'Escurolles, district de Gannat. — *CH.'RMELIACUS*, (1380). — *CHARMEILII*, (1449). — 3372. 3101. 3172. 4013. 4534. 4691. 4858. 5651. 5716. 8096. 8557. 8651. 8761. 9010. 10031. 10140. 10396. 12619. 13161.

59. **CHARMES**, canton, arrond. et district de Gannat. — *CARMIS (ecclesia de)*, (XII° siècle). — 698. 1192. 1885. 2939. 3374. 3898. 3899. 7991. 8071. 8323. 8325. 9383. 9935. 10380.

60. **CHARROUX**, canton de Chantelle, arrond. de Gannat. — Chef-lieu du sixième canton du district de Gannat. — *CARROTUM*, (1322). — *CHARROUZ* (1301). — 785. 3121. 3611. 6122. 7866. 7916. 8013. 8103. 8603. 8757. 9144. 9801. 11512. 12638. 12639.

61. **CHASSENARD**, canton du Donjon, arrond. de La Palisse. — Canton de Lurci-sur-Loire, puis de Luneau, district du Donjon. *CHASSENAX* (XIV° siècle). — 288. 497. 499. 741. 870. 882. 1182. 1185. 1305. 1514. 1719. 1961. 2231. 2366. 2446. 2662. 2732. 3828. 3175. 3313. 3460. 3643. 3730. 3801. 4133. 4212. 4632. 4997. 5166.

5229. 5269. 5854. 6087. 6108. 6268. 6310. 6363. 6496. 7317. 7636. 8596. 8606. 8827. 8893. 9638. 10086. 10397. 10130. 11353. 11818. 12391. 12121. 12528. 12610. 12726. 12755. 12896. 13193.

62. CHATEAU-SUR-ALLIER, canton de Lurci-Lévi, arrond. de Moulins. — Canton du Veurdre, district de Cérilli. — *CASTRUM SUPER ALIGERIN* (1350). — Montbol. — 627. 636. 638. 768. 782. 813. 911. 1691. 2170. 2307. 2467. 2470. 2173. 2740. 3202. 3527. 3586. 3702. 4381. 4633. 5361. 5574. 6188. 6472. 7501. 7510. 8381. 10318. 10108. 11131. 11200. 11526. 11596. 11666. 11667. 11751. 11982. 12802. 12803.

63. CHATEL-DE-NEUVRE, canton du Montet, arrond. de Moulins. — Chef-lieu du sixième canton, du district de Moulins. — *DONOBRIUM, CASTRUM DONOBRENSE*, (X°-XII° siècles). — *CASTRUM HENORII*, (1391). — *CASTRUM HONORII*, (1375). — CHATEL-DENEUVRE. — 230. 289. 769. 836. 913. 1487. 1926. 2123. 2660. 2755. 2928. 3062. 3345. 3587. 3770. 3786. 4183. 4503. 4698. 5194. 5571. 5755. 5811. 6829. 7167. 7629. 7849. 8013. 8219. 8344. 8841. 8909. 8919. 9059. 9256. 9738. 10120. 11136. 11539. 11584. 11597. 11608. 12255. 12311. 12345.

64. CHATEL-MONTAGNE, canton du Mayet-de-Montagne, arrond. de La Palisse. — Canton d'Arfeuille, district de Cusset. — *CASTRUM IN MONTANIS*, (XIII° siècle). — Mont-sur-Bòbro. — 558. 700. 732. 1252. 1261. 1283. 1503. 1586. 1624. 2323. 2117. 2447. 2822. 2860. 3325. 3350. 3368. 3445. 3487. 3552. 3561. 4011. 4101. 4609. 4633. 4687. 4879. 4922. 5210. 5350. 5866. 5989. 5990. 6207. 6450. 6490. 6537. 6627. 6687. 7033. 7061. 7302. 7545. 7559. 8230. 8410. 8467. 8548. 8581. 8765. 8778. 8902. 9104. 9136. 9148. 9159. 9384. 9860. 10046. 10155. 10182. 10777. 10923. 11176. 11423. 11427. 11871. 11905. 12004. 12214. 12314. 12589. 12818. 12729. 13093.

65. CHATEL-PERRON, canton de Jaligni, arrond. de La Palisse. — Canton de Jaligni, district du Donjon. — *CASTRUM PETRI*, (XIII° siècle). — 374. 553. 666. 779. 903. 913. 995. 1096.

1207. 1194. 1568. 1820. 2012. 2122. 2919. 3171. 3335. 3598. 3678.
4149. 4213. 4936. 6169. 6184. 6621. 7210. 7610. 7893. 8078. 9183.
9187. 9336. 9603. 9606. 9681. 9733. 9774. 9814. 11260. 12064. 12065.
12066. 12293. 12321. 12372. 13168.

66. **CHATELUS**, arrond. et canton de La Palisse. — Canton d'Arfeuille, district de Cusset. — *CASTELUCIO (parrochia de)*, (XIII° siècle). — 1038. 2535. 3561. 3880. 5181. 5270. 5393. 5394. 6806. 6875. 7876. 8051. 8178. 9177. 10997. 11972. 12374.

67. **CHATILLON**, canton du Montet, arrond. de Moulins. — Canton de Cressanges, district de Montmaraud. — *CASTELLIO*, (1097). — 396. 1362. 1886. 2148. 2770. 2906. 3568. 5338. 6180. 7236. 7675. 8101. 9099. 9200. 9313. 9318. 9353. 9962. 11210. 11220. 11988. 12709. 12732.

68. **CHAVENON**, canton de Montmaraud, arrond. de Montluçon. — Canton de Villefranche, district de Montmaraud. — *CAVE-NONE (ecclesia de)*, (XIV° siècle). — 59. 771. 1082. 1315. 3088. 3372. 3738. 4738. 5114. 5135. 5146. 5169. 5774. 6502. 6600. 6889. 7267. 7681. 8333. 8706. 8797. 8847. 8848. 8919. 9316. 10293. 10424. 10980. 11010. 11345. 11385. 11768. 11828. 12015. 12350. 12450. 12667. 12710.

69. **CHAVEROCHE**, canton de Jaligni, arrond. de La Palisse. — Canton de Jaligni, district du Donjon. — *CAVA RUPES*, (XIII° siècle). — 54. 375. 463. 590. 628. 760. 1097. 1098. 1385. 1522. 2063. 2068. 2325. 2963. 3164. 3315. 3109. 3741. 3774. 3867. 4318. 6030. 6178. 6337. 6426. 7011. 7436. 7518. 7896. 8331. 8344. 8370. 8663. 8926. 9393. 9354. 9610. 10064. 10146. 10160. 10635. 10835. 10952. 11174. 11191. 11769. 12231. 12369. 12763. 12798. 12810. 12913.

70. **CHAZEMAIS**, canton d'Huriel, arrond. de Montluçon. — Canton de Saint-Désiré, district de Montluçon. — *CASÆ MANSUS* (XI° siècle). — Chasomais. — 996. 1068. 1072. 1350. 1515. 1783. 2145. 2310. 2333. 2809. 3097. 3137. 3714. 4203. 4331. 4718. 4740. 4903. 4976. 5117. 5580. 5722. 6095. 6142. 6166. 6613. 6763.

6876. 7088. 7262. 7738. 7917. 8146. 8221. 8361. 8897. 8923. 10199. 10367. 10639. 10716. 11001. 11936. 11952. 12371. 13136. 13137.

71. **CHEMILLI**, canton de Souvigni, arrond. de Moulins. — Canton de Souvigni, district de Moulins. — *CHIMILIACUS* (1050). — 437. 607. 902. 1099. 2780. 3757. 3808. 4708. 4859. 5521. 5833. 6116. 7286. 7322. 7817. 8107. 8144. 8307. 8365. 8949. 10920. 11287. 11997. 12101. 12212. 13173.

72. **CHEVAGNES**, chef-lieu de canton, arrond. et district de Moulins. — *CABANIS (parrochia de)*, (XIII° siècle). — Chevagnes l'Acollin. — 493. 739. 911. 1275. 1758. 1805. 1859. 2276. 2706. 2743. 3219. 3310. 3311. 3146. 3147. 3473. 3509. 3814. 4037. 4125. 4126. 5086. 5296. 5706. 5878. 6319. 6712. 7176. 7189. 7703. 8332. 8511. 8615. 8731. 8931. 8937. 9973. 10158. 10588. 10673. 11066. 11290. 11475. 11503. 11932. 12001. 12094.

73. **CHÉZELLES**, canton de Chantelle, arrond. de Gannat. — Canton de Chantelle, district de Gannat. — *CASELLIS (ecclesia de)*, (XIII° siècle). — CHESELLES. — 222. 1662. 2032. 3316. 3900. 4150. 5199. 5723. 6123. 7193. 7627. 8101. 8179. 8739. 8790. 9069. 9233. 9319. 10514. 12021. 12919.

74. **CHÉZI**, canton de Chevagnes, arrond. de Moulins. — Canton de Chevagnes, district de Moulins. — *CHAGIACUS*. — CHÉSI, (XIV° siècle). — 629. 1034. 1139. 1141. 1314. 1617. 3232. 3717. 3718. 3762. 3866. 3879. 3930. 3949. 4518. 4931. 5088. 5131. 5138. 5139. 5207. 5214. 5618. 6218. 6331. 6405. 7064. 7582. 7733. 7755. 7897. 7995. 7996. 8074. 9631. 10321. 11783. 11953. 12002. 12901.

75. **CHIRAT-L'ÉGLISE**, Canton d'Ebreuil, arrond. de Gannat. — Canton de Target, district de Montmaraud. — *CHIRAT (ecclesia de)*, (1097). — 456. 457. 705. 1019. 1287. 1555. 1883. 1966. 2014. 2538. 3021. 3962. 4031. 4090. 4595. 4631. 4684. 4963. 4988. 5952. 7485. 9126. 9555. 9771. 11221. 11930. 12182.

76. **CHOUVIGNI**, canton d'Ebreuil, arrond. de Gannat. — Canton d'Ebreuil, district de Gannat. — *CALVINIACUS*, (XIII° siècle). — 71. 72. 682. 710. 1125. 1870. 2211. 2570. 2963. 3215. 3988. 5098.

6119. 6311. 6601. 6731. 6733. 7011. 8263. 8402. 8663. 8715. 9682. 9967. 11328. 11934. 11232.

77. **CINDRÉ**, canton de Jaligni, arrond. de La Palisse. — Canton de Saint-Géran-le-Puí, district de Cusset. — *CINDRIACUS, SINDRIACUS*, (XIII° siècle). — 215. 381. 611. 983. 1050. 1171. 1188. 1232. 1455. 1457. 1728. 2529. 2607. 2610. 2962. 2973. 3317. 3375. 3735. 4003. 4253. 4296. 4161. 4752. 4991. 4995. 5028. 5395. 5721. 6099. 6689. 6907. 6956. 7216. 7301. 7810. 7811. 7823. 7844. 7898. 8052. 8177. 9326. 9819. 10233. 10158. 10605. 10660. 10665. 10733. 10866. 10906. 11037. 11146. 11318. 11188. 11671. 11716. 12072. 12165. 12224. 12352. 12970.

78. **COGNAT-LIONNE**, canton d'Escurolles, arrond. de Gannat. — Canton de Brugeat, district de Gannat. — *CONIIIACUS*, (1411). — 461. 1100. 2793. 3255. 3369. 3958. 4102. 4118. 4596. 5007. 5610. 6321. 6922. 6938. 7265. 7757. 7771. 8072. 8979. 10315. 10986. 11039. 11116. 1117.

79. **COLOMBIER**, canton de Commentri, (de Montmaraud, jusqu'en 1859), arrond. de Montluçon. — Canton de Néris, district de Montluçon. — *COLUMBARIUM*, (VI° siècle). — 852. 1016. 1193. 1386. 2066. 3311. 3352. 3111. 3538. 3813. 3919. 3940. 4151. 4332. 4402. 4809. 5818. 6585. 6955. 7060. 8086. 8123. 8133. 8158. 8679. 8730. 9316. 10362. 11222. 11400. 11577. 11955. 12127. 12183. 12337.

80. **COMMENTRI**, jusqu'en 1859 du canton de Montmaraud, aujourd'hui chef-lieu de canton, arrond. de Montluçon. — Canton de Néris, district de Montluçon. — *COMMENTRIACUS*, (1097). — 376. 689. 997. 1161. 2116. 2286. 2103. 2756. 2856. 2907. 3105. 3264. 3690. 3727. 3739. 4071. 4207. 4176. 4608. 4737. 4767. 5150. 5171. 5623. 5725. 5775. 6273. 6723. 7213. 7676. 8151. 8247. 8431. 9629. 9666. 9714. 10171. 10476. 10891. 11005. 11437. 11008.

81. **CONTIGNI**, canton du Montet, arrond. de Moulins. — Canton de Châtel-Deneuvre, district de Moulins. — *CONTINIACUS*, (XI° siècle). — 1060. 1218. 1376. 1775. 2059. 2093. 2321. 2690. 2908. 3500. 4201. 4218. 4369. 5099. 6192. 6193. 6285. 6764. 6931.

7132. 7133. 8310. 9825. 9951. 10323. 10409. 10464. 10861. 10882.
10931. 11789. 11790. 11944. 12122. 12764.

82. **COSNE-SUR-L'ŒIL**, canton d'Hérisson, arrond. de Montluçon. — Canton d'Hérisson, district de Cérilli. — *COLNA*, (1096).
— 106. 290. 401. 427. 889. 891. 892. 1413. 1674. 1759. 1760. 1921.
2200. 2277. 2632. 2845. 3017. 3932. 4033. 4152. 4317. 4322. 4753.
6027. 6765. 6867. 7041. 7228. 7249. 7261. 7336. 7450. 7637. 7797.
8012. 8024. 8211. 8243. 8456. 9134. 9337. 9453. 9585. 10076. 10410.
10383. 11086. 11047. 12538. 13210.

83. **COULANDON**, arrond. et canton Ouest de Moulins. — Canton de Souvigni, district de Moulins. — *COLANDONIUM* (1097).
— 428. 429. 1276. 1290. 1407. 1439. 2290. 2688. 2737. 2750. 2757.
2758. 2767. 2768. 2850. 2880. 2881. 3059. 3060. 3083. 3084. 3184.
3454. 3517. 3600. 3759. 4270. 4418. 4868. 5019. 5070. 5152. 5250.
5253. 5343. 5879. 6139. 6870. 6873. 6874. 7099. 7900. 8698. 8758.
8835. 9398. 9799. 10121. 10123. 10207. 10289. 10296. 10326. 10428.
10429. 10570. 10611. 10612. 10871. 11031. 11170. 11481. 11551.
12161. 12398. 12539. 12663.

84. **COULANGES**, canton de Dompierre, arrond. de Moulins. — Canton de Pierrefitte, district du Donjon. — *COLUNGIIS (ecclesia de)*, (1340). — 786. 998. 1280. 1424. 1431. 1440. 2944. 4205.
4421. 4733. 5751. 5794. 7020. 7574. 7638. 8209. 8660. 8925. 9226.
9247. 9932. 10180. 10335. 11919. 12070. 12814. 12939. 13007.

85. **COULEUVRE**, canton de Lurci-Lévi, arrond. de Moulins. — Canton de Lurci-Lévi, district de Cérilli. — *COLOBRIUM*, (1200). — *COLUBRIE*, (1356). — *COLÈVRE*, (1410). — *COLUVRE, COLOUVRE*, (1300). — 58. 127. 350. 360. 446. 514. 519. 578. 701. 915.
1296. 1306. 1335. 1351. 1570. 1938. 1998. 2171. 2220. 2491. 2509.
2512. 2633. 3163. 3370. 3455. 3710. 4001. 4011. 4024. 4153. 4291.
4362. 4430. 4586. 4611. 4657. 4671. 4679. 4830. 4893. 5107. 5286.
5314. 5331. 5387. 5341. 5562. 5679. 5993. 6485. 6864. 7143. 7203.
7204. 7214. 7234. 7296. 7313. 7335. 7403. 7411. 7431. 7483. 7484.
7900. 7948. 8009. 9250. 9267. 9456. 9564. 9628. 9632. 10196. 10312.

10393. 10577. 10666. 10568. 10687. 10936. 11016. 11356. 11516. 11676. 11803. 12011. 12112. 12113. 12903. 13011.

86. **COURÇAIS**, canton d'Huriel, arrond. de Montluçon. — Canton de Saint-Désiré, district de Montluçon. — *CURTIACUS*, (VIIe siècle). — 595. 1061. 1028. 2091. 2278. 2798. 3195. 3817. 4078. 4457. 5197. 5726. 5793. 6167. 6766. 7201. 7639. 8800. 8869. 9431. 10085. 10258. 10526. 10691. 11917. 12159. 12848. 13031. 13130.

87. **COUTENÇOUSE**, canton d'Ebreuil, arrond. de Gannat. — Canton de Bellenave, district de Gannat. — *CONTENCIOSA*, (XIIIe siècle). — 2996. 3659. 4305. 4520. 4530. 4691. 5084. 5271. 5437. 6551. 6552. 7391. 8710. 9233. 11913. 13048.

88. **COUZON**, canton de Lurci-Lévi, arrond. de Moulins. — Canton de Bourbon, district de Cérilli. — *COSONIUM, COUSON*, (1300). — COUSON. — 608. 745. 1121. 1202. 1436. 1594. 1675. 2231. 2687. 4237. 5284. 5776. 5791. 5792. 5909. 6236. 6985. 7172. 7496. 8640. 9230. 10337. 10327. 10655. 10681. 11654. 11795. 11801. 11827. 12216. 12931.

89. **CRÉCHI**, canton de Varennes, arrond. de La Palisse. — Canton de Varennes, district de Cusset. — *CRECHIACUS*, (XIIIe siècle). — 125. 559. 664. 1176. 1229. 2931. 2934. 3132. 3929. 4172. 5314. 5513. 7117. 7666. 9117. 9869. 10811. 11097. 11800. 11881. 11903. 12305. 12711. 12987. 12991.

90. **CRESSANGES**, canton du Montet, arrond. de Moulins. — Chef-lieu du cinquième canton du district de Montmarauld. — *CRESSANGIIS (ecclesia de)*, (XIIIe siècle). — 43. 174. 177. 723. 916. 999. 1387. 1432. 1676. 1721. 2082. 2083. 2275. 2361. 2362. 2711. 2761. 3194. 3389. 3517. 3618. 3620. 3650. 3882. 4209. 4539. 4619. 5087. 5146. 5209. 5326. 5519. 5672. 5966. 6055. 6088. 6097. 6143. 6145. 6262. 6371. 6481. 6914. 6999. 7776. 7859. 7984. 8193. 8337. 8554. 9075. 9110. 9237. 9472. 9539. 9617. 9983. 10088. 10111. 10197. 10483. 10707. 10761. 11073. 11120. 11415. 11818. 11822. 12011. 12259. 12234. 12573. 12803. 12849.

91. CREUZIER-LE-NEUF, canton de Cusset, arrond. de La Palisse. — Canton de Saint-Germain-des-Fossés, district de Cusset. — *CRUSIACUS NOVUS*, (XIIIe siècle). — CREUSIER-LE-NEUF. — 311. 1221. 1613. 1677. 1776. 1830. 2027. 2393. 2399 2759. 2837. 2921. 2913. 3359. 3612. 3815. 4028. 4154. 4190. 4581. 4754. 5010. 5130. 5987. 6657. 6671. 6971. 7045. 8096. 9201. 9308. 9391. 9412. 9484. 10094. 10111. 10169. 10368. 10976. 11049. 11784. 12289. 12340. 12988.

92. CREUZIER-LE-VIEUX, canton de Cusset, arrond. de La Palisse. — Canton de Vichi, district de Cusset. — *CRUSIACUS VETUS*, (XIIIe siècle). — CREUSIER-LE-VIEUX. — 214. 382. 2060. 2121. 2173. 3615. 3617. 3688. 4301. 4306. 4515. 4562. 4582. 4926. 7020. 7490. 8931. 9153. 9244. 9536. 9915. 9994. 10013. 10019. 10519. 11002. 11453. 11816. 12914.

93. CUSSET, chef-lieu de canton, arrond. de La Palisse. — Chef-lieu de canton et de district. — *CUCIACUS*, (IXe siècle). — 14. 44. 166. 173. 191. 234. 391. 485. 510. 514. 566. 678. 734. 787. 1000. 1901. 2050. 2051. 2168. 2718. 2719. 2748. 2771. 2781. 2864. 2955. 2998. 2999. 3000. 3030. 3040. 3079. 3139. 3103. 3215. 3434. 3466. 3733. 3760. 4106. 4528. 4699. 4880. 4890. 5079. 5333. 5639. 6112. 6276. 6297. 6749. 6807. 6818. 6893. 6936. 7318. 7406. 7781. 7950. 7988. 8470. 8817. 8972. 8971. 8975. 9270. 9154. 9936. 10127. 10123. 10520. 10521. 10613. 10713. 10945. 10977. 11030. 11082. 11185. 11337. 11435. 11439. 11466. 11627. 12038. 12132. 12216. 12477. 12319. 12516. 12682. 12967. 13019. 13104. 13172.

94. DENEUILLE, canton de Chantelle, arrond. de Gannat. — Canton de Chantelle, district de Gannat. — *DONOLIO* (*parrochia de*), (1300). — 334. 788. 1750. 2861. 2974. 3102. 3173. 3358. 3601. 3819. 4089. 4517. 4963. 5644. 5650. 6316. 6532. 6681. 7869. 7876. 9701. 9831. 12173.

95. DENEUILLE, arrond. et canton Est de Montluçon. — Canton de Doyet, district de Montmaraud. — *DONOLIO* (*ecclesia de*), (XIVe siècle). — 630. 1292. 1307. 1388. 2147. 2311. 2664. 3265.

3353. 3361. 3374. 3720. 4112. 4966. 5164. 5189. 5815. 6370. 6724. 8334. 9334. 9664. 10342. 10349. 10692. 10738. 12018. 12392. 12673. 13061.

96. **DÉSERTINES**, canton Est et arrond. de Montluçon. — Canton de Désertines, district de Montluçon. — *DESERTINIS* (*ecclesia de*), (XIVᵉ-XVᵉ siècles). — 3589. 3602. 3901. 3984. 4722. 4984. 5203. 7435. 8159. 8669. 8791. 9980. 10350. 11160. 12184.

97. **DEUX-CHAISES**, canton du Montet, arrond. de Moulins. — Canton du Montet, district de Montmaraud. — *DUABUS CASIS* (*ecclesia de*), (VIIᵉ siècle). — 307. 467. 854. 774. 1045. 1867. 1887. 2288. 2565. 2877. 3281. 3167. 3562. 3603. 3883. 4285. 5994. 6023. 6077. 6134. 6866. 6993. 7679. 7901. 8053. 8154. 8167. 8536. 8582. 9060. 9168. 9261. 9885. 10229. 10374. 10375. 10723. 10739. 10822. 11335. 11817. 12009. 12254. 12393. 12683. 12827.

98. **DIOU**, canton de Dompierre, arrond. de Moulins. — Canton de Dompierre, district de Donjon. — *DIALC....* (XIIᵉ siècle). — *DIOCO* (*ecclesia de*), (XIIIᵉ-XIVᵉ siècles). — 89. 412. 683. 917. 1001. 1515. 2367. 3337. 3474. 3604. 4079. 4635. 5015. 6110. 7071. 7640. 8785. 9022. 9792. 9806. 10281. 10404. 10536. 10764. 10953. 11067. 11280. 11876. 11950. 12149. 12876. 12979.

99. **DOMÉRAT**, arrond. et canton Ouest de Montluçon. — Canton d'Huriel, district de Montluçon. — *DOMARAC, DOMAIRAC* (*Castellum de*), (XIᵉ siècle). — 2138. 2159. 2279. 2316. 2334. 2449. 2810. 2830. 2917. 3318. 3510. 3513. 4021. 4181. 4334. 4366. 4450. 4453. 4612. 4810. 4812. 5054. 5633. 5698. 5812. 6113. 6307. 6441. 6506. 6683. 7411. 8014. 8318. 8403. 8701. 9266. 9320. 9712. 10598. 10693. 10701. 11098. 11123. 11697. 12016. 12106. 12162. 12364. 12443. 12370. 13023. 13057.

100. **DOMPIERRE**, chef-lieu de canton, arrond. de Moulins. — Chef-lieu du quatrième canton du district du Donjon. — *DOMNA PETRA* (*ecclesia de*), (1218). — **Sourco libro**. — 108. 239. 240. 291. 918. 976. 1062. 1079. 2343. 2739. 2936. 2965. 3220. 3232. 3376. 3845. 3862. 3916. 4007. 4030. 4214. 4232. 4426. 4526. 4814.

4817. 5037. 5167. 5357. 5727. 6003. 6161. 6632. 6647. 7066. 7072. 7610. 7782. 8031. 8313. 8316. 8315. 8368. 8670. 8910. 9023. 9303. 9315. 9319. 9703. 9820. 9910. 9982. 10028. 10029. 10161. 10218. 10311. 10398. 10403. 10337. 10381. 10382. 11036. 11310. 11747. 12082. 12233. 12285. 12315. 12331. 12431. 12485. 12518.

101. DONJON (LE), chef-lieu de canton, arrond. de La Palisse — Chef-lieu des canton et district du Donjon. — *DONJONIUM*, (XIIIe siècle). — Val libro. — 390. 413. 832. 1210. 1663. 1772. 1919. 2097. 2113. 2945. 3518. 4100. 4107. 4231. 4636. 4917. 4979. 5029. 5233. 5272. 5418. 5447. 5728. 5838. 5921. 6234. 6235. 6380. 6908. 7021. 7090. 7119. 7597. 7827. 8011. 8122. 8208. 8362. 8377. 8388. 8509. 8789. 9086. 9357. 9377. 9188. 9320. 9335. 9815. 9858. 9893. 10027. 10186. 10194. 10195. 10222. 10259. 10433. 10471. 10525. 10763. 10783. 10819. 11720. 11995. 12262. 12280. 12315. 12839. 12841. 12935.

102. DOYET, canton de Montmaraud, arrond. de Montluçon. — Chef-lieu du deuxième canton du district de Montmaraud. — *DOYACO (ecclesia de)*, (1097). — 105. 113. 303. 450. 646. 667. 718. 919. 1131. 1389. 1493. 1631. 1659. 1861. 1923. 1931. 1976. 2156. 2323. 2450. 2515. 2626. 2627. 2918. 2964. 3091. 3273. 3468. 3571. 3625. 3798. 3837. 3869. 3921. 4072. 4258. 4358. 4688. 4881. 5030. 5082. 5083. 5273. 5690. 6179. 6282. 6322. 6375. 6622. 6641. 6758. 6980. 7810. 8031. 8091. 8149. 8537. 8931. 9102. 9113. 9503. 9894. 9900. 10614. 10326. 10971. 11513. 11641. 11696. 11961. 11964. 11965. 11977. 12525. 12580. 12792. 12837. 13062. 13131.

103. DROITURIER, canton et arrond. de La Palisse. — Canton de Montaiguet, district du Donjon. — *DREITURAYS (ecclesia de)*, (Xe siècle). — 264. 360. 672. 920. 1239. 1409. 2308. 2827. 3102. 4410. 4882. 5003. 5220. 5390. 5458. 6096. 6146. 6249. 6161. 6191. 6493. 6586. 6792. 6959. 7703. 7902. 8273. 8623. 8903. 9189. 9420. 11201. 11252. 11361. 11707. 11721. 11969. 12605.

104. DURDAT, canton de Marcillat, arrond. de Montluçon. — Canton de Néris, district de Montluçon. — *DURDACO (ecclesia de)*,

(1297). — 182. 1197. 2078. 2111. 2157. 2182. 2280. 2667. 2886.
3691. 3827. 3943. 4191. 4467. 5119. 5413. 5703. 6114. 6118. 6522.
7077. 7903. 7969. 7999. 8798. 8836. 8831. 9076. 9715. 9830. 10504.
10740. 11032. 11048. 11524. 12252. 12828. 12859.

105. ÉBREUIL, chef-lieu de canton des arrond. et district de
Gannat. — *EBROLIUM*, (X⁰ siècle). — 755. 766. 3022. 3523. 3540.
3726. 4152. 4525. 5031. 6126. 6189. 6793. 6923. 7017. 7177. 7235.
8130. 8397. 8475. 8749. 9352. 10758. 11019. 11101. 11554. 11591.
11747. 11816. 11956. 12090. 13113.

106. ECHASSIÈRES, canton d'Ebreuil, arrond. de Gannat.—
Canton de Bellenave, district de Gannat. — *ESCHACERIIS (ecclesia
de)*, (XIV⁰ siècle). — 197. 265. 853. 1705. 1829. 2033. 2151. 2991.
3078. 3138. 3577. 3661. 4137. 4796. 5032. 5155. 5612. 5636. 7068.
7389. 7535. 7749. 7809. 7998. 8255. 8614. 8747. 8831. 8853. 8952.
9004. 10260. 10770. 11040. 11397. 11713. 11714. 11722. 11966.
12510. 12815. 13154.

107. ESCUROLLES, chef-lieu de canton des arrond. et district
de Gannat. — *SCUROLIIS (ecclesia de)*, (X⁰ siècle).— 465. 588. 637.
1085. 3283. 3157. 4286. 4668. 5033. 5251. 5463. 5777. 5996. 6348.
6362. 6707. 7128. 8069. 8074. 8898. 9338. 9691. 10173. 10313.
10773. 11742. 12260. 12757.

108. ESPINASSE-VOZELLE, canton d'Escurolles, arrond. de
Gannat. — Formée en exécution de l'ordonnance du 20 mai 1829,
par la réunion des communes d'Espinasse, autrefois du canton
d'Escurolles, et Vozelles, d'abord du canton de Brugeat, puis de
celui d'Escurolles, (3 brumaire an X), l'une et l'autre du district de
Gannat. — *ESPINACIA*, (1319). — 1171. 1179. 2212. 2312. 2363.
2862. 2909. 2921. 3504. 3621. 3631. 4323. 4370. 4597. 4901. 5236.
5619. 5693. 6321. 6511. 6525. 6633. 7319. 7713. 7950. 8120. 9029.
10700. 11068. 12208. 12210. 12616. 12692. 13215. 13224.

109. ESTIVAREILLES, canton d'Hérisson, arrond. de Montlu-
çon. — Chef-lieu du neuvième canton du district de Montluçon. —

STIVALICULÆ, (VII° siècle).— 883. 3018. 3107. 4081. 5261. 5934. 6803. 9353. 9865. 11124. 12260. 12638. 12765.

110. **ETELON (L'),** canton de Cérilli, arrond. de Montluçon. — Canton de Meaulne, district de Cérilli. — *TELONEUM* (?). — Tolon (1o). — 799. 3207. 4363. 5334. 7827. 7931. 8927. 9127. 9128. 11132. 11946.

111. **ÉTROUSSAT,** canton de Chantelle, arrond. de Gannat.— Canton de Chantelle, district de Gannat. — *EXTROCIACI* (*parrochia*), (XIII° siècle). —73. 1235. 1312. 1913. 3180. 3611. 3763. 4753. 4761. 4846. 5076. 5312. 6962. 7310. 7790. 7975. 8062. 8087. 8300. 9251. 9371. 9372. 9586. 9948. 10368. 10625. 11434. 11461. 11565. 11566. 12759.

112. **FÉLINE (LA),** canton de Saint-Pourçain, arrond. de Gannat. — Canton de Verneuil, district de Montmarault. — *FELINA*, (1301). — 482. 921. 1678. 1722. 1777. 2112. 3092. 3299. 3175. 3706. 4051. 5462. 6086. 6127. 6533. 7066. 7154. 7261. 7829. 8009. 8254. 8351. 8411. 8855. 9019. 9297. 9298. 9607. 10012. 10176. 10387. 11011. 11085. 11312. 11460. 11567. 11752. 12077. 12080. 12329. 12351. 13024.

113. **FERRIÈRES,** canton du Mayet-de-Montagne, arrond. de La Palisse. — Canton du Mayet-de-Montagne, district de Cusset. *FERRARIÆ* (XIV° siècle). — 37. 49. 57. 357. 510. 621. 726. 865. 877. 883. 899. 922. 1169. 1212. 1360. 1414. 1428. 1183. 1507. 1530. 1531. 1574. 1611. 1619. 1733. 1807. 1825. 2031. 2174. 2343. 2628. 2631. 2640. 2853. 2870. 2978. 3312. 3691. 3803. 3859. 3981. 4064. 4303. 4307. 4591. 4669. 4811. 4918. 4999. 5012. 5031. 5374. 5383. 5119. 5484. 5619. 5629. 5702. 5729. 5856. 5915. 5930. 6018. 6106. 6387. 6388. 6413. 6377. 6612. 6681. 6835. 6973. 6996. 7005. 7256. 7507. 7550. 7578. 7793. 7796. 8258. 8271. 8290. 8302. 8501. 8608. 8615. 8659. 8924. 9061. 9068. 9111. 9112. 9137. 9160. 9185. 9302. 9314. 9108. 9109. 9313. 9518. 9621. 9681. 9879. 9937. 9953. 9998. 10047. 10157. 10200. 10217. 10223. 10301. 10337. 10346. 10376. 10387. 10396. 10398. 10638. 10709. 10737. 10747. 10852. 10881.

10902. 10919. 10932. 10978. 11055. 11181. 11223. 11245. 11231.
11384. 11689. 11814. 11970. 11992. 12036. 12089. 12169. 12182.
12203. 12205. 12234. 12292. 12387. 12790. 12870. 12930. 12935.
12958. 12966. 13021. 13170.

114. FERTÉ-HAUTE-RIVE (LA), canton de Neuilli-le-Réal, arrond. de Moulins. — Canton de Bessai, district de Moulins. — Formait autrefois deux paroisses sous les noms de *FERITATE* (parrochia de), (1301). — *ALTA RIPA* (parrochia de), (1097). — 171. 535. 1022. 1337. 1824. 1905. 1974. 2530. 2680. 3221. 3662. 3777. 4196. 4860. 4931. 4952. 5011. 5161. 5184. 5472. 5189. 5967. 6144. 6513. 6686. 6999. 7001. 7073. 7237. 7259. 7901. 8396. 8113. 8661. 9239. 9525. 9387. 9988. 10637. 10617. 10810. 11263. 11167. 11498.

115. FLEURIEL, canton de Chantelle, arrond. et district de Gannat. — *FLORIACUS*, (XIIIe siècle). — 192. 217. 572. 701. 1531. 1855. 1963. 2327. 2620. 2735. 3364. 4092. 4155. 5515. 5645. 5871. 5900. 5905. 6529. 6994. 7323. 7350. 7930. 8412. 8799. 8935. 9263. 9697. 10142. 10261. 10328. 10551. 11218. 11430. 11476. 12120. 12178. 12247. 12619. 12698. 13186.

116. FOURILLES, canton de Chantelle, arrond. et district de Gannat. — *FOREGLIR* (parrochia de), (XIIIe siècle). — 1664. 3636. 4055. 4156. 4259. 4184. 4803. 5903. 5901. 6327. 7331. 8379. 9011. 11486. 11785. 11895. 12270. 12463.

117. FRANCHESSE, canton de Bourbon, arrond. de Moulins. — Canton de Bourbon, district de Cérilli. — *FRANCISCAS* (ecclesia de), (XIIe siècle). — 34. 158. 359. 388. 561. 609. 623. 893. 968. 1183. 1312. 1809. 1810. 1936. 1913. 1914. 2265. 2267. 2268. 2269. 2407. 2888. 3281. 3521. 3778. 3872. 4232. 4823. 4824. 4825. 5095. 5581. 5686. 5709. 5793. 5912. 6046. 6047. 6258. 6339. 6512. 6658. 6678. 7415. 7662. 8099. 8100. 8128. 8133. 8150. 8166. 8237. 8418. 8680. 8993. 9397. 9533. 9534. 9614. 9619. 9707. 10018. 10106. 10369. 10142. 10610. 10667. 10790. 10989. 11288. 11374. 11386. 12061. 12486. 12684. 12734.

118. **GANNAT**, chef-lieu d'arrond. et de district. — *GATNA-CUS*, (X° siècle). — 495. 496. 716. 2969. 3112. 3860. 3950. 3967. 4058. 4187. 4331. 4635. 4756. 4771. 4772. 4927. 5131. 5379. 5682. 7051. 7055. 7314. 7408. 7851. 7905. 8068. 9754. 10234. 10315. 10726. 10996. 11406. 11885. 12690. 12691. 13114.

119. **GANNAI-SUR-LOIRE**, canton de Chevagne, arrond. de Moulins. — Chef-lieu du dixième canton du district de Moulins. — *GANNIACUS*, (XIII° siècle). — GANNAI. — 409. 512. 1605. 1665. 2329. 2175. 2300. 2317. 2523. 3101. 4818. 4819. 4900. 5288. 5318. 5323. 5695. 6073. 6074. 6119. 6120. 6344. 6345. 6410. 7206. 7386. 7536. 7979. 8573. 8599. 9393. 10006. 10117. 10894. 11000. 11310. 11886. 12176. 12286. 12634.

120. **GARNAT**, canton de Chevagnes, arrond. de Moulins. — Canton de Chevagnes, district de Moulins. — *GARNATO (ecclesia de)* (XV° siècle). — 93. 533. 693. 729. 1156. 1157. 1473. 2700. 2727. 2777. 2785. 2970. 4062. 4944. 5500. 6201. 6317. 6333. 7067. 8681. 11479. 11590. 11882. 12300.

121. **GENNETINES**, arrond. et canton Est de Moulins. — Canton de Villeneuve, district de Moulins. — *GENESTINIS (ecclesia de)*, (XIII° siècle). — 119. 488. 526. 513. 742. 814. 834. 923. 1002. 1520. 1679. 2243. 2344. 3605. 5089. 5730. 6269. 7223. 7376. 7492. 7743. 8111. 8175. 8284. 8316. 8317. 8359. 8787. 8873. 8879. 9310. 9375. 9447. 9623. 9627. 9834. 10056. 10688. 10750. 12238. 12311.

122. **GIPCI**, canton de Souvigni, arrond. de Moulins. — Canton de Saint-Hilaire, district de Montmaraud. — *GIPTIACUS*, (XI° siècle). — 3. 207. 227. 860. 861. 989. 991. 1102. 1579. 1812. 2079. 2080. 2158. 2831. 3044. 3064. 3153. 3377. 3994. 5582. 5674. 5913. 6008. 6209. 7466. 8020. 8136. 8316. 8519. 9280. 9626. 9768. 10089. 10099. 10162. 10779. 11574. 12147. 12148.

123. **GIVARLAIS**, canton d'Hérisson, arrond. de Montluçon. — Canton d'Estivareilles, district de Montluçon. — *GIVARLAICO (ecclesia de)*, (IX° siècle). — 478. 1334. 2234. 3007. 3989. 6138. 6454. 6466. 6768. 6803. 8062. 8033. 8212. 8716. 8717. 12830.

124. **GOUISE**, canton de Neuilli-le-Réal, arrond. de Moulins.
— Canton de Bessai, district de Moulins. — *GOSIA*, (1330). — 65.
107. 385. 1003. 1230. 2071. 2222. 2601. 2631. 2683. 3089. 4131.
4200. 4931. 5121. 6392. 6313. 6510. 6809. 7491. 7626. 7612. 8953.
9826. 9390. 10077. 10851. 11690. 12055. 12372.

125. **HAUTERIVE**, canton d'Escurolles, arrond. de Gannat. —
Canton de Brugeat, district de Gannat. — *ALTARIPA* (*ecclesia de*)
(XIVᵉ siècle). — 1445. 1587. 2052. 2670. 3113. 4108. 4485. 5035.
5385. 5609. 7074. 7178. 7973. 8119. 9114. 9189. 12562.

126. **HÉRISSON**, chef-lieu de canton, arrond. de Montluçon.
— District de Cérilli. — *IRITIO*, *ERICTIO*, *ERICONIUM*,
XIᵉ-XIIᵉ siècles). — 603. 881. 924. 1004. 1056. 1277. 1710. 2023.
2035. 2191. 2789. 2811. 3384. 3556. 3570. 3719. 3756. 4158. 4357.
4389. 4623. 5242. 5396. 5452. 5453. 5834. 5938. 5961. 6082. 6242.
6900. 6901. 7089. 7142. 7170. 7229. 7298. 7416. 7528. 7952. 8575.
8732. 8783. 9071. 9388. 9727. 9759. 9760. 9971. 10580. 10746.
11080. 11224. 11225. 11303. 11506. 11588. 11723. 11921. 11967.
12300. 12525. 12919.

127. **HURIEL**, chef-lieu de canton, arrond. et district de Montluçon. — *URIACUS*, (XIᵉ siècle). — 349. 531. 617. 789. 800. 819.
1233. 1838. 2206. 3011. 3017. 3131. 3213. 4517. 4678. 4797. 5068.
5362. 5368. 5516. 5573. 5985. 6108. 6304. 6308. 6713. 6932. 7121.
7169. 7187. 7769. 7783. 7811. 8035. 8012. 8322. 8390. 9209. 9642.
9919. 9985. 10352. 10508. 10702. 11123. 11133. 11536. 11679. 11694.
12107. 12581. 12693. 12766. 13026.

128. **HIDS**, canton de Commentri, (de Montmaraud jusqu'en
1859,) arrond. de Montluçon. — Canton de Doyet, district de Montmaraud. — *IDS*, (XIVᵉ siècle). — IDS. — 152. 417. 425. 801.
2148. 2363. 3128. 3512. 3877. 3944. 5120. 5621. 5676. 6312. 6460.
6771. 6909. 7266. 7767. 8123. 9350. 9889. 10162. 11310. 11763.
11832. 11930. 12330. 12581. 12784. 12993.

129. **IGRANDE**, canton de Bourbon-l'Archembaud, arrond. de
Moulins. — Chef-lieu du cinquième canton du district de Cérilli. —

IGRANDIA, IGUIRANDA, (XIII⁰ siècle). — 42. 315. 373. 820.
1111. 1112. 1386. 1680. 1953. 1990. 1995. 2230. 2264. 2266. 2270.
2272. 2315. 2576. 2920. 2987. 3019. 3012. 3056. 3076. 3222. 3312.
3331. 3117. 3118. 3519. 3675. 3828. 4030. 4031. 4127. 4113. 4319.
4637. 4837. 5118. 5331. 5377. 5455. 5478. 5187. 5522. 5590. 5617.
5683. 5731. 5797. 5798. 5880. 5939. 5957. 6057. 6090. 6091. 6135.
6215. 6233. 6264. 6296. 6197. 6198. 6510. 6869. 6904. 7018. 7109.
7417. 7519. 7520. 7518. 7693. 7750. 7784. 7829. 8021. 8032. 8115.
8163. 8193. 8562. 8682. 8725. 9024. 9150. 9170. 9219. 9221. 9222.
9388. 9396. 9399. 9517. 9679. 9761. 9810. 9828. 10055. 10143.
10215. 10255. 10284. 10363. 10377. 10388. 10626. 11226. 11321.
11337. 11404. 11507. 11550. 11611. 11645. 11699. 11700. 11912.
12005. 12006. 12056. 12108. 12126. 12127. 12193. 12231. 12137.
12157. 12162. 12650. 12660. 12662. 12822. 12869. 12936. 12996.
13011. 13139. 13140 13143.

130. **ISEURE**, canton Est et arrond. de Moulins. — Chef-lieu du deuxième canton du district de Moulins. — *ISIOTRO,* (IX⁰ siècle). — *ISODRO,* (X⁰ siècle). — *ISORIO (parrochia de),* (XIII⁰ siècle.)—
131. 365. 395. 406. 415. 443. 557. 707. 821. 925. 926. 982. 1006.
1310. 1352. 1632. 1793. 2316. 2368. 2791. 3016. 3067. 3068. 3146.
3148. 3188. 3223. 3631. 3779. 4019. 4031. 4192. 4271. 4626. 4932.
5224. 5236. 5291. 5204. 5297. 5356. 5563. 5603. 5669. 5864. 5884.
6162. 6173. 7070. 7160. 7327. 7387. 7773. 7906. 8093. 8266. 8399.
8511. 8936. 9025. 9335. 9116. 9150. 9190. 9529. 10131. 10159. 10221.
10215. 10353. 10489. 10606. 10612. 10662. 10762. 10923. 10985.
11170. 11190. 11320. 11509. 11528. 11552. 11550. 11717. 11863.
11864. 11929. 12053. 12110. 12263. 12167. 12775. 12910.

131. **ISLE-ET-BARDAIS**, canton de Cérilli, arrond. de Montluçon. — Canton d'Aînai, district de Cérilli. (Formée des communes d'Isle et de Bardais réunies en 1811). — *INSULA (parrochia de),* (XIV⁰ siècle). — *BARDEYO (parrochia de),* (XV⁰ siècle). — 10. 62.
292. 536. 617. 963. 1441. 1857. 1858. 1888. 1892. 2064. 2075. 2199.
2188. 2199. 2501. 2637. 2981. 3274. 3907. 4295. 5036. 5173. 5101.
5102. 5192. 5333. 5732. 5894. 6110. 7109. 8352. 8376. 8371. 8880.

9040. 9731. 9752. 9944. 10073. 10207. 10341. 10618. 11279. 11329. 11340. 11664. 11672. 12093. 12226. 12326. 12811. 12875. 13226.

132. **ISSERPENT**, canton et arrond. de La Palisse. — Canton d'Arfeuille, district de Cusset. — *ISSERPANO (parrochia de),* (XIII° siècle). — 878. 1142. 1197. 1543. 1560. 1569. 1700. 1742. 2315. 2629. 2751. 2919. 3203. 3208. 3332. 3525. 3868. 3971. 4175. 4308. 4313. 4656. 4670 4736. 4741. 4791. 5042. 5062. 5295. 5314. 5916. 5991. 6012. 6044. 6059. 6216. 6227. 6228. 6587. 6684. 7087. 7463. 7813. 7720. 7908. 8011. 8123. 8246. 8306. 9119. 9199. 9213. 9499. 9725. 9809. 10389. 11052. 11053. 11362. 11724. 11971. 11973. 12044. 12073. 12188. 12892. 12975. 12997.

133. **JALIGNI**, chef-lieu de canton, arrond. de La Palisse. — Chef-lieu du troisième canton, district du Donjon. — *JALIGNIACUS* (XI° siècle). — 189. 411. 793. 927. 2086. 2558. 2562. 3606. 3698. 4514. 5037. 5123. 5611. 7691. 8171. 8176. 8296. 8545. 8886. 8888. 9391. 10161. 11231. 11575. 12349. 12993.

134. **JANZAT**, canton et arrond. de Gannat. — Canton de Saulzet, district de Gannat. — *GENTIACUS,* (X° siècle) — *GENSIACUS, JANSIACUS,* (XIII° siècle). — GENZAT. — 1007. 3998. 4026. 4224. 4475. 5968. 6130. 9314. 10107. 10329. 12696.

135. **LAMAIDS**, canton Ouest et arrond. de Montluçon. — Canton de Saint-Sauvier, district de Montluçon. — *MALDIIS (parrochia de),* (XVI° siècle). — *LAMBY,* (1489). — 3684. 4193. 7432. 10262. 12180.

136. **LANGI**, canton de Varennes, arrond. de La Palisse. — Canton de Saint-Geran-le-Pui, district de Cusset. — *LANGIACO (parrochia de),* (X° siècle). — 132. 416. 928. 1008. 1018. 1320. 2289. 3036. 3506. 4571. 5583. 5503. 6011. 6147. 6200. 7110. 7402. 7472. 8801. 9138. 9673. 9793. 9856. 10108. 10604. 10607. 10690. 10811. 12790. 12189. 13187.

137. **LENAX**, canton du Donjon, arrond. de La Palisse. — Canton de Montaiguet, district du Donjon. — *LA NAZ (parrochia*

de), (XI° siècle). — 141. 550. 1103. 1380. 1381. 1498. 1537. 1965 2123. 3390. 3121. 4249. 4681. 4775. 5135. 5121. 6289. 6538. 6629. 6701. 6821. 7164. 7165. 7311. 7410. 7514. 7515. 7616. 8203. 8309. 8357. 8591. 9062. 9135. 9306. 9319. 9648. 9913. 9918. 9972. 10021. 10036. 10109. 10163. 10188. 10240. 10304. 11182. 11350. 11489. 11683. 11725. 11813. 12306. 12338. 12351. 13162.

138. **LIERNOLLES**, canton de Jaligny, arrond. de La Palisse. Canton et district du Donjon. — *LINEROLIS (parrochia de)*, (XIV° siècle). — 203. 298. 430. 802. 1065. 1133. 1516. 1631. 1615. 1778. 1863. 1956. 2152. 3626. 3821. 4206. 4676. 4961. 5101. 5126. 5345. 5373. 5392. 5444. 5558. 5733. 5778. 6037. 6378. 6379. 6432. 6491. 6318. 6319. 6623. 6863. 7126. 7321. 7325. 7511. 7613. 7980. 8192. 8574. 8858. 8910. 8986. 9115. 9674. 9997. 10177. 10619. 10883. 10974. 11380. 11684. 11887. 12308. 12348. 12490. 12639. 12633. 12712. 12826. 12842. 13018. 13159.

139. **LIGNEROLLES**, canton Ouest et arrond. de Montluçon.— Chef-lieu du cinquième canton du district de Montluçon. — *LINAROLIS (parrochia de)*, (XIV° siècle). — 472. 2244. 2656. 2874. 3520. 4413. 4414. 6148. 7305. 7559. 8683. 8937. 9054. 9837. 9862. 11189. 11606. 11880. 12946.

140. **LIMOISE**, canton de Lurcí-Lévi, arrond. de Moulins. — Canton de Lurcí-Lévi, district de Cérilli. — *LIMESIA*, (XII° siècle). — 441. 725. 822. 929. 1934. 2490. 2496. 2812. 3283. 3535. 4132. 6003. 6094. 6149. 6274. 7561. 7599. 9560. 9720. 9721. 9737. 12248.

141. **LISOLLE (LA)**, canton d'Ebreuil. arrond. de Gannat. — Canton d'Ebreuil, district de Gannat. — *ECCLESIOLA (parrochia de)*, (XIII° siècle). — 1355. 2936. 2988. 4693. 4820. 4925. 5327. 5845. 5876. 7115. 7573. 7830. 8223. 8459. 8543. 9169. 10567. 10929. 11339. 11898.

142. **LODDE**, canton du Donjon. arrond. de La Palisse. — Canton de Montaiguet, district du Donjon. — 103. 131. 613. 1453. 1561. 1956. 2421. 4391. 4674. 4891. 5103. 5145. 5493. 6389. 6642. 7586. 7600. 7761. 8034. 8298. 8352. 9312. 9391. 10189. 10215.

10215. 10136. 10721. 10810. 10836. 10895. 11205. 11323. 11839.
12039. 12196. 12278. 12871. 13219.

143. **LORIGES**, canton de Saint-Pourçain, arrond. de Gannat,
— Canton de Saint-Pourçain, district de Gannat. — *LORIGIIS
(parrochia de)*, (XII° siècle). — 97. 1637. 2017. 2116. 2293. 2613.
2818. 3318. 3679. 4729. 5021. 6338. 7697. 7709. 7831. 9589. 11091.
12319. 12367.

144. **LOUCHI-MONTFAN**, canton de Saint-Pourçain, arrond.
de Gannat, formée en 1830 par la réunion des communes de Louchi
et Montfan, tous deux des cantons de Verneuil. — District de
Montmarault. — *LOCHIACO (parrochia de)*, (XIV° siècle). — *MON-
TISFANO (parrochia de)*. (XV° siècle). — 320. 1968. 3765. 4508.
4638. 4881. 4911. 5147. 5404. 6531. 6568. 6696. 7714. 8786. 8812.
8931. 10719. 11472. 11533. 11881. 12744. 12748.

145. **LOUROUX-BOURBONNAIS**, canton d'Hérisson, arrond.
de Montluçon. — Canton d'Hérisson, district de Cérilli. — *ORA-
TORIUM BORBONENSE*, (XIII° siècle). — Lourou-sur-
Courgot. — 30. 1278. 1601. 1653. 1793. 2369. 2351. 2377. 2582.
3820. 3931. 3956. 4379. 4192. 4538. 5317. 5999. 6136. 6223. 6656.
6898. 7271. 7452. 7668. 7721. 7727. 8191. 8195. 8288. 8993. 9012.
9838. 9993. 10014. 10110. 10539. 11481. 12075. 12281. 12325. 12330.
12342. 12373. 13071. 13146.

146. **LOUROUX-DE-BEAUNE**, canton de Montmarault, arrond.
Montluçon. — Canton de Doyet, district de Montmarault. — *ORA-
TORIUM BELNENSE*, (XV° siècle). — 214. 823. 1104. 1144. 1145.
1148. 1317. 1681. 1970. 2120. 2153. 2875. 3028. 3209. 3328. 3663.
3941. 3945. 5811. 7291. 7728. 8079. 8233. 8490. 9019. 9077. 9278.
9782. 10111. 10253. 11401. 12806. 12807.

147. **LOUROUX-DE-BOUBLE**, canton d'Ebreuil, arrond. de
Gannat. — Canton de Target, district de Montmarault. — *ORATO-
RIUM SUPER BUBULAM*, (XV° siècle). — 1204. 1152. 1783. 2072.
2073. 2102. 2393. 2612. 2726. 2939. 3176. 3512. 4316. 4317. 5085.

6191. 6823. 7729. 7767. 8109. 8933. 9701. 11211. 12522. 12559. 12899.

148. LOUROUX-HODEMENT, canton d'Hérisson, arrond. de Montluçon.—Canton d'Igrande, district de Cérilli.—*ORATORIUM*. (1300).— 855. 1217. 1218. 1658. 2149. 3235. 4018. 4613. 5077. 5222. 5223. 5257. 5921. 6199. 6354. 6516. 6810. 6859. 7431. 7730. 8018. 8023. 8211. 8884. 8955. 9121. 9511. 10552. 10201. 10691. 10827. 10850. 11177. 12361. 12337. 12701. 12962. 13005.

149. LUNEAU, canton du Donjon, arrond. de La Palisse. — Chef-lieu du sixième canton du district du Donjon depuis 1792. — *LUNELLO (parrochia de)*, (XVe siècle).— 483. 580. 751. 930. 1111. 1523. 1593. 1703. 1916. 1950. 2182. 2736. 3286. 3339. 4136. 4139. 4401. 4186. 4710. 4776. 4815. 5109. 5259. 5701. 6137. 6674. 6770. 6923. 7023. 7075. 7251. 7312. 7409. 7570. 7587. 7756. 7760. 8132. 8128. 8303. 8981. 9006. 9356. 9457. 9974. 10179. 10386. 10131. 10620. 11106. 11171. 11357. 11613. 12111. 12191. 12531. 12606. 12316. 12917.

150. LURCI-LÉVI, chef-lieu de canton, arrond. de Moulins.— Chef-lieu du deuxième canton du district de Cérilli. — *LURCI-LE-SAULVAIGE*, (XIIIe-XIVe siècles).— *LURCIACO SILVESTRI (parrochia de)*, (XIIIe siècle). — 235. 321. 355. 490. 491. 904. 931. 1033. 1143. 1237. 1311. 1312. 1402. 1435. 1453. 1463. 1577. 1607. 2281. 2380. 2382. 2435. 2437. 2179. 2181. 2183. 2189. 2193. 2194. 2522. 2544. 2731. 2747. 2852. 2879. 2895. 3136. 3330. 3607. 3745. 3791. 3810. 3869. 3875. 3894. 3919. 3923. 3925. 3927. 4002. 4016. 4119. 4128. 4198. 4583. 4604. 5143. 5180. 5316. 5346. 5370. 5482. 5494. 5501. 5560. 5607. 5608. 5734. 6013. 6019. 6239. 6204. 6318. 6714. 6817. 7193. 7283. 7418. 7511. 7512. 7526. 7761. 7770. 7909. 8004. 8038. 8370. 8138. 8353. 9106. 9207. 9231. 9268. 9380. 9419. 9829. 9920. 10164. 10216. 10263. 10336. 10337. 10339. 10442. 11023. 11028. 11122. 11162. 11163. 11164. 11896. 12102. 12513. 12520. 12607. 12608. 12623. 12809. 13101. 13115.

151. LUSIGNI, canton de Chevagnes, arrond. de Moulins. —

Canton de Chevagnes, district de Moulins.— *LISIGNIACO (parrochia de)*, (1375). — 494. 597. 810. 1020. 1023. 1138. 1231. 1336. 1761. 2031. 2110. 2145. 2154. 2536. 2609. 2931. 3221. 3248. 3391. 4289. 4575. 4639. 5211. 5531. 5532. 5857. 6180. 6509. 7012. 7403. 7763. 7818. 7953. 8036. 8095. 8115. 8147. 8528. 8592. 8685. 8810. 8828. 9332. 9590. 9821. 10001. 10292. 10593. 10602. 10930. 11633. 11926. 12198. 12305. 12379. 12419. 12420. 12492. 12513. 12609. 12610. 12878. 12879. 12880.

152. **MAGNET**, canton de Varennes, arrond. de La Palisse. — Canton de Saint-Germain-des-Fossés, district de Cusset. — *MAGNIACO (parrochia de)*, (XIIe siècle). — 1361. 1519. 2163. 3020. 3225. 4335. 4777. 4883. 5350. 5670. 6019. 6370. 6661. 7330. 7352. 7474. 7777. 7793. 8188. 8429. 8616. 8956. 9090. 9180. 9245. 9739. 9757. 9886. 10111. 10211. 10230. 10584. 10903. 11905. 11922. 12053. 12206. 12271.

153. **MAILLET**, canton d'Hérisson, arrond. de Montluçon. — Canton d'Igrande, district de Cérilli. — *MALLIACUS*, (VIe-Xe siècles). — 50. 293. 1053. 1300. 1694. 1871. 2036. 2114. 2262. 2293. 2317. 2621. 3114. 3627. 3703. 3902. 4056. 4234. 5112. 5127. 6427. 7057. 7601. 7812. 7954. 8127. 8932. 9756. 10061. 10062. 10491. 10492. 10383. 10390. 10463. 11980. 11981. 12405. 12716. 12791. 13036. 13119.

154. **MALICORNE**, canton de Commentri, jusqu'en 1859 de Montmaraud, arrond. de Montluçon. — Canton de Doyet, district de Montmaraud. — *MALICORNIA* (XIIIe siècle). — 1331. 1731. 2028. 2189. 2976. 2977. 3111. 3112. 4143. 4335. 4652. 5122. 6609. 7299. 8015. 8471. 10987. 12357.

155. **MARCENAT**, canton de Saint-Pourçain, arrond. de Gannat. Commune créée en 1831 par la réunion du Lonzat et de Villaines, antérieurement du canton de Saint-Pourçain, arrond. de Gannat. — Mêmes canton et district. — *OLONSIACO (parrochia de)*, (XIIIe siècle). — *VILLENA*, (1350). — 281. 781. 1373. 1375. 2008. 2216. 2217. 2619. 2752. 3705. 4211. 4693. 5274. 5749. 5912. 6054.

6828. 7693. 7807. 7955. 8097. 8183. 8480. 8933. 10682. 11321. 12023. 12177. 13037.

156. **MARCILLAT**, chef-lieu de canton, arrond. et district de Montluçon. — *MARCILIACUS*, (XIII⁰ siècle). — 199. 439. 631. 1166. 1336. 1671. 1682. 1856. 1894. 2019. 2069. 2125. 2184. 2623. 2882. 3057. 3095. 3197. 3320. 3910. 3913. 3924. 3935. 4123. 4215. 4336. 4781. 5109. 5138. 5779. 5846. 6725. 6736. 6837. 7124. 7125. 7817. 8108. 8223. 8224. 8380. 8386. 8437. 8686. 9052. 9057. 9089. 10153. 10364. 10447. 10512. 10722. 10766. 11083. 11084. 11089. 11305. 11307. 12141. 12353. 12561. 12674. 12745. 12767. 13023. 13061. 13126.

157. **MARIGNI**, canton de Souvigni, arrond. de Moulins. — Canton de Saint-Menoux, district de Moulins. — *MARIGNIACUS*, (X⁰ siècle). — 1967. 2037. 3003. 3395. 5615. 6330. 6395. 6982. 7000. 7207. 7208. 8139. 8666. 8795. 8881. 9070. 10311. 10554. 11314. 11368. 13213.

158. **MARIOL**, canton de Cusset, arrond. de La Palisse. — Canton de Busset, district de Cusset. — 272. 436. 2257. 2679. 3521. 3906. 4020. 4309. 4780. 5980. 6758. 7855. 8147. 8889. 9039. 9353. 9906. 10030. 10361. 12717. 12754. 13212.

159. **MAYET-D'ÉCOLE**, canton, arrond. et district de Gannat. — *MASETUS DE SCOLA*, (XIII⁰ siècle). — 746. 5893. 7441. 8340. 8593.

160. **MAYET-DE-MONTAGNE**, chef-lieu de canton, arrond. de La Palisse. — Chef-lieu du huitième canton du district de Cusset. — *MASETUS IN MONTANIS*, (XV⁰ siècle). — 153. 278. 421. 471. 694. 715. 967. 1039. 1086. 1149. 1150. 1172. 1281. 1323. 1744. 2248. 2524. 2531. 2705. 2760. 3819. 3823. 3936. 4087. 4160. 4387. 4504. 4514. 4654. 4827. 4960. 5091. 5157. 5163. 5186. 5240. 6017. 6208. 6352. 6399. 6545. 6602. 6606. 6921. 6965. 7013. 7048. 7280. 7361. 7411. 7529. 7602. 7802. 7910. 8026. 8049. 8204. 8330. 8341. 8922. 9300. 9880. 10183. 10264. 10276. 10386. 10714. 10751.

10780. 10820. 11306. 11327. 11411. 11726. 11873. 11889. 12003. 12048. 12075.

161. MAZERIER, canton et arrond. de Gannat. — Canton de Saulzet, district de Gannat. — *MACERIACO (parrochia de)*, (XII° siècle). — MASERIÉ. — 74. 130. 2968. 3162. 4700. 4473. 5600. 6739. 8252. 9007. 10334. 12387.

162. MAZIRAT, canton de Marcillat, arrond. de Montluçon. — Canton de Lignerolles, district de Montluçon. — *MASIRIACO (parrochia de)*, (XIII° siècle). — MASIRAT. — 648. 756. 1208. 1810. 1889. 1953. 2160. 3039. 3177. 3575. 3581. 3870. 4059. 4532. 5120. 5103. 5907. 5953. 6930. 7116. 8157. 8219. 8260. 8404. 9410. 10231. 10791. 11309. 11813. 11860. 12366. 12432. 13211.

163. MEAULNE, canton de Cérilli, arrond. de Montluçon. — Chef-lieu du septième canton du district de Cérilli. — Mɪulno. — 80. 1009. 1496. 1770. 1978. 2370. 2622. 3287. 3122. 3818. 4377. 4730. 4896. 5013. 6181. 6201. 6732. 6950. 7533. 7805. 7911. 8318. 8616. 8928. 9037. 9046. 9266. 9770. 10112. 10141. 10679. 11315. 11365. 12600. 12852. 12980.

164. MEILLARD, canton du Montet, arrond. de Moulins. — *MELHARS (ecclesia de)*, (1300). — 51. 932. 1333. 1683. 2212. 2213. 2990. 3165. 3301. 3792. 3968. 4919. 5495. 5951. 6211. 6833. 7442. 7563. 7993. 8197. 8343. 9107. 9116. 9867. 10727. 10728. 10729. 11018. 11099. 11228. 11468. 11943. 12030. 12625. 12972.

165. MEILLERS, canton de Souvigni, arrond. de Moulins. — Canton de Meillers, district de Montmarault. — *MELHERS*, (1357). — 4. 637. 639. 649. 663. 1261. 1839. 2215. 2456. 2922. 3072. 3355. 3608. 3741. 4268. 4108. 4451. 4778. 5398. 5640. 5675. 5762. 7581. 7680. 7832. 7978. 8371. 8148. 8745. 8802. 9002. 9401. 9908. 9939. 10463. 10513. 11239. 11395. 11499. 11673. 11680. 11753. 12189. 12225. 12570. 12831.

166. MERCI, canton de Neuilli-le-Réal, arrond de Moulins. — Canton de Neuilli-le-Réal, district de Moulins. — *MARCIACO* (*parrochia de*), (XIII° siècle). — 70. 96. 112. 268. 358. 378. 737. 933. 1069. 1088. 1105. 1301. 2163. 2236. 2238. 2521. 4561. 5002. 5017. 5043. 5097. 5133, 5807. 5819. 5861. 6016. 6039. 6270. 6902. 7331. 7413. 7566. 7699. 7856. 7875. 7911. 8400. 9287. 9762. 10031. 10032. 10033. 10190. 10431. 10644. 10991. 11074. 11288. 11291. 11301. 11442. 11933 12860.

167. **MESPLES**, canton d'Huriel, arrond. de Montluçon. — Canton de Saint-Sauvier, district de Montluçon. — *MESPILIS* (*ecclesia de*). (XV° siècle). — 25. 31. 63. 1544. 2520. 2393. 4180. 5073. 5245. 5596. 6179. 6668. 8265. 8446. 8457. 8779. 9956. 12914. 12953. 12988.

168. **MOLINET**, canton de Dompierre, arrond. de Moulins. — Canton de Pierrefitte, district du Donjon. — *MOLINETO* (*ecclesia de*), (X°-XIII° siècles). — 856. 1427. 1591. 1907. 1937. 2038 2330. 2645. 3141. 3428, 3533. 3731. 4403. 4456. 4938. 4996. 5231. 5264. 5602. 5646. 5665. 5697. 6331. 6187. 6818. 6871. 6910. 7026. 7145. 7425. 7794. 7912. 8181 8199. 8602. 8657. 9509. 9810. 9704. 9729. 10022. 10165. 10555. 10616. 10704. 10874. 11014. 11358. 11569. 11787. 11877. 12220. 12235.

169. **MOLLES**, canton de Cusset, arrond. de La Palisse. — Canton de Busset, district de Cusset. — *MOLIS* (*ecclesia de*), (XV° siècle). — 68. 322. 571. 874. 1120. 1291. 1297. 1611. 1880. 2053. 2561. 2596. 3326. 3822. 3825. 3846. 4016. 4310. 4661. 4682. 4701. 4729. 4890. 5009. 5265. 5446. 5662. 5710. 5763. 5780. 5956. 6010. 6140. 6523. 6578. 6732. 6738. 7006. 7989. 7990. 8030. 8609. 9139. 9158. 9174. 9175. 9591. 9764. 10191. 10768. 10792. 11062. 11091. 12713. 13012.

170. **MONESTIER**, canton de Chantelle, arrond. de Gannat. — Canton de Chantelle, district de Gannat. — *MONASTERIO* (*parrochia de*), (XIV° siècle). — *MONESTIER-LE-COMBLE*, (XVI° siècle). — 5. 46. 81. 453. 527. 1035. 1711. 1718. 2131. 3031. 3249. 3664. 3721. 3806. 4185. 6439. 6788. 7525. 8063. 8621. 8637. 9337. 9934. 10063. 11682. 11875. 12131. 13090. 13097.

171. **MONESTAI-SUR-ALLIER**, canton du Montet, arrond. de Moulins. — Canton de Châtel-Deneuvre, district de Moulins. — *MONASTERIO SUPER ALIGERIM (parrochia de)*, (XIV° siècle). 770. 931. 974. 2211. 2388. 2910. 6286. 6882. 7913. 8317. 8638. 8743. 8808. 8882. 0839. 11469. 11681.

172. **MONESTAI-SUR-LOIRE**, canton de Dompierre, arrond. de Moulins. — Canton de Pierrefitte, district du Donjon. — *MONASTERIO SUPER LIGERIM (parrochia de)*, (XIV° siècle). — 193. 371. 821. 933. 1273. 1489. 1779. 3112. 3529. 4607. 5061. 5752. 5781. 5911. 6161. 6353. 6356. 6896. 6917. 7023. 7053. 7190. 7478. 7911. 8376. 8639. 8340. 8857. 9815. 9893. 10023. 10317. 10703. 10361. 10365. 10381. 11172. 11403. 11723. 11810. 11842. 11923. 11943. 12166.

173. **MONTAIGUET**, canton du Donjon, arrond. de La Palisse. — Chef-lieu du deuxième canton du district du Donjon. — *MONTIS ACUTI (parrochia)*, (XV° siècle). — 20. 101. 183. 363. 532. 1379. 1513. 1625. 1632. 2101. 2179. 2674. 2694. 3226. 4015. 4392. 4883. 4584. 5917. 6105. 6397. 6561. 6921. 6976. 7397. 7915. 8272. 8696. 8733. 9013. 9389. 9592. 9740. 9765. 9870. 9992. 10020. 10391. 10151. 10809. 10968. 11298. 11631. 12017. 12161.

174. **MONTAIGU-LE-BLIN**, canton de Varennes, arrond. de La Palisse. — Canton de Saint-Geran-le-Pui, district de Cusset. — *MONTE ACUTO (parrochia de)*, (XIII° siècle). — 693. 834. 1027. 1187. 1288. 1325. 1353. 1510. 1832. 1901. 2256. 2639. 2873. 3001. 3227. 3243. 3270. 3378. 3431. 3458. 3478. 3993. 4008. 4477. 4816. 5069. 5170. 5263. 5275. 5962. 5969. 6102. 6190. 6261. 6391. 6860. 7253. 7819. 8010. 8327. 8335. 8697. 8870. 8892. 8937. 8973. 8989. 9021. 9379. 9511. 9675. 9689. 10039. 10066. 10206. 10309. 10327. 10615. 10631. 10732. 10743. 10745. 10829. 10842. 10953. 11009. 11060. 11103. 11229. 11471. 11500. 11663. 11760. 11770. 11937. 12989. 13027. 13208. 13227.

175. **MONTBEUGNI**, canton de Neuilli-le-Réal, arrond. de Moulins. — Canton de Neuilli-le-Réal, district de Moulins. —

MONTE BUZNINO, (IX⁰ siècle). — *MONTE BENITO (parrochia de)*, (XIV⁰ siècle). — 516. 624. 975. 1390. 1739. 1938. 1939. 2855. 2911. 3392. 3856. 4272. 4512. 4907. 5016. 5423. 5308. 5806. 6274. 7143. 7203. 7723. 8321. 8431. 8505. 8720. 8818. 9334. 9482. 10002. 10599. 12777. 13213.

176. **MONTCOMBROUX**, canton du Donjon, arrond. de La Palisse. — Canton et district du Donjon. — *MONTE COMBROSO (parrochia de)*, (XI⁰ siècle). — 151. 433. 1129. 1813. 2371. 2693. 2849. 3116. 3712. 3973. 4337. 4584. 5352. 5516. 5638. 5817. 5916. 6353. 6893. 6894. 6905. 7052. 7230. 7572. 7916. 8375. 8468. 8538. 8742. 9168. 9748. 9794. 9822. 9930. 9931. 10500. 10705. 11381. 12179. 12370.

177. **MONTEIGNET**, canton et arrond. de Gannat. — Canton de Saulzet, district de Gannat. — *MONTINIACUS*, (XIII⁰ siècle). — 613. 2957. 3137. 5655. 5701. 6182. 6703. 7129. 8492. 8773. 9148. 10814. 11862. 11362.

178. **MONTET (LE)**, chef-lieu de canton, arrond. de Moulins. — Chef-lieu du sixième canton du district de Montmarand. — *MONTICULUS MONACHORUM*, (XI⁰ siècle). — 66. 4323. 7844. 8784.

179. **MONTILLI**, canton Est et arrond. de Moulins. — Canton de Saint-Menoux, district de Moulins. — *MONTILIACO (ecclesia de)* (XIII⁰ siècle). — *MONTEGLIS*, (XIV⁰ siècle). — 91. 92. 294. 379. 823. 936. 1010. 1158. 1159. 1348. 1763. 1817. 2037. 2457. 2715. 2741. 2980. 3027. 3029. 3033. 3109. 3147. 3747. 3903. 4236. 4265. 4497. 4831. 4910. 5003. 5237. 5290. 5320. 5802. 5804. 5882. 5922. 6183. 6421. 6159. 6619. 6691. 7053. 7084. 7134. 7630. 7684. 7686. 7857. 7918. 7956. 8648. 8311. 8958. 9339. 9598. 9644. 9719. 9737. 9893. 9897. 10084. 10663. 10856. 11008. 11144. 11391. 11447. 11987. 12293. 12327. 12493. 12675.

180. **MONTLUÇON**, chef-lieu d'arrond. et de district. — *MONS LUCII*, (VIII⁰-XV⁰ siècles). — 790. 1209. 1309. 1454. 2371. 3532. 3543. 4082. 4197. 4338. 4624. 4707. 4735. 4873. 5003. 5339.

5621. 6390. 6396. 6416. 6353. 6737. 7031. 7120. 7135. 7715. 8140. 8716. 8824. 9036. 9221. 9523. 9571. 10355. 10382. 11120. 11230. 11593. 13049. 13107.

181 MONTMARAUD, chef-lieu de canton, arrond. de Montluçon. — Chef-lieu de district. — *MONS SMARAGDI*, (XII° siècle). — *MONS MERAUDI, MONS MERALDI* (XIV° siècle). — 299. 891. 1135. 1684. 1895. 3110. 3187. 4230. 4231. 5200. 5883. 7937. 8722. 8820. 9331. 10213. 10418. 10793. 12099. 13161.

182. MONTOLDRE, canton de Varennes, arrond. de La Palisse. — Canton de Varennes, district de Cusset. — *MONTODRE, MONTOUDRE*, (1300). — 778. 897. 1298. 2016. 2132. 2158. 2613. 2663. 2686. 2723. 3223. 3103. 3318. 3519. 3873. 4610. 4792. 4897. 5159. 5369. 5616. 5805. 6283. 6449. 6560. 7038. 7221. 7513. 7551. 8837. 9118. 9691. 10041. 10058. 10166. 10383. 10801. 11092. 11326. 11413. 11418. 11743. 12351. 12588. 22743.

183. MONTOR, canton de Saint-Pourçain, arrond. de Gannat. — Canton de Saint-Pourçain, district de Gannat. — *MONTE AUREO (parrochia de)*, (1350). — 458. 1391. 2707. 3196. 3609. 3761. 4161. 4403. 4692. 5276. 5555. 5591. 5869. 5881. 8168. 8451. 8839. 10183. 11123. 11459. 11773.

184. MONTVIC, canton de Montmaraud, arrond. de Montluçon. — Canton de Doyet, district de Montmaraud. — *MONTIS VICO (parrochia de)*, (1357). — 1977. 2150. 2901. 3890. 3892. 3992. 4083. 4109. 4139. 4746. 4838. 5970. 8081. 8862. 9881. 10698. 10718. 10741. 10825. 12272. 12651. 12881. 13072. (*Voyez* BÉZENET.)

185. MOULINS-SUR-ALLIER, chef-lieu du département. — *MOLINE, MOLINIS, MOLINS*, (X°-XV° siècles). — 2221. 3117. 3536. 5117. 6753. 6906. 7803. 8959. 9078. 9211. 9262. 10349. 12391.

186. MURAT, canton de Montmaraud, arrond. de Montluçon. — Canton de Villefranche, district de Montmaraud. — *MURATO (castellania de)*, (1218). — 208. 209. 508. 772. 937. 1167. 1392. 1751. 1835. 2029. 2623. 2699. 2887. 3058. 3124. 3210. 3136. 3567.

3684. 3901. 3975. 4339. 4162. 4933. 5198. 5216. 5502. 5503. 5735. 5750. 6662. 6798. 6899. 7111. 7860. 8050. 8301. 8740. 8744. 9101. 9113. 9120. 9405. 9670. 9743. 10509. 10742. 10749. 11147. 11193. 11938. 12317. 13121. 13232.

187. **NADES**, canton d'Ebreuil, arrond. et district de Gannat. — *NADES*, (1300). — 573. 692. 2525. 2689. 2917. 4188. 4561. 8738. 5173. 6550. 6952. 7423. 7505. 7774. 8124. 8301. 8339. 9116.

188. **NASSIGNI**, canton d'Hérisson, arrond. de Montluçon. — Canton d'Estivareilles, district de Montluçon. — *NAPSINIACUS*, (693). — 938. 1816. 1874. 3189. 4980. 5221. 6979. 7291. 7306. 8152. 8738. 9163. 9127. 9128. 9524. 9882. 10689. 11266. 12699. 12780.

189. **NAVES**, canton d'Ebreuil, arrond. de Gannat. — Canton de Charroux, district de Gannat. — *NAVAS*, (833). — 2109. 4115. 4228. 4599. 5277. 5630. 5938. 6343. 9182. 10315. 10710.

190. **NÉRIS**, canton et arrond. de Montluçon. — Chef-lieu du quatrième canton du district de Montluçon. — *NERISIO (palatium de)*, (831). — 418. 614. 791. 1198. 1234. 1313. 1690. 1899. 2826. 2844. 3256. 3382. 3665. 3751. 3983. 4376. 4553. 4675. 5185. 5564. 5758. 5783. 5851. 6771. 6861. 6890. 7464. 7691. 8007. 8110. 8141. 8257. 8333. 8385. 8710. 8718. 8809. 9079. 9190. 9192. 9271. 9568. 9622. 9645. 9692. 10202. 10969. 11149. 11177. 11373. 11555. 11907. 12152. 12423. 13069.

191. **NEUILLI-EN-DONJON**, canton du Donjon, arrond. de La Palisse. — Canton et district du Donjon. — *NULHI*, (XIVᵉ siècle). — 449. 511. 871. 1091. 1126. 1128. 1633. 1773. 2399. 2549. 2568. 2872. 3972. 4116. 4140. 4395. 4406. 4697. 5299. 5736. 5923. 6411. 6175. 7182. 7317. 7645. 8563. 8650. 8907. 9204. 9406. 10384. 11075. 11935. 12191. 12727. 12785. 12832.

192. **NEUILLI-LE-RÉAL**, chef-lieu de canton des arrond. et district de Moulins. — *NULHI*, (1375). — Neuilli-sur-Sanne. — 538. 686. 1136. 1403. 2003. 2219. 2300. 3488. 3493. 4101. 4216. 4260. 4414. 4876. 5044. 5163. 5238. 5525. 5896. 5971. 5978. 5986.

6184. 6212. 6218. 6280. 6891. 7002. 7319. 7370. 7672. 8125. 8126. 8308. 8426. 8487. 8502. 8529. 8626. 8753. 8930. 9205. 9390. 9502. 9716. 10113. 10134. 10410. 11778. 11910. 11939. 12086. 12145. 12676. 12730. 12722. 12893.

193. **NEURE**, canton de Lurci-Lévi, arrond. de Moulins. — Canton du Veurdre, district de Cérilly. — *NURRA*, (1239). — 1823. 2320. 2321. 2495. 2501. 3050. 3526. 4605. 6018. 6625. 8863. 9098. 9206. 10113. 11069. 11829. 12318. 12368. 12399. 12691. 13006. 13148. 13150.

194. **NEUVILLE**, canton d'Hérisson, arrond. de Montluçon. — Canton de Villefranche, district de Montmaraud. — *NOVA VILLA*, (1301). — 1393. 1902. 3685. 5381. 7539. 8286. 8636. 9211. 9236. 11621. 12040. 12181. 12495.

195. **NEUVY**, canton Ouest et arrond. de Moulins. — Canton d'Iseure, district de Moulins. — *NOVO VICO*, (XIV° siècle). — *NOVICO*, (1352). — *NEUVIS*, (1301). — NEUVI. — 380. 528. 529. 735. 857. 939. 972. 1011. 1017. 1160. 1418. 2176. 2507. 2533. 2764. 2766. 2971. 3074. 3098. 3116. 3121. 3122. 3156. 3159. 3186. 3229. 3288. 3687. 3831. 4273. 4168. 4469. 4650. 4677. 4809. 4933. 4990. 5212. 5337. 5468. 5501. 5936. 5937. 6015. 6150. 6872. 6881. 7179. 7301. 7331. 7861. 7958. 8131. 8373. 8374. 8647. 8768. 8771. 8792. 8816. 9210. 9215. 9286. 9311. 9338. 9362. 9382. 9425. 9473. 9550. 9594. 9633. 9755. 10123. 10265. 10628. 10630. 10823. 10885. 11231. 11375. 11701. 11761. 12234. 12328. 12343. 12351. 12496. 12512. 12593. 12652.

196. **NIZEROLLES**, canton du Mayet-de-Montagne, arrond. de La Palisse. — Canton du Mayet-de-Montagne, district de Cusset. — *NISEROLLES*, (XIV°-XV° siècles). — 156. 489. 568. 569. 1036. 2313. 3201. 3452. 4110. 4611. 4975. 6063. 6281. 6591. 7567. 8191. 8577. 9239. 10015. 10534. 10973. 10992. 11001. 11063. 11819. 12068.

197. **NOCQ**, canton d'Huriel, arrond. et district de Montluçon.

— *NOTO, NOCO (ecclesia de)*, (VII°-IX° siècles). — NOC. — 12. 815. 1222. 1394. 1459. 1477. 1811. 1812. 2039. 2062. 2121. 2143. 2181. 2916. 3033. 3916. 5013. 5368. 6319. 6619. 7273. 8330. 8367. 9219. 9138. 9703. 9871. 9919. 10272. 10330. 10656. 10725. 11814. 12197. 12515. 12586. 13073.

198. **NOYANT**, canton de Souvigni, arrond. de Moulins. — Canton de Cressanges, district de Montmaraud. — *NOYENTO (parrochia de)*, (1387). — 193. 1533. 1660. 2347. 2352. 3110. 3182. 3693. 4301. 4309. 4731. 4782. 5121. 5369. 5817. 5975. 6250. 6703. 7310. 8277. 8718. 9277. 9910. 9963. 10657. 12218. 12377. 12612. 12630. 12877.

199. **PALISSE (LA)**, chef-lieu de canton et d'arrond. — Chef-lieu de sixième canton du district de Cérilli. — *PALICIA*, (1213). — 184. 431. 910. 1012. 1070. 1957. 1959. 2334. 2159. 2177. 2345. 2716. 2821. 3408. 3787. 3990. 4267. 4290. 4550. 4779. 4818. 5014. 5045. 5100. 5123. 5210. 5287. 5310. 5530. 5664. 5770. 6031. 6323. 6104. 6639. 6811. 6917. 7353. 7424. 7741. 7788. 7976. 8142. 8169. 8201. 8291. 8360. 8430. 8542. 8671. 8734. 8969. 9014. 9195. 9420. 9440. 9461. 9506. 9840. 9977. 10034. 10385. 10501. 10524. 10544. 11163. 11183. 11332. 11335. 11436. 11793. 12183. 12533. 13000.

200. **PARAI-LE-FRÉSI**, canton de Chevagnes, arrond. de Moulins. — Canton de Garnat-sur-Loire, district de Moulins. — *PAREDUS FREDERICI*, (XIII° siècle). — 120. 204. 502. 1116. 1442. 1354. 1819. 2186. 2784. 3408. 4120. 4217. 4345. 5303. 6547. 7118. 7379. 8872. 8911. 9174. 9480. 9593. 9634. 9776. 9779. 10418. 11020. 11359. 11403. 11443. 11797. 12112. 12493. 12725. 13207.

201. **PARAI-SOUS-BRIAILLES**, canton de Saint-Pourçain, arrond. de Gannat. — Canton de Saint-Pourçain, district de Gannat. — *PAREDUS*, (XIII° siècle). — *PAROY*, (1410). — 1239. 1620. 1621. 2911. 3101. 3530. 3610. 3933. 3999. 4218. 4276. 4491. 4737. 4831. 4914. 5631. 5833. 5981. 6810. 8173. 8610. 9373. 9481. 10012. 10772. 11175. 11186. 11435. 11792. 13030. 13109.

202. **PÉRIGNI**, canton et arrond. de La Palisse. — Canton de

Saint-Géran, district de Cusset. — *PARIGNIACO (ecclesia de)*, (XII° siècle). — *PAREGNI*, (1240). — *PAREGNIACI*, (1373). — 335. 531. 984. 1178. 1393. 1532. 2004. 2026. 2211. 2381. 2383. 2318. 2597. 2775. 3123. 3289. 3363. 3611. 3736. 3780. 4094. 4233. 4328. 4393. 4713. 4794. 5016. 5185. 5461. 5531. 6185. 6210. 6284. 6365. 6367. 6554. 6933. 7007. 7030. 7094. 7095. 7136. 7453. 7918. 7959. 8189. 9023. 9421. 9596. 9722. 9731. 9800. 9801. 9978. 10051. 10114. 10173. 10494. 10683. 10760. 10812. 10931. 10983. 11192. 11249. 11409. 11502. 11514. 11702. 11729. 11771. 11823. 12236. 12276. 12355. 12444. 12558. 12768. 12951. 13031. 13055. 13165.

203. PETITE-MARCHE (LA), canton de Marcillat, arrond. de Montluçon.—Canton de Marcillat, district de Montluçon.—*PARVA MARCHIA*, (1300). — *MARCHIA*, (1160). — 632. 1087. 1285. 1508. 2185. 2617. 2672. 2681. 2801. 2802. 2830. 4540. 5439. 6350. 8105. 8292. 8493. 8806. 9311. 9901. 10145. 10859. 11624. 12359. 12523.

204. PIERREFITTE, canton de Dompierre, arrond. de Moulins. — Chef-lieu du cinquième canton du district du Donjon.— *PETRA FICTA*, (XII° siècle).— 6. 185. 271. 295. 610. 872. 938. 1071. 1539. 1578. 2219. 2372. 2408. 2460. 3357. 4302. 4946. 5213. 6625. 6811. 6827. 6897. 7498. 7584. 7585. 7706. 8476. 8990. 9123. 9289. 9422. 10835. 11776.

205. PIN (LE), canton du Donjon, arrond. de La Palisse. — Canton de Luneau, district du Donjon. — *PINU (parrochia de)*, (1389). — 13. 660. 1127. 1516. 1544. 1584. 1699. 1712. 1833. 1834. 1875. 1909. 2164. 2166. 2221. 2322. 2684. 2869. 3230. 3371. 3423. 3585. 3775. 4763. 4829. 4849. 5122. 5140. 6148. 6176. 6611. 6665. 6701. 6706. 6789. 6945. 7396. 7421. 7479. 7615. 7659. 7733. 7862. 8427. 8518. 8649. 8899. 9048. 9273. 10016. 10021. 10122. 10181. 10235. 11111. 11398. 11433. 11451. 11576. 12095. 12194. 12333.

206. POÉSAT, canton et arrond. de Gannat. — Canton de Saulzet, district de Gannat. — *POISIACI (ecclesia de)*, (1300). — 342. 601. 1287. 4122. 6967. 7103. 10255. 10390.

207. **POUSI-MÉSANGI**, canton de Lurci-Lévi, arrond. de Moulins, formée en 1826 de la réunion de deux communes du canton de Lurci-Lévi, qui toutes deux avaient fait partie du district de Cérilli, Pousi pour le canton de Lurci, et Mésangi pour celui du Veurdre. — *POSIACO (parrochia de)*, (1300). — *MESANGIACO (parrochia de)*, (1328). — 19. 109. 582. 8139. 10190. (*Voir aux additions les numéros 13226 à 13271.*)

208. **PRÉMILHAT**, canton Ouest et arrond. de Montluçon. — Canton de Lignerolles, district de Montluçon. — *PREMILLIACI (villa)*, (1301). — 1565. 2133. 4187. 5217. 5310. 5623. 5663. 5931. 6748. 7119. 7977. 8225. 9080. 9179. 9310. 9635. 9852. 10177. 10585. 11118. 11781. 12162. 12877.

209. **PRUGNE (LA)**, canton du Mayet-de-Montagne, arrond. de La Palisse. — Canton du Mayet-de-Montagne, district de Cusset. — *PRUNHIA*, (XIIIe siècle). — 233. 250. 313. 513. 584. 911. 1321. 1590. 1603. 1639. 2367. 3151. 3237. 3113. 3179. 3876. 3939. 4310. 4721. 4768. 5169. 5142. 5947. 6060. 6136. 6608. 6617. 7368. 7495. 7919. 8016. 8119. 9105. 10266. 10186. 10517. 10556. 10557. 10574. 10634. 10684. 10934. 10967. 12169. 12114. 12342.

210. **QUINSSAINE**, canton Ouest et arrond. de Montluçon. — *SANCTI MARCELLI DE QUINTIANIS (parrochia de)*, (1120). — *QUINTIANIS (villa de)*, (1158). — 45. 339. 1501. 1890. 2383. 3204. 4279. 4162. 4481. 4188. 7682. 8253. 8105. 9115. 9130. 10678. 10331. 11399. 12137.

211. **REUGNI**, canton d'Hérisson, arrond. de Montluçon. — Canton d'Estivareilles, district de Montluçon. — *REGNIACO (parrochia de)*, (XIIIe siècle). — *RUGNAC*, (1211). — 3523. 7718. 7920. 8578. 8685. 11021. 11042. 12659.

212. **ROCLES**, canton du Montet, arrond. de Moulins. — Canton du Montet, district de Montmaraud. — *ROCLIS (ecclesia de)*, (XIVe siècle). — 38. 67. 1131. 1293. 1720. 1816. 1860. 1876. 2192. 2574. 2601. 3182. 3692. 3833. 4112. 4920. 4921. 5711. 5910. 5911.

6123. 6263. 6523. 6726. 7019. 7097. 7444. 7696. 8032. 8368. 8939. 9107. 9875. 10146. 10699. 11145. 11267. 12274. 12394. 13074. 13175. 13176.

213. RONGÈRES, canton de Varennes, arrond. de La Palisse. — Canton de Varennes, district de Cusset. — *RUNGERIIS (parrochia de)*, (1396). — 78. 522. 592. 792. 1517. 1899. 2059. 2176. 2665. 2778. 2918. 4612. 4801. 5517. 5623. 6508. 7104. 7211. 7473. 8131. 8174. 8214. 8339. 8347. 8364. 8569. 9164. 9327. 9328. 9766. 9993. 10314. 10360. 10589. 10843. 11154. 11333. 11421. 11434. 11561. 11772. 12158. 12783. 12918. 13193.

214. RONNET, canton de Marcillat, arrond. de Montluçon. — Canton de Néris, district de Montluçon. — *RUNETO (parrochia de)*, (1260). — 47. 262. 469. 477. 484. 1081. 1460. 1685. 1787. 1811. 2799. 3118. 3803. 3920. 3926. 4043. 5106. 5979. 6005. 7137. 8634. 8780. 9038. 9958. 11336. 13087. 13103. 13199.

215. SAINT-ANGEL, arrond. et canton de Montluçon Est. — Canton de Désertines, district de Montluçon. — *SANCTI ANGELI (parrochia)*, (XIV° siècle). — 1480. 1780. 2131. 2624. 4280. 4812. 4821. 4878. 4891. 5170. 5278. 5436. 5620. 5737. 6032. 6307. 7233. 7616. 8230. 8231. 8106. 8687. 9132. 11523. 12133. 12959.

216. SAINT-AUBIN, canton de Bourbon, arrond. de Moulins. — Canton d'Igrande, district de Cérilli, — *SANCTI ALBINI (parrochia)*, (XIV° siècle). — Lo Marcat. — 279. 309. 1184. 1291. 1328. 2232. 2385. 2126. 2584. 2931. 2932. 3170. 3107. 3612. 3810. 4035. 4170. 4292. 4551. 4571. 4761. 4833. 5137. 5235. 5246. 5300. 5820. 6000. 6151. 6376. 6135. 6631. 7012. 7093. 7127. 7183. 7186. 7384. 7434. 7751. 8082. 8369. 8196. 8737. 9698. 9964. 10071. 10239. 11376. 11637. 11710. 12058. 12074. 12171. 12377. 12461. 12750. 12760. 12823. 12824. 12825.

217. SAINT-BONNET-DE-FOURS, canton de Montmarault, arrond. de Montluçon. — Canton et district de Montmarault. — *SANCTI BONITI DE FURNIS (parrochia)*, (XIV° siècle). —

Bonnot libro. — 280. 764. 893. 1213. 1713. 1877. 2318. 3630. 3666. 3813. 4560. 5008. 5321. 5784. 5872. 5902. 6163. 6331. 6571. 6745. 6747. 6988. 7455. 8234. 8887. 9123. 9361. 10419. 10616. 10645. 11492. 11532. 11850. 11851. 12393. 12569. 13001. 13031. 13075. 13181.

218. SAINT-BONNET-DE-ROCHEFORT, canton et arrond. de Gannat. — Canton d'Ebreuil, district de Gannat. — *SANCTI BONITI DE RUPEFORTI (parrochia)*, (1300). — 638. 2923. 3468. 3483. 5279. 6910. 7173. 7564. 8040. 8230. 8644. 10328. 10724. 10816. 10869. 11243. 11407. 11474. 11530. 11937. 12406. 12433.

219. SAINT-BONNET-LE-DÉSERT, canton de Cérilli, arrond. de Montluçon. — Canton d'Huriel, district de Cérilli. — *SANCTI BONITI (parrochia)*, (XIII⁰ siècle). — Bonnot-sur-Sologno, puis Lo Désert. — 64. 133. 404. 405. 452. 747. 1066. 1419. 1933. 2010. 2461. 3732. 3844. 4343. 4703. 5280. 6343. 6417. 6778. 7456. 8203. 9397. 9398. 9634. 9918. 9927. 10267. 10794. 11093. 11151. 11188. 11316. 11363. 11532. 11594. 11607. 11934. 11949.

220. SAINT-CAPRAIS, canton d'Hérisson, arrond. de Montluçon. — Canton d'Igrande, district de Cérilli. — *SANCTI CAPRASII (parrochia)*, (XIV⁰ siècle). — Thômistoclo. — 86. 161. 162. 163. 1231. 1410. 1415. 1934. 2271. 2832. 3699. 3799. 3352. 3853. 5021. 5853. 6278. 6474. 7377. 8293. 9115. 9198. 9260. 9975. 10039. 10040. 10033. 10268. 10793. 11137. 11261. 11388. 11533. 11830. 11861. 12279. 12139. 12300. 12301. 13123.

221. SAINT-CHRISTOPHE, canton et arrond. de La Palisse. — Canton d'Arfeuille, district de Cusset. — *SANCTI CHRISTOPHORI (ecclesia)*, (XIV⁰ siècle). — 422. 673. 707. 963. 1031. 1396. 1403. 1475. 1478. 1556. 1826. 1906. 2202. 2390. 2427. 2433. 2518. 2703. 3166. 3578. 3723. 3970. 4093. 4407. 4720. 4912. 5053. 6219. 6235. 6106. 6344. 7202. 7272. 7288. 7385. 7530. 7543. 7921. 8891. 9094. 9216. 9321. 9745. 10390. 10397. 10993. 10908. 11051. 11034. 11338. 11364. 11382. 11392. 11402. 11494. 11537. 12368. 12911. 12961. 12962. 12985.

222. SAINT-CLÉMENT, canton du Mayet-de-Montagne, arrond. de La Palisse. — Canton du Mayet-de-Montagne, district de Cusset. — *SANCTI CLEMENTIS (ecclesia)*, (XIV° siècle). — Clémont. — 366. 622. 777. 867. 1301. 1429. 1450. 1588. 1601. 1640. 1831. 2177. 2349. 2428. 2505. 2506. 2695. 2774. 3566. 4096. 4186. 4221. 4236. 4423. 4832. 5090. 5125. 5174. 5801. 6428. 6598. 6603. 7079. 7231. 7238. 7362. 7388. 7401. 7546. 7922. 7987. 8190. 8196. 8236. 8904. 9253. 9638. 9877. 10037. 10172. 10293. 11166. 11196. 11296. 11414. 11541. 11581. 11817. 12184. 12416. 12799. 12915. 12983. 13002.

223. SAINT-DÉSIRÉ, canton d'Huriel, arrond. de Montluçon. — Chef-lieu du huitième canton, district de Montluçon.— *SANCTI DESIDERATI (ecclesia)*, (1075). — 23. 24. 216. 236. 316. 833. 1397. 1464. 1516. 1614. 1622. 1914. 1986. 2093. 2331. 2583. 3186. 3721. 4311. 4572. 5126. 5433. 5813. 6384. 6521. 6812. 6960. 7270. 7468. 7476. 7704. 8075. 8372. 8781. 8834. 9063. 9093. 9096. 9446. 9528. 10147. 10392. 10808. 11210. 11431. 11544. 11548. 11811. 11928. 11993. 12023. 12092. 12219. 12583. 13065. 13093.

224. SAINT-DIDIER, canton d'Escurolles, arrond de Gannat. — Canton de Saint-Pourçain, district de Gannat. — *SANCTI DESIDERII (ecclesia)*, (1131). — Marconat-les-Levis. — 98. 115. 210. 389. 393. 1255. 1398. 1512. 1752. 2350. 3081. 3093. 3160. 3174. 3613. 3996. 4304. 4945. 5182. 5329. 6072. 6616. 7268. 7766. 8356. 8652. 9702. 10148. 10238. 10572. 10892. 11167. 11462. 11482. 11515. 11587. 12769.

225. SAINT-DIDIER-EN-DONJON, canton du Donjon, arrond. de La Palisse. — Canton et district du Donjon. — *SANCTI DESIDERII (ecclesia)*, (XIV° siècle). — Bois Didier. — 302. 524. 525. 752. 762. 773. 1190. 1406. 1533. 1762. 2030. 2373. 2462. 2532. 2602. 2617. 2811. 3012. 3231. 3789. 4000. 5148. 6089. 6356. 6675. 6865. 6948. 7168. 7183. 7211. 7354. 7593. 8102. 8319. 8611. 8627. 8876. 8903. 8910. 9015. 9299. 9458. 10432. 10456. 10503. 10796. 11366. 11516. 11786. 11808. 11924. 11336. 11337. 11352. 11534. 11544. 13160.

226. SAINT-ENNEMOND, canton et arrond de Moulins Est. — Canton de Villeneuve, district de Moulins. — *SANCTI ANEMUNDI*, (XIV° siècle). — *SANCTI SYMPHORIANI (parrochia)*, (XIII° siècle). — Saint Symphorion. — 117. 1063. 1161. 1253. 1727. 2331. 2374. 2487. 2502. 3614. 3801. 3865. 3918. 3886. 4162. 4191. 4202. 4222. 4613. 4912. 4923. 5923. 5199. 5307. 5317. 5627. 6100. 6259. 6305. 7707. 7708. 7858. 7923. 8323. 8141. 8985. 9274. 9290. 9758. 9690. 9981. 10669. 10909. 11011. 11197. 11239. 11424. 11450. 11508. 11559. 11857. 12186. 12386. 12431. 12613. 12721.

227. SAINT-ÉTIENNE-DE-VIC, canton et arrond. de La Palisse. — Canton de La Palisse, district de Cusset. — *SANCTI STEPHANI DE VICO (parrochia)*, (XI° siècle). — 150. 221. 412. 879. 912. 1219. 1655. 1866. 2303. 2387. 2402. 2471. 2912. 3327. 3531. 3964. 4017. 4141. 4170. 4482. 5026. 5047. 5204. 5231. 6013. 6694. 6816. 7039. 7360. 7457. 7475. 7851. 7778. 7795. 7983. 8366. 8370. 8469. 8874. 8980. 9228. 9191. 9726. 9736. 10115. 10168. 10844. 11564. 11812. 12373. 12909. 12981.

228. SAINT-FARGEOL, canton de Marcillat, arrond de Montluçon. — Canton de Marcillat, district de Montluçon. — *SANCTI FERREOLI*.*(ecclesia)*, (1158). — 191. 2372. 2983. 3349. 4813. 5262. 5863. 8226. 8248. 10198. 11090. 11379. 11572. 12333. 12377. 13031. 13105.

229. SAINT-FÉLIX, canton de Varennes, arrond. de La Palisse. — Canton de Saint-Germain-des-Fossés, district de Cusset. — *SANCTI FELICIS (parrochia)*, (XIII° siècle). — 813. 1196. 1237. 1367. 1422. 1872. 2116. 2352. 3232. 3189. 4587. 6408. 6877. 7673. 7960. 8999. 9279. 9323. 9887. 10097. 10100. 10101. 10845. 10886. 11232. 11573. 11718. 12396.

230. SAINT-GENEST, canton de Marcillat, arrond. de Montluçon. — Canton de Néris, district de Montluçon. — *SANCTI GENESII (parrochia)*, (1211). — Montgenest. — 1575. 1667. 2581. 2891. 3266. 3638. 3898. 4795. 4800. 5440. 5818. 6053. 6611.

6727. 8001. 8673. 8987. 9630. 9866. 9872. 10413. 11119. 11578. 12905.

231. SAINT-GERAN-DE-VAUX, canton de Neuilli-le-Réal, arrond. de Moulins. — Chef-lieu du quatrième canton, district de Moulins. — *SANCTI GIRANNI DE VALLIBUS (ecclesia),* (1280). — *SAINCT JULIAIN DE VAUX,* (1409). — *SANCTO JULIANO IN VALLIBUS (parrochia de),* (1240). — Mont-Libre. — 186. 217. 218. 712. 913. 1827. 2087. 2698. 2729. 2935. 3290. 4505. 4578. 4909. 5080. 5389. 6975. 6977. 6984. 7008. 7015. 7076. 7924. 7940. 8064. 9145. 9492. 9599. 9676. 9694. 9874. 9921. 9941. 9535. 10101. 10121. 10752. 10853. 10887. 11282. 11411. 11379. 11691. 11730. 11896. 12502. 12631. 12700. 13014. 13020.

232. SAINT-GERAN-LE-PUI, canton de Varennes, arrond. de La Palisse. — Chef-lieu du quatrième canton, district de Cusset. — *SANCTI GIRANNI IN PODIO (ecclesia),* (1240). — Puy-Rodan. — 148. 576. 727. 811. 1122. 1262. 1431. 1589. 1987. 2794. 3214. 3379. 3401. 3426. 3667. 3772. 4219. 4577. 4644. 4939. 5048. 5281. 5341. 6717. 6770. 6912. 6934. 6937. 6981. 7105. 7163. 7242. 7399. 7400. 7687. 7820. 8067. 8483. 8604. 8860. 9217. 9220. 9312. 9343. 9641. 9693. 9859. 10048. 10116. 10336. 10359. 10459. 10529. 10797. 10848. 10934. 10983. 11510. 11521. 11563. 11580. 11614. 11731. 11893. 12142. 12185. 12963. 13166.

233. SAINT-GERMAIN-DE-SALLES, canton de Chantelle, arrond. de Gannat. — Canton de Charroux, district de Gannat. — *SANCTI GERMANI DE SALIS (parrochia),* (1375). — Belair. — 691. 758. 2317. 3668. 4311. 5712. 6111. 6679. 7382. 8960. 9777. 11538. 11585. 11682.

234. SAINT-GERMAIN-DES-FOSSÉS, canton de Varennes, arrond. de La Palisse. — Chef-lieu du troisième canton, district de Cusset. — *SANCTI GERMANI DE FOSSETIS (parrochia),* (1211). — 323. 671. 1612. 2034. 2061. 2614. 3161. 3480. 4163. 4266. 4342. 4465. 4702. 4709. 4936. 5227. 5336. 5397. 5835. 5933. 6172. 6718.

7028. 7091. 7527. 7792. 8422. 8506. 9035. 9348. 9435. 9620. 10167.
10316. 10419. 10648. 10837. 10912. 11586. 11497. 11782. 12124.

235. SAINT-HILAIRE, canton de Bourbon, arrond. de Moulins. — Chef-lieu du quatrième canton, district de Montmaraud. — *SANCTO HILARIO (parrochia de)*, (1431). — Lo Morgon. — 1130. 1372. 1702. 1726. 2015. 2250. 2375. 2436. 2510. 2772. 2833. 2930. 3183. 3419. 3420. 4031. 4068. 4680. 4770. 5038. 5197. 5249. 6914. 6839. 7813. 7871. 7923. 8005. 8353. 8508. 8705. 9016. 9783. 10300. 10347. 11346. 11589. 12303. 12747. 12893. 12894. 12928.

236. SAINT-LÉGER-DES-BRUYÈRES, canton du Donjon, arrond. de La Palisse. — Canton de Lurci-sur-Loire, puis de Luneau, district du Donjon. — *SANCTI LEODEGARII (parrochia)*, (XIV⁰ siècle). — Los Bruyères. — 168. 681. 721. 1365. 1443. 1571. 1697. 1723. 2005. 2165. 2391. 2533. 3385. 4972. 5106. 6036. 6604. 7191. 7537. 7647. 7736. 8326. 8527. 8597. 9307. 10475. 11022. 11034. 11504. 11600. 11732. 11803. 11902. 12140. 12197. 12338. 12532. 12560. 13220.

237. SAINT-LÉON, canton de Jaligni, arrond. de La Palisse. — Canton et district du Donjon. — *SANCTI LEONIS (ecclesia)*, (XIV⁰ siècle). — Puy-la-Montagne. — 48. 544. 702. 753. 793. 1919. 1935. 2088. 2105. 2225. 2510. 3132. 3291. 3456. 3669. 4297. 4300. 4432. 4875. 4998. 5060. 5065. 5206. 5127. 5166. 5593. 5648. 5886. 6357. 6916. 6923. 6964. 6998. 7001. 7016. 7069. 7293. 7516. 7603. 7611. 7619. 7620. 7623. 7624. 7625. 7660. 7661. 7701. 8094. 8143. 8158. 8264. 8464. 8693. 8813. 9026. 9227. 9315. 9600. 9911. 10090. 10192. 10444. 10451. 10711. 10896. 11110. 11601. 11698. 11897. 12237. 12297. 12550. 12900. 12941. 12990. 13052. 13223.

238. SAINT-LÉOPARDIN-D'AUGI, canton de Lurci-Lévi, arrond. de Moulins. — Saint-Léopardin et Augi formaient deux communes distinctes, toutes deux du canton du Veurdre, district de Cérilli. — La première a repris en 1793-1794 son ancien nom du Vivier. — VIVARIS qu'elle avait porté au VI⁰ siècle.— *SANCTI*

LEOPARDINI (ecclesia), (1175). — *AUGIACO (ecclesia de)*, (XIV° siècle). — 213. 306. 330. 336. 346. 724. 803. 914. 2223. 10102. (*Voir aux Additions les numéros 13272 à 13315.*)

239. SAINT-LOUP, canton de Neuilli-le-Réal, arrond. de Moulins. — Canton de Bessai, district de Moulins. — *SANCTO LUPO (ecclesia de)*, (1131). — Brossos (Los). — 386. 476. 1051. 1073. 1210. 2016. 2702. 2819. 2931. 3233. 3292. 4375. 4918. 4967. 5528. 6220. 6353. 7205. 7335. 8297. 8113. 8153. 8961. 10378. 11601. 11692.

240. SAINT-MARCEL-EN-MARCILLAT, canton de Marcillat, arrond. de Montluçon. — Canton de Marcillat, district de Montluçon. — *SANCTI MARCELLI (ecclesia)*, (XIII° siècle). — 1216. 2868. 3323. 3114. 3576. 4060. 4785. 5585. 8114. 9613. 11233. 11609. 11625. 12287. 13158.

241. SAINT-MARCEL-EN-MURAT, canton de Montmaraud, arrond. de Montluçon. — Canton de Montmaraud, district de Montluçon. — *SANCTI MARCELLI (ecclesia)*, (1097). — Vonant. — 300. 507. 602. 2283. 2463. 2903. 3356. 3181. 4001. 4321. 4153. 4683. 4872. 5201. 6277. 7467. 7748. 10217. 10755. 11327. 11610. 11764. 11765. 12038. 12131. 13138.

242. SAINT-MARTIN-DES-LAIS, canton de Chevagnes, arrond. de Moulins. — Canton de Garnat-sur-Loire, district de Moulins. — *SANCTI MARTINI DE LACUBUS (parrochia)*, (1289). — Los Lais-sur-Loire. — 188. 358. 693. 2137. 2119. 2696. 3183. 3231. 4372. 5092. 6234. 6374. 7031. 7209. 7357. 10015. 11615. 13116.

243. SAINT-MARTINIEN, canton d'Huriel, arrond. de Montluçon. — Canton d'Huriel, district de Montluçon. — *SANCTI MARTINIANI (ecclesia)*, (1312). — 1. 296. 676. 1721. 2318. 3293. 3722. 3917. 4559. 5151. 5810. 5918. 6385. 7232. 8702. 10573. 10708. 11190. 11616. 11820. 12333. 12721. 13082.

244. SAINT-MENOUX, canton de Souvigni, arrond. de Moulins. — Chef-lieu du huitième canton du district de Moulins. —

MA LIACUS, (VIIe siècle). — *SANCTI MENULFI (ecclesia)*, (XIIe siècle). — Maillo-sur-Rose. — 310. 314. 713. 903. 945. 962. 1013. 1471. 1686. 2091. 2263. 2400. 3038. 3071. 3235. 4090. 4313. 5148. 5228. 5376. 5738. 6011. 6130. 6379. 6650. 6744. 7239. 7311. 7381. 7500. 7517. 7744. 8358. 8832. 8852. 8911. 9212. 9255. 9282. 9284. 9372. 9816. 10277. 10331. 10915. 11413. 11620. 11984. 12021. 12059. 12096. 12814. 12817. 12834. 13045. 13155.

215. SAINT-NICOLAS-DES-BIEFS, canton du Mayet-de-Montagne, arrond. de La Palisse.—Canton du Mayet, district de Cusset. —*SANCTI NICOLAI (ecclesia)*, (XIVe siècle).—75. 560. 1322. 1359. 2112. 2796. 4137. 4689. 5123. 5156. 6373. 6709. 6811. 8259. 8474. 9330. 9773. 9952. 10950. 11297. 11622. 12156. 12291. 12415. 12901.

216. SAINT-PALAIS, canton d'Huriel, arrond. de Montluçon. — Canton de Saint-Sauvier, district de Montluçon. — *SANCTI PALLADII (ecclesia)*. (XIIIe siècle), — 577. 916. 1423. 1451. 1508. 2800. 2893. 3831. 3953. 4163. 5072. 5360. 5739. 6001. 6168. 6974. 7926. 8316. 9309. 9786. 9864. 10019. 10077. 10741. 11152. 11313. 11623. 11915. 12113. 12770. 12834. 12965.

217. SAINT-PIERRE-LA-VAL, canton et arrond. de La Palisse. — Canton d'Arfeuille, district de Cusset. — *SANCTI PETRI DE VALLE (ecclesia)*, (XIVe siècle).—653. 849. 947. 1013. 1420. 1421. 1490. 1504. 1519. 1528. 1920. 2103. 2712. 2816. 3190. 3531. 3979. 4017. 4121. 4663. 4703. 4706. 4721. 4739. 5159. 6022. 6081. 6232. 6290. 6621. 6653. 6699. 6812. 7047. 7430. 7509. 7631. 7927. 8211. 8269. 8320. 8389. 8435. 8450. 8491. 8497. 8551. 8642. 8921. 8967. 9038. 9012. 9162. 9551. 9769. 9959. 10005. 10068. 10091. 10210. 10213. 10236. 10303. 10470. 10763. 10867. 10960. 10961. 10995. 11209. 11211. 11630. 11974. 12031. 12016. 12319. 12417. 12835. 12912.

218. SAINT-PLAISIR, canton de Bourbon, arrond. de Moulins. — Canton d'Igrande, district de Cérilli. — *SANCTI PLACIDI (ecclesia)* (1301).—*SAINT PLASOIR*, (1300). — *SAINT PLASIR*, (1313). — *SAINT PLÉSIR* (1405). — La Bloudre. — 310.

633. 948. 1028. 1029. 1040. 1067. 1184. 1344. 1552. 1983. 2118. 2196. 2261. 2312. 2480. 2586. 2691. 3262. 3300. 3615. 3959. 4616. 4617. 4618. 4758. 4815. 5115. 5312. 5363. 5366. 5407. 5715. 5929. 5981. 6002. 6029. 6342. 6188. 6504. 6655. 6918. 6986. 7806. 7928. 8129. 8617. 8769. 8770. 9680. 9892. 10168. 10269. 10372. 10569. 10578. 10913. 11631. 11918. 12099. 12193. 12256. 12257. 12294. 12320. 12365. 12597. 12664. 12735. 13015. 13091. 13092. 13106. 13117.

249. **SAINT-PONT**, canton d'Escurolles, arrond. de Gannat. — Canton d'Escurolles, district de Gannat. — *SANCTI PONTII (ecclesia)*, (XIe siècle). — Mont-sur-Châlon. — 1430. 1783. 2109. 2942. 3622. 3650. 3682. 3701. 4110. 4510. 5910. 6035. 6251. 6252. 7431. 7506. 8968. 10941. 11632. 11650. 12688. 13201.

250. **SAINT-POURÇAIN**, chef-lieu de canton, arrond. de Gannat. — Chef-lieu du septième canton du district de Gannat. — *SANCTI PORTIANI (ecclesia)*, (1090). — Mont-sur-Sioule. — 82. 143. 258. 575. 680. 886. 1164. 1572. 1740. 1962. 2021. 2169. 2193. 2284. 2287. 2376. 2648. 2738. 3002. 3118. 3565. 3639. 3766. 3788. 4164. 4277. 4451. 4557. 4610. 4658. 4921. 5019. 5063. 5556. 6592. 6772. 6942. 7192. 7580. 7711. 7982. 7986. 8349. 8520. 8521. 8580. 8741. 8912. 8962. 9081. 9259. 9322. 9443. 9445. 9521. 9655. 10370. 10562. 10633. 10652. 10799. 10860. 11015. 11634. 11985. 12143. 12172. 12321. 13098.

251. **SAINT-POURÇAIN-SUR-BÈBRE**, canton de Dompierre, arrond. de Moulins. — Canton de Dompierre, district du Donjon. — *SANCTI PORTIANI (ecclesia)*, (XIIIe siècle). — Bèbre-la-Montagne. — 128. 367. 410. 703. 767. 858. 959. 1787. 1910. 1971. 2227. 2459. 2916. 2958. 3754. 3783. 4133. 4417. 5132. 5149. 5205. 7166. 7290. 7367. 7648. 7712. 7961. 9003. 9225. 9359. 9411. 9747. 9797. 9834. 9855. 9905. 10135. 11007. 11635. 11758. 11791. 11923. 12085. 12329. 12452. 12545. 12947.

252. **SAINT-PRIEST-D'ANDELOT**, canton, arrond. et district

de Gannat. — *SANCTI PREJECTI* (*ecclesia*), (1300). — 116. 1152. 2074. 2852. 3301. 8065. 9558. 10530. 11638. 11568.

252. **SAINT-PRIEST-EN-MURAT**, canton de Montmaraud, arrond. de Montluçon. — Canton et district de Montmaraud. — *SANCTI PREJECTI* (*ecclesia*), (XIIIe siècle). — 35. 301. 305. 503. 1137. 1714. 1896. 2285. 2353. 2401. 2625. 2876. 3149. 3366. 3430. 3696. 3753. 3781. 3963. 4238. 4352. 4625. 4836. 5814. 6607. 7438. 7458. 7504. 7698. 8239. 8466. 9366. 9400. 9912. 10117. 10185. 11184. 11334. 11639. 11848. 11931. 11975. 12258. 12668. 13120. 13174.

253. **SAINT-PRIX**, canton et arrond. de La Palisse. — Canton de La Palisse, district de Cusset. — *SANCTI PRISCI* (*parochia*), (1243). — 220. 794. 1024. 1286. 1399. 2413. 2959. 3003. 3303. 3344. 3514. 3550. 4037. 4088. 4184. 4214. 4499. 4621. 5124. 5785. 5830. 5831. 5992. 6173. 6394. 6601. 6786. 6853. 6854. 7196. 7295. 7929. 8160. 8325. 8451. 8523. 8541. 8970. 9064. 9601. 10496. 10966. 11045. 11292. 11293. 11610. 12496. 12705. 12991. 12993. 13016.

254. **SAINT-RÉMI-EN-ROLLAT**, canton d'Escurolles, arrond. de Gannat. — Canton d'Escurolles, district de Gannat. — *SANCTI REMIGII* (*ecclesia*), (XIVe siècle). — Servagnon. — 487. 519. 1786. 1789. 1831. 2746. 2865. 2960. 3031. 3044. 3086. 3090. 3126. 3333. 3383. 3629. 3839. 4023. 4359. 4614. 4645. 4832. 4862. 4928. 5282. 5289. 5642. 5756. 6174. 6366. 6593. 6783. 6824. 7355. 7962. 8312. 8556. 10053. 10126. 10152. 10853. 11300. 11317. 11478. 11643. 11707. 11708. 12085. 12261. 12396. 12641. 12910.

255. **SAINT-SAUVIER**, canton d'Huriel, arrond. de Montluçon. — Chef-lieu du septième canton, du district de Montluçon. — *SANCTO SALVIACO* (*ecclesia de*), (VIIe-IXe siècles). — 16. 23. 52. 165. 580. 650. 1370. 1437. 1802. 1814. 1997. 2251. 3681. 3832. 3834. 3885. 3995. 4027. 4639. 4798. 5143. 5177. 5741. 6372. 8014. 9547. 9861. 10270. 10627. 10767. 10805. 11081. 11087. 11306. 11547. 11612. 11617. 12028. 12064. 12968. 13023. 13083. 13122.

257. **SAINT-SORNIN**, canton du Montet, arrond. de Moulins. — Canton du Montet, district de Montmaraud. — *SANCTI SATURNINI (ecclesia)*, (1246). — 137. 801. 1051. 1295. 1311. 2303. 2377. 3045. 3085. 3258. 3969. 3991. 4111. 4321. 4535. 5601. 5757. 5850. 6351. 6391. 7050. 7374. 7970. 8161. 8653. 8721. 8728. 9015. 9196. 9197. 9613. 9966. 10193. 11377. 11649. 11838. 11865. 12576.

258. **SAINTE-THÉRENCE**, canton de Marcillat, arrond. de Montluçon. — Canton de Lignerolles, district de Montluçon. — *SANCTE TERENTIE (ecclesia)*, (XIVe siècle). — Nouville. — 1260. 1585. 1813. 2387. 3116. 3697. 4801. 4853. 6791. 9291. 10487. 11570. 11815. 12131. 13228.

259. **SAINT-VICTOR**, canton Est et arrond. de Montluçon. — Canton de Désertines, district de Montluçon. — *SANCTI VICTORIS (ecclesia)*, (XIVe siècle). — 619. 656. 1821. 2511. 3016. 4502. 5121. 6748. 8703. 9147. 9295. 9527. 9710. 11652. 11774. 12273. 12275. 12652. 12829.

260. **SAINT-VOIR**, canton de Neuilli-le-Réal, arrond. de Moulins. — Canton de Neuilli-le-Réal, district de Moulins. — *SANCTI VERI (parrochia)*, (1280). — Voir. — 9. 505. 611. 612. 919. 1147. 1163. 2070. 2773. 2883. 3331. 3191. 3749. 3931. 5119. 5764. 6676. 6692. 7009. 7024. 7038. 7365. 7685. 8285. 8172. 9163. 10748. 10769. 11653. 11858. 11890. 12138. 12301. 12771. 12776. 12971.

261. **SAINT-YORRE**, canton de Cusset, arrond. de La Palisse. — Canton de Busset, district de Cusset. — *SAINT THIOIRE, SANT TIORRE*, (1411). — 121. 1416. 1485. 1900. 2733. 4380. 4939. 5187. 7252. 9017. 9140. 10343. 10631.

262. **SALIGNI**, canton de Dompierre, arrond. de Moulins. — Canton de Pierrefitte, district du Donjon. — *SALIGNIACO (parrochia de)*, (XIVe siècle). — 372. 407. 523. 545. 556. 669. 803. 848. 970. 1411. 1123. 1558. 1698. 1911. 1922. 1932. 1970. 2006. 2103. 2106. 2174. 2818. 3211. 3236. 3291. 3386. 3531. 3628. 3767. 3768. 3976. 3977. 4120. 4201. 4281. 4388. 4568. 4788. 4790. 4810. 4917. 5050. 5225. 5259. 5322. 5613. 5691. 5742. 5743. 5935. 5950. 6067.

6221. 6271. 6301. 6348. 6358. 6429. 6482. 6501. 6643. 6777. 6813. 6814. 6815. 6843. 6856. 7395. 7481. 7618. 7737. 7775. 7930. 7931. 8498. 8540. 8587. 8630. 8674. 8752. 8913. 9171. 9363. 9364. 9365. 9478. 9530. 9540. 9544. 10092. 10391. 10672. 10703. 10800. 10914. 10917. 10959. 11114. 11198. 11234. 11513. 11662. 11733. 11806. 11856. 12129. 12460. 12505. 12517. 12642. 12730. 12864. 12873. 13110. 13151. 13204.

263. **SANSSAT**, canton de Varennes, arrond. de La Palisse.— Canton de Saint-Géran-le-Puy, district de Cusset. — *SANCIACO (parrochia de)*, (XIVe siècle). — *SANCTIACO (villa de)*, (1112).— 229. 234. 241. 661. 670. 863. 1177. 1706. 1942. 2603. 3773. 3824. 3850. 4103. 4165. 4716. 4863. 4919. 4958. 4974. 5598. 5626. 5651. 5677. 6152. 6458. 7113. 7393. 7693. 7963. 8113. 9033. 9082. 9677. 10316. 10897. 11411. 11522. 11712. 12125. 12199. 12209. 12321. 12360. 13016.

264. **SAULCET**, canton de Saint-Pourçain, arrond. de Gannat. — Canton de Verneuil, district de Montmarault. — *SALCETI (ecclesia)*, (XIVe siècle). — 614. 846. 1017. 1191. 1791. 2098. 2563. 2639. 2722. 3931. 3936. 4112. 5633. 5696. 6743. 6836. 6944. 7038. 7981. 8017. 8276. 8522. 8631. 8803. 9151. 9323. 9659. 10069. 10118. 10209. 11178. 11367. 11766. 12322. 12749. 12772. 13042.

265. **SAULZET**, canton et arrond. de Gannat. — Chef-lieu du deuxième canton du district de Gannat. — *SAUSEI, SAUZEI*, (1300). — *SALSETI, SALZETI (villa)*, (1320). — 690. 1106. 1246. 4600. 5000. 5193. 6695. 6913. 11787. 12071. 12318.

266. **SAUVAGNI-LE-COMTAL**, canton d'Hérisson, arrond. de Montluçon. — Canton de Villefranche, district de Montmarault. — *SILVINIACUS COMITALIS*, (XIe-XVe siècles).—311. 1473. 1741. 2678. 2685. 3214. 4766. 5293. 5765. 6093. 6992. 7140. 7302. 7419. 7450. 7486. 7848. 8023. 8257. 8107. 9417. 9916. 10065. 11802. 12019. 12613. 12678. 12938.

267. **SAZERET**, canton de Montmarault, arrond. de Montluçon.

— Canton et district de Montmarault. — *SADERIACO*, *SADIRIACO* (*ecclesia de*), (XI°-XII° siècles). — 780. 1799. 2566. 3158. 3589. 4229. 5059. 5586. 6116. 6158. 6159. 6160. 6226. 6389. 6754. 7081. 8589. 8590. 8704. 8723. 9344. 10072. 10212. 10542. 10695. 11626. 12026. 12135. 12585. 12591. 12592.

268. **SERBANNES**, canton d'Escurolles, arrond. de Gannat. — Canton de Brugheat, district de Gannat. — *SALBANES*, (1319).— 381. 677. 2040. 2090. 2889. 3096. 3304. 3380. 3505. 3616. 4166. 4728. 4765. 6888. 7269. 8782. 9130. 10484. 10803. 10815. 11878. 11879. 12318. 12365. 12634.

269. **SERVILLI**, canton et arrond. de La Palisse. — Canton de La Palisse, district de Cusset. — *SERVILIACO* (*parrochia de*), (XIV° siècle). — *SALVILIIS* (*parrochia de*), (1105). — 402. 961. 990. 1618. 1924. 1991. 2111. 2178. 2354. 2430. 2671. 2717. 2776. 3192. 3878. 4033. 4096. 4223. 4478. 4769. 5537. 6045. 6118. 6456. 6595. 6672. 6789. 6801. 6958. 7213. 7588. 7863. 7933. 9188. 9685. 9703. 10185. 10686. 11369. 11428. 11693. 11734. 11892. 12168. 12356. 12708. 12921. 13184.

270. **SEUILLET**, canton de Varennes, arrond. de La Palisse.— Canton de Saint-Germain-des-Fossés, district de Cusset. — *SULLIACO* (*ecclesia de*), (1340). — 274. 521. 562. 931. 2126. 2201. 4799. 5614. 5786. 6237. 6697. 6719. 6795. 7198. 7674. 7933. 8092. 8165. 8635. 8963. 9000. 9532. 9706. 9723. 9888. 10095. 10119. 10907. 11235. 11146. 11164. 11899.

271. **SORBIER**, canton de Jaligni, arrond. de La Palisse. — Canton de Jaligni, district du Donjon. — *SORBERS* (*ecclesia de*), (1300). — 55. 950. 1025. 1114. 1400. 1521. 1737. 2823. 2079. 3305. 3129. 4710. 4783. 4833. 5153. 5931. 6292. 6293. 6716. 6800. 6802. 7112. 8215. 8801. 8900. 8929. 9231. 9175. 9686. 9846. 9863. 10132. 10203. 10905. 10939. 11416. 11456. 11490. 11910. 11164. 11201. 11202. 11229. 11299. 11506. 11536. 11773. 13179. 13180.

272. **SOUVIGNI**, chef-lieu de canton, arrond. et district de

Moulins. — *SILVINIACUS*, (X⁰ siècle). — 99. 100. 123. 124. 654. 655. 668. 931. 1032. 1339. 1426. 1506. 1557. 1638. 1644. 1743. 1766. 1782. 1801. 1945. 1992. 1993. 2197. 2712. 3006. 3124. 3150. 3237. 3246. 3261. 3670. 3790. 3814. 3978. 3987. 4065. 4167. 4231. 4278. 4296. 4436. 4464. 4492. 4517. 4579. 4588. 5151. 5192. 5301. 5303. 5378. 5673. 5787. 5887. 5960. 6131. 6132. 6310. 6651. 6652. 6663. 6737. 6743. 6972. 7366. 7568. 7617. 7934. 7964. 8106. 8278. 8279. 8280. 8330. 8359. 8440. 8441. 8449. 8600. 8709. 8762. 9260. 9381. 9387. 9442. 9603. 9623. 9637. 9733. 9813. 9814. 10093. 10204. 10661. 10801. 10963. 11172. 11246. 11301. 11357. 11571. 11618. 11704. 11833. 12003. 12027. 12323. 12644. 12781. 12782. 12795. 12833. 13197. 13234.

273. SUSSAT, canton d'Ebreuil, arrond. et district de Gannat. — *SUSSAC (ecclesia de)*, (1272). — 1510. 1975. 2152. 2610. 3198. 3449. 3512. 3677. 4022. 4555. 4696. 6080. 6124. 6214. 6240. 8384. 9131. 9193. 10373. 11199. 11370. 12037. 12621.

274. TARGET, canton de Chantelle, arrond. de Gannat. — Chef-lieu du huitième canton, du district de Montmaraud. — *TARGIACO (parrochia de)*, (1158). — 720. 1592. 1897. 2065. 3686. 4532. 4759. 5796. 7619. 8116. 9134. 10149. 10156. 10275. 12091. 12098. 12100. 12136. 12141. 12174. 12622. 12737. 12922. 13099.

275. TAXAT-SENAT, formée en 1831 de deux communes distinctes, l'une et l'autre du canton de Chantelle, arrond. de Gannat. — Et auparavant du canton de Charroux, district de Gannat. — *TACCAC (parrochia de)*, (1248). — *TACIACO*, (1350). — *TASSAT*, (1322). — *SENIACI (ecclesia)*, (1350). — *SENACI*, (1352). — *SENAT* (1322). — 1915. 2007. 2055. 2312. 2313. 3197. 3671. 4113. 4646. 5162. 5552. 5587. 5688. 5788. 5972. 6125. 6773. 8045. 8181. 8594. 8688. 9072. 9618. 9663. 9922. 10333. 10621. 11061. 11104. 11250. 11870. 12121. 12507. 12908.

276. TEILLET, canton Ouest et arrond. de Montluçon. — Canton de Lignerolles, district de Montluçon. — *TILIACO (parrochia de)*, (XIV⁰ siècle). — 23. 200. 239. 662. 711. 1720. 3937. 4355.

6117. 7965. 8210. 8227. 9218. 9876. 10331. 11210. 12129. 12694. 13066.

277. TERJAT, canton de Marcillat, arrond. et district de Montluçon. — *TERGIACO (parochia de)*, (1158). — 757. 1211. 1898. 2232. 2588. 5744. 5982. 7156. 8689. 8821. 9033. 9100. 10114. 10912. 12146. 12175. 12774. 13070.

278. THEIL (LE), canton du Montet, arrond. de Moulins. — Canton du Montet, district de Montmaraud. — *TILIA*, (1233). — 393. 1033. 1687. 2135. 2253. 2675. 3005. 3931. 4063. 5253. 5606. 6021. 6332. 6596. 7371. 7787. 8228. 8232. 8420. 8560. 9027. 9668. 11867. 12007. 12191. 12308. 13209.

279. THENEUILLE, canton de Cérilli, arrond. de Montluçon. — Canton et district de Cérilli. — *THENOLIO (parochia de)*, (XIV° siècle). — 87. 136. 223. 216. 312. 317. 631. 1140. 1214. 1237. 1313. 1451. 1613. 1669. 1715. 1881. 1891. 2041. 2210. 2111. 2692. 2813. 2902. 2991. 3069. 3080. 3127. 3886. 3911. 4025. 4378. 4397. 4617. 5031. 5183. 5213. 5318. 5429. 5476. 5490. 5539. 5572. 5588. 5821. 5860. 5873. 6031. 6153. 6299. 6300. 6503. 6572. 6677. 6774. 7092. 7215. 7211. 7235. 7260. 7521. 7609. 7833. 7864. 8206. 8270. 8315. 8690. 8859. 9303. 9362. 10182. 10212. 10172. 10379. 10972. 11138. 11180. 11231. 11626. 11759. 11852. 11853. 12000. 12012. 12170. 12191. 12200. 12321. 12136. 12417. 12509. 12602. 12626. 12670. 12733. 12736. 12906. 13003. 13029. 13167. 13183.

280. THIEL, canton de Chevagnes, arrond. de Moulins. — Canton de Chevagnes, district de Moulins. — *THEODELIACO (ecclesia de)*, (XII° siècle). — *TIELLO (ecclesia de)*, (XIV° siècle). — 29. 517. 601. 961. 1206. 1274. 1377. 2516. 2612. 3167. 3168. 3362. 3781. 3917. 4135. 4373. 4571. 4576. 4786. 4937. 5033. 5036. 5308. 5112. 5531. 5536. 5563. 5803. 6287. 6302. 6329. 6633. 6781. 6855. 7003. 7023. 7614. 7621. 7821. 8028. 8293. 8323. 8613. 8691. 8896. 8964. 9001. 9172. 9611. 9912. 10363. 10133. 10130. 10181. 11233. 12069. 12081. 12222. 12380. 12400. 12126. 12617. 12653. 12680.

281. THIONNE, canton de Jaligni, arrond. de La Palisse. —

Canton de Jaligni, district du Donjon. — *TIONE (parochia de)*, (XIV⁰ siècle). — 138. 620. 715. 826. 1523. 1865. 2116. 2537. 2553. 2637. 2697. 2899. 3387. 3652. 3874. 4038. 4039. 4194. 4313. 4648. 4953. 4992. 5215. 5211. 5519. 5637. 5685. 5808. 5858. 6164. 6478. 6559. 6636. 6690. 6715. 6780. 6782. 6887. 6968. 6989. 7010. 7320. 7465. 7650. 7936. 8066. 8215. 9121. 9307. 9459. 9602. 11458. 11735. 12079. 12230. 12701. 12902.

282. **TORTEZAIS**, canton d'Hérisson, arrond. de Montluçon. — Canton de Villefranche, district de Montmaraud. — *TORTESIACUS*, (XIV⁰ siècle). — 432. 952. 2020. 2021. 2119. 2355. 2472. 2890. 2900. 3381. 3640. 3672. 4226. 4864. 4970. 5169. 6157. 6359. 6420. 6903. 7096. 7851. 7786. 8016. 8103. 8442. 9173. 9237. 9799. 10011. 11264. 11495. 11674. 12150. 12303. 12331. 12858. 12861. 13086.

283. **TOULON**, canton Est et arrond. de Moulins. — Canton d'Iseure et district de Moulins. — *TOLONIO (parochia de)*, (XIII⁰ siècle). — 77. 145. 315. 318. 827. 837. 953. 1080. 1340. 1608. 1660. 1853. 2237. 2431. 2753. 2765. 3195. 3238. 3197. 3723. 3858. 4168. 4425. 4870. 4877. 5011. 5239. 5311. 5566. 5659. 5745. 6003. 6162. 6314. 6666. 6892. 6969. 6970. 7210. 7480. 7514. 7864. 7722. 7836. 7837. 7936. 7997. 8178. 8733. 8766. 8767. 8963. 9065. 9288. 9603. 9883. 9898. 9928. 10079. 10169. 10205. 10422. 10674. 10933. 11117. 11668. 11706. 11836. 11837. 11841. 11911. 11915. 12060. 12157. 12204. 12309. 12310. 12786. 12796. 12992. 13031. 13198.

284. **TREBAN**, canton du Montet, arrond. de Moulins. — Canton de Cressanges, district de Montmaraud. — *TREBENTO (parochia de)*, (XIII⁰ siècle). — 83. 151. 408. 1250. 1401. 1737. 1795. 1822. 1981. 2161. 2589. 2701. 2751. 2897. 3046. 3233. 3450. 3811. 4111. 4112. 5314. 5660. 5746. 5911. 6393. 6682. 6703. 7364. 8760. 9041. 9351. 9376. 9926. 9986. 10426. 11131. 11207. 11868. 12365. 13235.

285. **TREIGNAT**, canton d'Huriel, arrond. de Montluçon. — Canton de Saint-Sauvier, district de Montluçon. — *TREIGNIACO*

(*parochia de*), (XIV⁰ siècle). — 22. 155. 740. 2590. 2600. 2607. 4452. 5285. 6323. 6693. 6911. 7971. 8229. 8692. 8727. 9566. 9567. 9857. 9873. 10115. 10127. 10653. 10720. 10981. 11236. 12382. 12434. 12454. 12577. 13030. 13077. 13083.

286. **TRETEAU**, canton de Jaligni, arrond. de La Palisse. — Canton de Varennes, district du Donjon. — *TRESTIAUS*, (1212). — 87. 368. 606. 875. 977. 1200. 1289. 1466. 1468. 1499. 1817. 2359. 2894. 2975. 4525. 6064. 6154. 6369. 6517. 6698. 7040. 7225. 7248. 7553. 8898. 9154. 9194. 9818. 10235. 10518. 11016. 11361. 11371. 12109. 12929.

287. **TREVOL**, canton Ouest et arrond. de Moulins. — Canton de Villeneuve, district de Moulins. — *TREVOLIO* (*parochia de*), (XIV⁰ siècle). — 53. 362. 887. 1364. 2397. 2654. 2940. 3015. 4627. 4962. 4964. 5156. 5789. 6245. 8563. 9005. 9264. 9383. 9700. 11685. 11700. 12050. 12101. 12632. 13017.

288. **TREZEL**, canton de Jaligni, arrond. de Moulins. — Canton de Jaligni, district du Donjon. — *TRANSALIO* (*parochia de*), (XIV⁰ siècle). — *TRESAIL*, (XIII⁰-XVII⁰ siècles). — 79. 364. 455. 558. 587. 759. 1537. 1582. 1850. 2022. 2356. 2432. 2611. 3314. 4291. 4904. 4911. 4993. 4995. 5052. 5111. 5116. 5178. 5248. 5318. 6032. 6479. 6728. 6885. 6983. 7180. 7315. 7358. 7437. 7852. 7966. 8500. 8530. 8585. 8636. 8675. 8805. 9122. 9269. 9296. 9660. 10011. 10120. 10559. 10828. 11025. 11050. 11237. 11396. 11473. 11740. 12215. 12264. 12283. 12288. 12404. 12407. 12422. 12623. 12789. 13017.

289. **TRONGET**, canton du Montet, arrond. de Moulins. — Canton du Montet, district de Montmaraud. — *TRONGIACUS*, (XI⁰-XIV⁰ siècles). — 172. 1044. 1326. 1595. 1814. 2136. 2274. 2356. 3155. 3293. 3316. 3451. 3704. 3881. 4048. 4049. 5141. 5283. 5430. 5766. 5839. 6023. 6175. 6530. 6637. 7063. 7098. 7138. 7245. 7246. 7502. 8162. 8761. 9617. 9731. 10038. 10075. 10371. 10594. 10778. 10878. 10918. 10964. 11028. 11238. 11338. 11457. 11487. 11736. 11805. 11823. 11900. 11911. 12128. 12221. 12455. 12800. 12801. 13023. 13184.

290. URÇAI, canton de Cérilli, arrond. de Montluçon.—Canton de Meaulne, district de Cérilli. — *URCIACUS*, (XII° siècle). — 806. 1609. 2723. 3498. 4195. 4743. 5313. 5567. 7653. 8706. 9324. 9917. 9976. 10287. 11068. 11102. 11235. 11266. 12356. 12714.

291. USSEL, canton de Chantelle, arrond. de Gannat. — Canton de Charroux, district de Gannat. — *USSELLO (parochia de)*, (1290). — 411. 4114. 4183. 4781. 5061. 5553. 5592. 6155. 7523. 8070. 8073. 8392. 9433. 12363.

292. VALIGNAT, canton d'Ebreuil, arrond. de Gannat. — Canton de Bellenave, district de Gannat. — *VALINIACUS*, (1182). — 2076. 2962. 9329. 10184. 12398.

293. VALIGNI-LE-MONIAL, canton de Cérilli, arrond. de Montluçon. — Canton d'Ainai-le-Château, district de Cérilli. — *VALINIACUS MONIALIS*, (XII° siècle). — *VALIGNAC (parochia de)*, (1230). — 181. 326. 1417. 1476. 1903. 1908. 1912. 2358. 2464. 2635. 2638. 2677. 2721. 3134. 3151. 3169. 3617. 3711. 3782. 4171. 5317. 5703. 6020. 6203. 6236. 6309. 6935. 7032. 7303. 7312. 7460. 7604. 8037. 8136. 9925. 10150. 11077. 11393. 11491. 11796. 12037. 12601. 12763. 12856. 13067. 13080.

294. VALLON, canton d'Hérisson, arrond. de Montluçon. — Canton d'Hérisson, district de Cérilli. — *VALONIO (parochia de)*, (1353). — 39. 102. 139. 275. 1610. 1848. 2084. 3302. 3750. 4084. 4589. 4805. 4935. 4971. 5022. 5323. 5454. 5457. 5963. 5964. 6109. 6165. 6796. 7654. 7937. 8153. 8794. 8994. 9132. 9193. 9853. 10060. 10372. 10696. 10759. 11139. 11517. 12620.

295. VARENNES-SUR-ALLIER, chef-lieu de canton, arrond. de La Palisse. — Chef-lieu du quatrième canton, district de Cusset. — *VARENIS SUPER ALIGERIM (parochia de)*, (1270). — 126. 383. 520. 814. 876. 1012. 1211. 1212. 1634. 1755. 1983. 2011. 2201. 2309. 2650. 2666. 3013. 3123. 3139. 3440. 3637. 4066. 4726. 4893. 5104. 5191. 5310. 5319. 5320. 5518. 6138. 6186. 6187. 6400. 6315. 6320. 6826. 6879. 7281. 7734. 8776. 8823. 8914. 9085. 9363.

9678. 9763. 10240. 11052. 11187. 11265. 11321. 11686. 12310.
12646. 13111. 13132. 13218.

296. **VARENNES-SUR-TESCHE**, canton de Jaligni, arrond.
de La Palisse. — Canton de Jaligni, district du Donjon. — *VA-
RENIS SUPER TESCHIAM (parochia de)*, (1270). — 431. 506.
719. 807. 828. 954. 1014. 1401. 1563. 1580. 1606. 1635. 2042.
2089. 2120. 2133. 2534. 2560. 2710. 2720. 2023. 3239. 3396. 3405.
3483. 3583. 4211. 4262. 4315. 4346. 5319. 5589. 5747. 6073. 6415.
6886. 6915. 6953. 6963. 7078. 7159. 7222. 7285. 7300. 7333. 7605.
7740. 7939. 8379. 8572. 8588. 8658. 8830. 8966. 9609. 9624. 9778.
9907. 10338. 10564. 10821. 11004. 11143. 11147. 11185. 11418.
12657. 12805. 12912.

297. **VAUMAS**, canton de Dompierre, arrond. de Moulins. —
Canton de Dompierre, district du Donjon. — *VEMAYO (ecclesia de)*,
(1239). — *VOMATO (ecclesia de)*, (1374). — 219. 370. 730. 864.
959. 1077. 1189. 1469. 1831. 2580. 3023. 3100. 3210. 3393. 3507.
3673. 4199. 4220. 4316. 4439. 5061. 5226. 5790. 5799. 5822. 5836.
6266. 6375. 6845. 7287. 7356. 7628. 7635. 8289. 8473. 8504. 8524.
8776. 8856. 9308. 9513. 9802. 9803. 10273. 10600. 10670. 10983.
11070. 11209. 11519. 11866. 11898. 12063. 12351. 12687. 12702.
13200.

298. **VAU-SAINTE-ANNE (LA)**, canton Est et arrond. de
Montluçon. — Canton de Néris, district de Montluçon. — *VALLIS
SANCTE ANNE*, (XIV⁰ siècle).— Vau-sur-Chor (La).—
461. 1269. 1270. 2186. 2359. 4115. 6131. 7379. 8152. 10623. 10771.
10331. 12160. 12192. 12358. 12695.

299. **VAUX**, canton Ouest et arrond. de Montluçon. — Canton
d'Estivareilles, district de Montluçon. — *VALLIS* (VII⁰ siècle). —
8. 201. 1107. 1266. 1493. 1836. 2154. 2190. 3239. 3764. 4360. 4793.
4987. 5208. 6068. 6316. 6114. 6163. 6536. 6618. 6847. 7220. 7314.
7606. 8677. 9831. 10209. 10282. 11425. 11426. 11432. 12120.
12716. 12722.

300. **VEAUCE**, canton d'Ebreuil, arrond. de Gannat. — Canton de Bellenave, district de Gannat. — *VELCIA* (1080). — 1015. 2611. 5641. 5888. 6141. 8180. 9436. 11793. 11794. 12723.

301. **VENAS**, canton d'Hérisson, arrond. de Montluçon. — Canton d'Hérisson, district de Cérilli. — *VENATO* (parochia de), (XIV° siècle). — 317. 454. 1481. 1828. 1982. 2332. 2913. 4012. 4014. 4177. 4541. 4844. 5108. 5391. 6168. 6720. 7218. 7671. 9455. 9500. 9501. 9695. 9696. 9730. 9772. 9999. 10178. 11064. 11253. 11665. 12020. 12511. 12681. 12738. 12739. 13171.

302. **VENDAT**, canton d'Escurolles, arrond. et distrit de Gannat. *VENDACO* (ecclesia de), (1312). — 273. 754. 1115. 1781. 1790. 3143. 4692. 6614. 7418. 7419. 7556. 7726. 8148. 8179. 9179. 9669. 10035. 11351. 12211. 12741. 12742. 12752. 12753.

303. **VERNEIX**, canton et arrond. de Montluçon. — Canton de Désertines, district de Montluçon. — *VERNIDO* (ecclesia de), (IX° siècle). — 423. 738. 890. 1168. 2187. 2510. 2929. 3571. 3863. 4040. 4099. 4373. 5188. 5215. 5375. 5376. 5431. 5828. 5842. 5932. 5933. 6397. 7607. 8364. 9899. 11820. 12830. 13038. 13125.

304. **VERNET (LE)**, canton de Cusset, arrond. de La Palisse. — Canton de Vichi, district de Cusset. — *VERNETO* (ecclesia de), (1356). — 414. 479. 1631. 3199. 4472. 5880. 6165. 7716. 10898. 11403. 12067. 12156. 12857. 12916. 12956.

305. **VERNEUIL**, canton de Saint-Pourçain, arrond. de Gannat. — Chef-lieu du septième canton, du district de Montmaraud. — *VERNOLIUM*, (XIII° siècle). — 1575. 1837. 2165. 2336. 2826. 3077. 3646. 3952. 4374. 4460. 5890. 6033. 6191. 6255. 6314. 6680. 6910. 7116. 8387. 9969. 10334. 10165. 10926. 10946. 11470. 12716. 12867. 12007.

306. **VERNUSSE**, jusqu'en 1865 du canton d'Ebreuil, arrond. de Gannat. — Depuis 1865 du canton de Montmaraud, arrond. de Montluçon. — Canton de Target, district de Montmaraud. — *VARNUCIIS* (ecclesia de), (1239). — *VERNUCIIS* (ecclesia de),

(1300). — 589. 1119. 1138. 1181. 1337. 1358. 2203. 2204. 4287. 4314. 4315. 4506. 5432. 5570. 7835. 7967. 8355. 8693. 8699. 8918. 9133. 10379. 10478. 10736. 11148. 11372. 12813. 12889. 13053. 13133. 13134.

307. VESSE, canton d'Escurolles, arrond. de Gannat. — Canton de Brugeat, district de Gannat. — *VECE (ecclesia de)*, (1301). — 351. 570. 596. 829. 1108. 1371. 1446. 1500. 1511. 1716. 2207. 2378. 2673. 2866. 2867. 2972. 3129. 3157. 3161. 3319. 4169. 4226. 4247. 4250. 4606. 4615. 4847. 4903. 5196. 6156. 6734. 7027. 7106. 7407. 7461. 7521. 7865. 8235. 8816. 9093. 9301. 9374. 9315. 9319. 9369. 9657. 10335. 10532. 10548. 10643. 10705. 10847. 10888. 10901. 10921. 11112. 11127. 11831. 12645. 12931.

308. VEURDRE (LE), canton de Lurci-Lévi, arrond. de Moulins. — Chef-lieu du troisième canton du district de Cérilli. — *AVULDRIA*, (1243). — 263. 470. 563. 618. 748. 830. 1270. 1521. 1642. 1670. 3162. 3196. 3271. 3394. 4400. 5332. 5491. 5638. 5771. 6009. 7321. 7656. 7695. 8535. 9066. 9219. 9538. 9604. 9817. 9903. 10467. 10571. 11168. 11619. 11754. 12942.

309. VIC, canton d'Ebreuil, arrond. et district de Gannat. — *VICO (ecclesia de)*, (1107). — 175. 574. 634. 644. 2013. 2043. 2605. 2734. 3001. 3199. 3357. 3602. 3938. 4435. 5800. 5823. 5865. 6006. 6360. 6382. 6823. 6847. 6238. 7426. 7489. 7765. 8109. 8603. 8976. 9196. 9378. 11322. 11422. 11449. 11505. 11869. 11891. 12232. 12599. 12603. 12950. 13202. 13229.

310. VICHI, canton de Cusset, arrond. de La Palisse. — Chef-lieu du deuxième canton du district de Cusset. — *VICIACUS*, (VIIIe siècle). — 451. 486. 679. 840. 1299. 2009. 3247. 3758. 4620. 4701. 4831. 6197. 9084. 11675. 12561. 12931. 13078.

311. VIEURE, canton de Bourbon-l'Archembaud, arrond. de Moulins. — Canton d'Igrande, district de Cérilli. — *VIODERO (ecclesia de)*, (1097). — *VIORIA*, (1260). — 474. 512. 933. 1016. 1668. 1717. 2342. 2993. 3369. 3674. 3707. 3812. 4006. 4274. 4424.

4530. 5096. 5202. 5333. 5160. 5689. 5767. 5891. 5976. 5977. 6775. 7334. 7433. 7532. 7591. 7592. 7759. 7807. 8020. 8155. 8156. 8185. 8330. 9030. 9236. 9749. 9811. 9812. 9996. 10357. 10579. 10717. 10753. 10757. 11006. 11676. 12969. 13039. 13124.

312. VILHAIN (LE), canton de Cérilli, arrond. de Montluçon. — Canton et district de Cérilli. — *VILHANO (ecclesia de)*, (1301). — 313. 956. 1223. 1363. 1688. 1917. 2744. 2814. 3752. 3802. 3886. 4841. 5074. 5331. 5974. 6211. 7217. 7393. 7420. 7590. 7831. 7939. 8231. 8291. 8819. 8901. 9163. 9713. 9742. 9795. 9904. 9913. 9975. 9671. 9754. 11140. 11660. 11871. 11994. 11995. 12217. 12440. 12812. 13032. 13040. 13068.

313. VILLEBRET, canton de Marcillat, arrond. de Montluçon. — Canton de Néris, district de Montluçon. — *VILLABRITONIS*, (1297). — *VILLABRET*, (1211). — *VILLABRETO (parochia de)*, (1260). — 831. 2101. 2134. 2153. 2180. 2526. 2527. 3211. 3833. 6874. 7181. 7378. 8583. 9850. 10017. 10128. 10290. 10303. 10697. 11519. 12110. 12244. 12819. 13084.

314. VILLE FRANCHE DE MONTCENOUX, canton de Montmaraud, arrond. de Montluçon. — Chef-lieu du troisième canton, du district de Montmaraud. — *VILLA FRANCA MONTIS GENOBII*, (1048-1137). — 47. 179. 211. 635. 706. 1109. 1165. 1226. 1818. 2000. 2218. 2790. 2843. 3335. 3588. 4336. 4731. 4895. 5171. 5461. 5467. 5505. 5506. 5816. 6315. 7363. 7510. 7731. 7839. 7869. 7878. 8076. 8720. 9044. 9276. 9646. 9667. 9868. 10151. 10904. 11076. 11963. 12112. 12669. 12670. 12703. 12872. 13100. 13182.

315. VILLE NEUVE, canton Ouest et arrond. de Moulins. — Chef-lieu du neuvième canton du district de Moulins. — *VILLA NOVA* (1097). — 338. 438. 741. 937. 1064. 3212. 3501. 4493. 4822. 5393. 5859. 6470. 6673. 6730. 7107. 7746. 8198. 8763. 9020. 9402. 10000. 10802. 10875. 11126. 11562. 11593. 11834. 12215. 12397. 12719. 13058. 13118.

316. VIPLAIX, canton d'Huriel, arrond. de Montluçon. — Canton de Saint-Désiré, district de Montluçon. — *VICUS PLENUS,*

(636). — *VIPPLESIACUS*, (670). — *VIPPLEIS*, (1089). — 215. 221. 297. 515. 1412. 1808. 2139. 2140. 2188. 2598. 2892. 3169. 4487. 4489. 4631. 4915. 5134. 5821. 6213. 6457. 7108. 7537. 7612. 8143. 8393. 8601. 8712. 8814. 8861. 9331. 9639. 10302. 10453. 10599. 10617. 10957. 10958. 11558. 11744. 11775. 11788. 12442. 13169.

317. **VITRAI**, canton de Cérilli, arrond. de Montluçon. — Canton de Saint-Désiré, district de Montluçon. — *VITRIACO (parochia de)*, (XIIIe siècle). — 232. 318. 1600. 1768. 1918. 2259. 2260. 3138. 3816. 4319. 5408. 7657. 7658. 8906. 9383. 9441. 11012. 11694. 12158. 13135. 13189.

318. **VOUSSAC**, canton de Chantelle, arrond. de Gannat. — Canton de Target, district de Montmaraud. — *VOSAGUS*, (VIe siècle). — *VOCIACUS*, (XIIIe-XVe siècles). — *VOUCAT*, (1246). — 196. 344. 397. 808. 859. 896. 1034. 1117. 1531. 1745. 2056. 2296. 2379. 2434. 2591. 3135. 3961. 4431. 4493. 4583. 4622. 4762. 5071. 5748. 5810. 6535. 6569. 6645. 6667. 7139. 7284. 7383. 7603. 7808. 8216. 8982. 9092. 9987. 10081. 10220. 10381. 11013. 11115. 11208. 12340. 12401. 12593. 13076. 13221.

ERRATA

Numéros	au lieu de	lire
20	174	173
35	265	253
38	112	212
47	214	314
48	277	237
64	217	219
243	258	238
301	315	316
392	314	93
484	242	214
548	280	288
574	209	309
576	332	232
587	287	288
679	179	187
729	12	120
774	98	97
775	11	12
776	232	57
841	11	12
964	281	280
969	177	117
982	150	130
1100	73	78

Page 18, colonne 2,
au lieu de 1051 lire 1151

Numéros	au lieu de	lire
1151	242	212
1187	173	174
1205	52	51
1236	235	234
1287	74	75
1288	173	174
1461	8	80
1518	63	6
1538	281	288
1590	208	209
1713	216	217
1796	8	5
1818	312	314
1824	111	114
1825	131	113
1832	184	174
1844	257	256
1852	58	53
1870	93	23
1938	84	85
2014	76	75
2022	28	238

Numéros	au lieu de	lire	Numéros	au lieu de	lire
2048	45	46	2689	186	187
2052	121	125	2713	313	11
2102	117	147	2729	249	231
2103	238	237	2776	270	269
2109	188	189	2796	246	245
2113	332	32	2854	175	47
2131	176	170	2856	50	80
2141	114	104	2876	153	253
2147	94	95	2910	172	171
2170	42	62	2911	200	201
2179	172	173	2921	100	108
2203	126	127	2928	62	63
2207	309	307	2959	253	254
2208	46	33	2961	313	11
2223	237	238	3069	179	279
2243	122	121	3117	180	185
2264	127	129	3124	181	186
2312	216	218	3141	167	168
2320	117	119	3195	183	283
2321	119	120	3241	312	313
2393	45	46	3259	293	299
2401	234	253	3272	277	279
2413	542	254	3315	269	69
2430	261	269	3362	288	280
2482	140	149	3382	19	190
2509	35	85	3429	278	271
2520	168	167	3458	175	174
2549	190	191	3470	207	209
2568	101	104	3511	40	41
2635	292	293	3514	36	37
2658	112	12	3520	171	172
2660	262	63	3533	68	168
2674	177	173	3536	180	185

numéros	au lieu de	lire	Numéros	au lieu de	lire
3573	94	95	4866	32	31
3612	215	216	4875	236	237
3613	225	224	5002	146	166
3704	269	289	5024	163	143
3720	94	95	5062	232	132
3813	19	79	5069	74	174
3819	148	145	5093	123	103
3842	4	10	5098	79	76
3914	89	79	5181	65	66
3941	129	128	5189	94	95
3974	175	176	5270	65	66
3993	257	256	5441	9	6
3998	124	134	5442	205	209
4048	189	289	5688	279	275
4049	189	289	5737	216	215
4089	95	94	5738	241	243
4098	18	19	5743	262	264
4148	56	50	5794	82	84
4383	36	37	5835	200	201
4429	42	12	5842	309	303
4465	233	234	5887	149	151
4469	193	196	5900	116	115
4515	72	92	5906	40	41
4593	40	41	5968	101	134
4661	40	41	5998	41	42
4687	64	65	6049	105	150
4707	26	30	6450	160	64
4733	83	84	6500	34	25
4751	40	41	6618	301	299
4775	136	137	6646	223	224
4784	155	156	6661	75	76
4790	262	262	6779	231	232
4864	281	282	6800	881	89

Numéros	au lieu de	lire	Numéros	au lieu de	lire
6806	65	66	8305	4	10
6810	200	201	8348	161	163
6853	154	254	8356	225	224
6864	154	254	8379	276	296
6879	315	295	8458	191	79
6928	49	149	8519	224	225
6961	218	18	8528	150	151
6986	238	248	8626	191	192
6988	207	217	8648	197	179
7071	96	98	8660	80	84
7163	231	232	8722	131	181
7211	224	275	8737	218	216
7232	241	243	8774	204	205
7307	168	148	8775	4	5
7308	168	148	8831	109	106
7326	49	48	8847	68	93
7328	34	18	8867	49	19
7440	4	10	8876	224	225
7482	6	36	8890	14	41
7505	76	187	8971	34	93
7546	221	222	9014	214	314
7553	285	286	9089	256	156
7724	14	145	9100	297	277
7746	314	315	9211	195	185
7788	99	199	9220	231	232
7828	111	112	9331	317	316
7072	114	125	9366	255	253
7803	135	235	9400	153	253
7808	90	85	9448	173	177
8070	290	291	9660	268	288
8073	290	291	9693	230	232
8080	152	158	9716	92	192
8105	230	203	9799	80	83

Numéros	au lieu de	lire	Numéros	au lieu de	lire
9881	4	10	11535	183	184
9896	184	79	11707	254	255
9897	184	79	11708	254	255
9924	132	131	11749	27	26
10012	202	201	11799	254	255
10014	183	182	11920	23	21
10188	71	72	11982	63	62
10222	100	101	11996	102	101
10235	285	286	12213	11	12
10281	29	129	12265	37	35
10367	76	70	12270	117	116
10490	208	207	12370	176	177
11028	151	150	12380	28	280
11291	165	166	13320	235	236
11369	250	269			

Moulins. -- Imprimerie. C. Desrosiers.

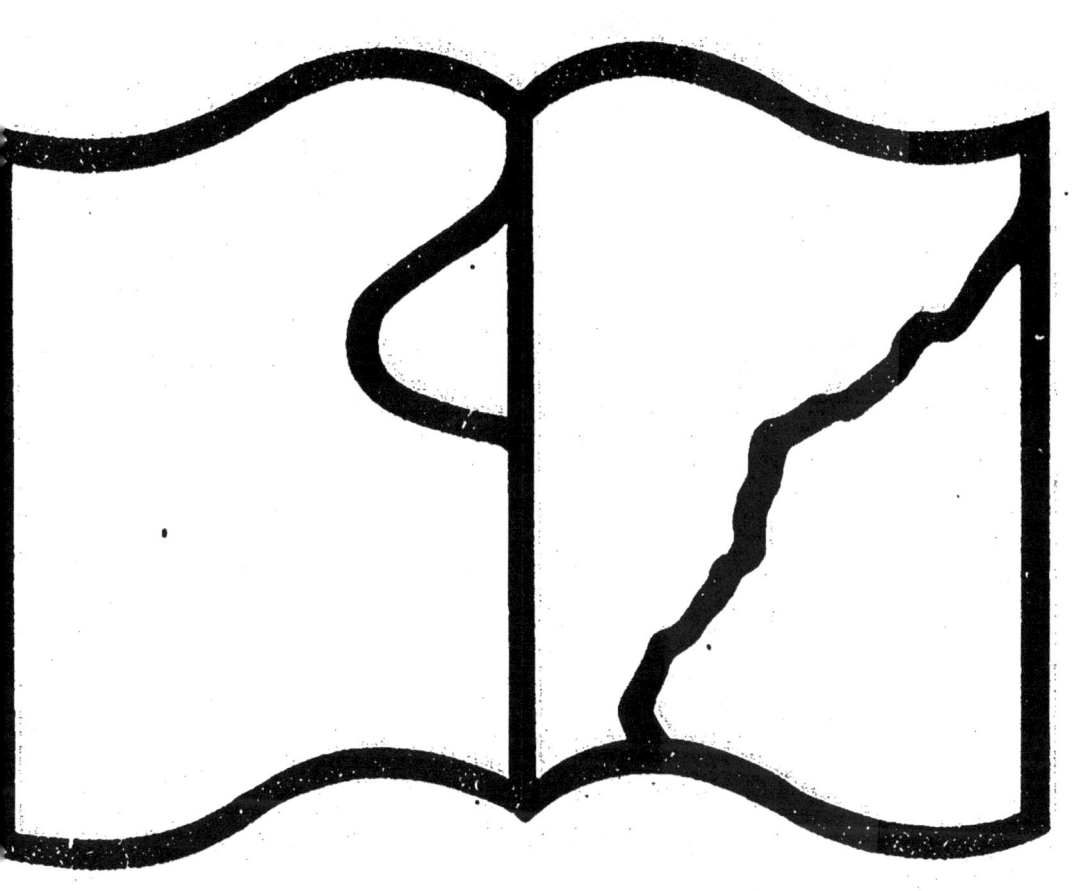

Texte détérioré — reliure défectueuse
NF Z 43-120-11

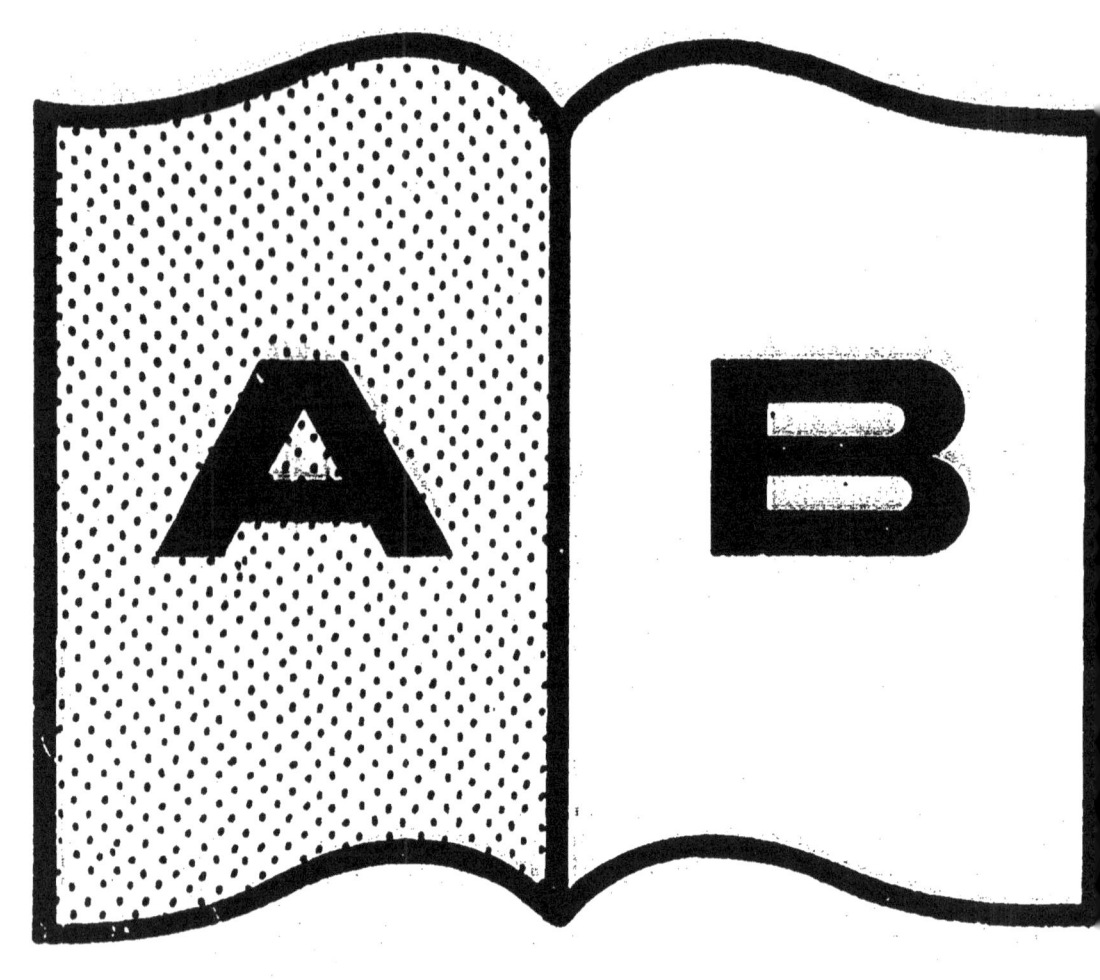

Contraste insuffisant

NF Z 43-120-14

www.ingramcontent.com/pod-product-compliance
Lightning Source LLC
Chambersburg PA
CBHW070535160426